近代東京の地政学

青山・渋谷・表参道の開発と軍用地

武田尚子
Naoko TAKEDA

吉川弘文館

目　次

凡例

・資料の引用については、読みやすさを考慮して、原則として、旧字体は新字体に改め、適宜、難読漢字やカタカナをひらがなに改めた。また、原文には適宜、句読点やルビを補った。
・年次の記載は、文書資料の多くが元号を用いて記されているため、元号を用い、適宜、西暦年を付した。
・依拠した資料名、出典等については、巻末の「注」「参考文献」に記載した。

はじめに――探訪「青山・渋谷・表参道」――

表参道の交差点

「青山・渋谷・表参道」は、現在は東京都心の一画だが、明治期には拡大しつつある東京西郊の一地域だった。いま「青山」「表参道」と聞くと、おしゃれな通りを連想する人が多いだろうが、「流行の先端」を象徴するような街であっても、よく見るとあちこちに近世の江戸や、明治・大正・昭和戦前の痕跡を見つけることができる。新旧が交錯する町のおもしろさを味わうなら、表参道の交差点から始めるのがお勧めである。

東京メトロの「表参道」駅で降り、地上に出てみよう（図1）。交差点で直交する道路は「青山通り」と「表参道」である。青山通りは四百余年前の江戸開府の頃にすでにあった道で、もとは大山道と呼ばれていた。これに対して、表参道は大正期に造営された新しい道である。なぜ、新しい道が必要だったのか。それはこの本のなかで徐々に説き明かすことにしよう。古いほうの青山通りを縦軸、新しいほうの表参道を横軸としておこう。

交差点で四つ角を見回すと、すぐに「銀行」と「書店」を見つけることができる。銀行と書店にはさまれて、緑の美しいケヤキ並木が伸びている。これが表参道である。待ち合わせ場所として都合が良いので、いつも大勢の人で混雑しているが、よく見れば、通り両側に大きな石燈籠を見つけることができるだろう。表参道の起点であることを示している。

この一帯は東京を代表するショッピングエリアの一つで、店の改廃、回転が激しい。しかし、存在感ある老舗

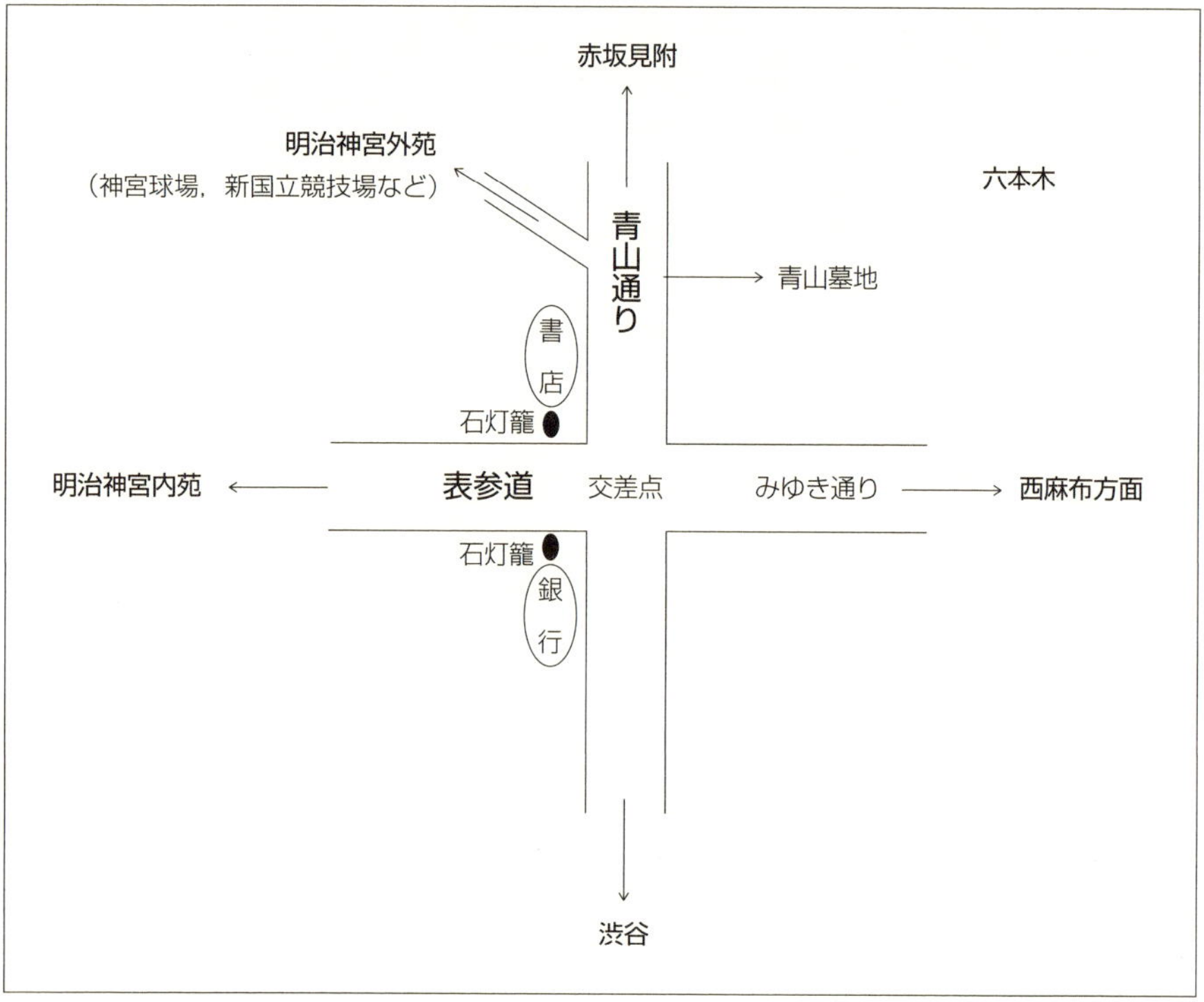

図1　表参道交差点

も健在で、この「書店」と「銀行」は町の定点である。昭和一〇年頃の町並図に、書店（山陽堂）も銀行（当時は安田銀行）も今と同じ場所に記載されている。かたや町の人々がお金を預ける金庫、かたや知識と情報の宝庫として、町の変化を見続けてきた。参道入口を「富」と「知恵」のシンボル的存在がしっかりと固めている。

縦軸の大山道（青山通り）

交差点から縦軸、すなわち古いほうの道をたどってみよう。書店の前を通って、青山通りを赤坂見附へ、すなわち都心のほうへ向かって歩いていこう。通りの両側に、間口は狭いが個性的な店が並んでいる。商品の価格も手頃で見て歩くのが楽しい。間口が狭く、店

図2　青山百人町の星燈籠（幕末）
「諸国名所百景 東都青山百人町 星燈籠」文久元年（1861）
（画）歌川広重（二代）（版元）魚屋栄吉
早稲田大学演劇博物館所蔵

舗が小さいことには理由がある。江戸時代、ここは「青山百人町」と呼ばれ、江戸城を警固する青山「百人組」の同心屋敷が並んでいた。幕臣とはいえ、下級武士の御家人である。扶持米《ふちまい》の生活は苦しく、青山百人組の下級武士は古びた傘の張り替えを内職にした。組ごとに幕府から拝領した屋敷地を同心の人数で細分して住んだ。一軒ごとの間口は狭く、細長い短冊型の敷地になった。その地割りが現在も引き継がれているのだが、小さな店が並んで個性が際立ち、表参道とは異なる独特の魅力を作り出している。

さらに、ここには古い通りならではの歴史的遺産がある。幕末に歌川広重（二代）が描いた「東都青山百人町 星燈籠」という情感豊かな浮世絵である（図2）。夏の夕方、家々から長い竿が天高く伸び、その先に紅の燈籠がともされ、星のようにまたたいている。旧暦七月の盂蘭盆《うらぼん》に燈籠を長竿にかかげる風習は鎌倉時代に京で行われていたという。ともしびを流れ星に見立て、祖霊の帰来を偲んだ。

江戸の町のなかでも、青山百人組の同心屋敷の「星燈籠」はとりわけ有名で、逝きし縁者の七回忌まで毎年掲げたという。幕府重鎮から見事な眺めだとお褒めにあずかったと言い伝えられ、各戸は毎年競って高く掲げるようになり、その風習は幕末まで続いた。御家人の居宅は茅葺き屋根で、通りに面して生け垣、かぶき門があった。庭の高樹に竿をとりつけ、その先端に燈籠を掲げた。竿の先に麻ひもを巻き上げる小さな滑車が取り付けてあり、ひもを引っ張って、燈籠を上げ下げしたという（『風俗画報』一八号、二七一号）。

幕府の火薬庫から青山練兵場へ

この青山百人組は幕府の鉄炮隊であった。将軍直轄軍の中核をなす一隊で、鉄炮の射撃訓練をするため、この近くに鉄炮場があり、幕府の火薬庫もあった。火薬の貯蔵場所は軍事の要である。火薬庫の場所を訪ねてみよう。

青山通りを赤坂見附方面に向かってしばらく歩くと、メトロの「外苑前」駅に行き当たる。ここで道は二手にわかれる。右手を行くと青山通りだが、左手の道を行けば明治神宮外苑である。左の道を進もう。沿道に神宮球場を本拠地とするヤクルトスワローズを応援する商店が並んでいる。江戸時代、ここには甲賀組という「百人組」の同心屋敷があった。忍術で知られた甲賀出身の武士集団で、青山百人組と同様、幕府の鉄炮隊である。この一帯は「尚武《しょうぶ》」を重んじる幕府番方（武官）が集住する地域だった。

いまはこの道に面して神宮球場・第二球場があり、さらにその先に建設中の新国立競技場がある。幕府の火薬庫があったのは第二球場・新国立競技場のあたりである。明治維新のとき、京から攻めのぼってきた官軍は江戸に入るとすぐに火薬庫を占領し封鎖した。新政府は引き続き青山火薬庫として使用した。陸軍省は周囲の民有地

図3　青山練兵場
『風俗画報』271号，明治36年7月より

を買い足し、明治二〇年（一八八七）に青山練兵場を開設した。明治天皇はしばしば行幸して閲兵し、庶民たちは興味津々で見物に押しかけた。明治三六年、兵隊たちの訓練を眺める人々が風俗画に描かれている（図3）。雑踏で身動きできないほど混雑したこともあるという。

青山練兵場で身体を鍛えたのは兵隊たちだけではない。明治になって新設された私立学校は練兵場を借用して運動会や相撲大会を開いた。学生用の弁当が余って、近隣住民に配られたこともある。

国立競技場とオリンピック

軍隊式パフォーマンスが繰り広げられるようになったこの場所は、大正期になると明治神宮外苑になった。陸上競技場（大正一三年〈一九二四〉竣工）、野球場や相撲場（大正一五年竣工）が整備され、青年たちが身体能力を競った。忘れてならないのは、昭和一八年（一九四三）一〇月二一日、文部省学校報国団本部の主催によって外苑陸上競技場で挙行された「出陣学徒壮行会」である。運動競技の場はあっけなく軍事的動員の場に切り替わった。青年たちは戦功をあげるように激励され、多くの命が還ってこなかった。

戦後、外苑競技場は建て替えられ、昭和三三年、国立霞ヶ丘競技場が完成した（図4）。昭和三九年、ここで東京オリンピック開会式が挙行され、

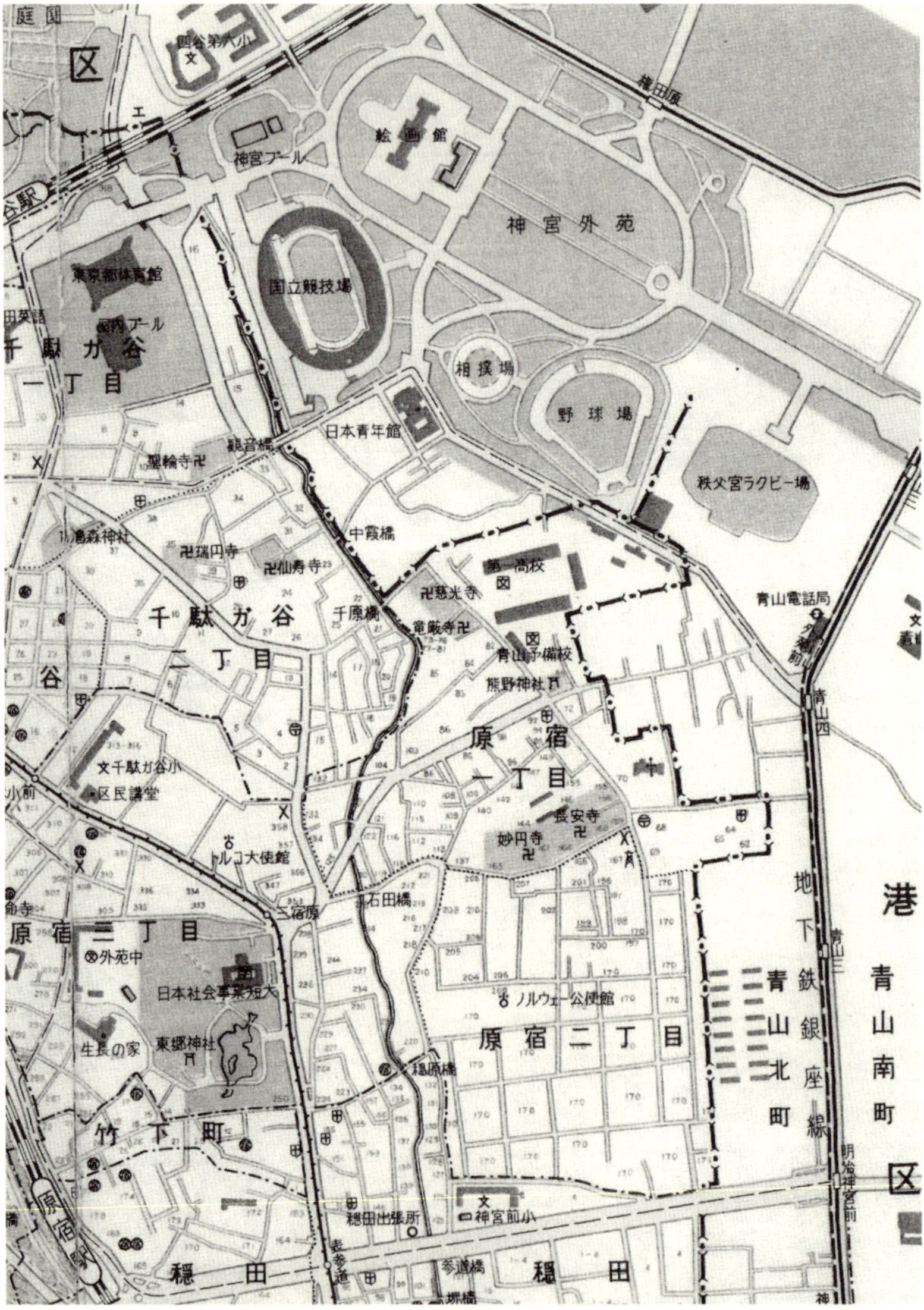

図４　昭和30年代の表参道と神宮外苑

「東京都区分図渋谷区詳細図」（昭和34年，日地出版，国際日本文化研究センター所蔵）より長く日本人の記憶に残る光景になった。二〇二〇年、その再現が期待されている。

以上のように幕府火薬庫があった土地は、明治以降、軍事演習や運動イベントが開催される場所になった。近世において「尚武」が実践されていたこの一帯は、近代においても「勝負」を競う場になっていったのである。

表参道（横軸）の新設

来た道を青山通りまで戻り、通りを横切って、青山墓地のほうへ向かってみよう（図1）。青山墓地は高台の上にあり、六本木方向を眺め渡すのに都合がよい。いくつかの超高層ビルが目に入る。なかでもひときわ太い胴体のビルが六本木ヒルズ、それより一〇メートル余り高いビルが東京ミッドタウンである。ミッドタウンの敷地には、かつて陸軍第一師団の歩兵第一連隊の本拠地があった（赤坂区檜町）。また、近接の新国立美術館の敷地には第一師団歩兵第三連隊の兵舎があった（麻布区新龍土町）。いずれも青山練兵場と至近距離である。

青山練兵場が手狭になり、明治四〇年に移転が決まると、代替地として新設されたのが代々木練兵場である。青山練兵場と代々木練兵場はいずれも山の手の台地上にあるが、地形的には異なる丘の上にある。軍事訓練のため毎日、代々木練兵場へ向かう麻布第三連隊の兵士は、軍列を組んで麻布の兵舎を出ると、青山墓地を横切って大山道へ出て、大山道を南下して渋谷まで至り、そこから代々木練兵場へ行った。当時はまだ大山道の道幅は狭く、軍隊と庶民で混みあい、衝突事故が頻発した。

そこで陸軍省は代々木練兵場へ向かう近道を造営する計画をたてた。ちょうどその頃、代々木御料地に明治神宮内苑を建設することが決まった。陸軍が予定していた道路は、神宮内苑への表参道として東京市の予算で建設されることになった。

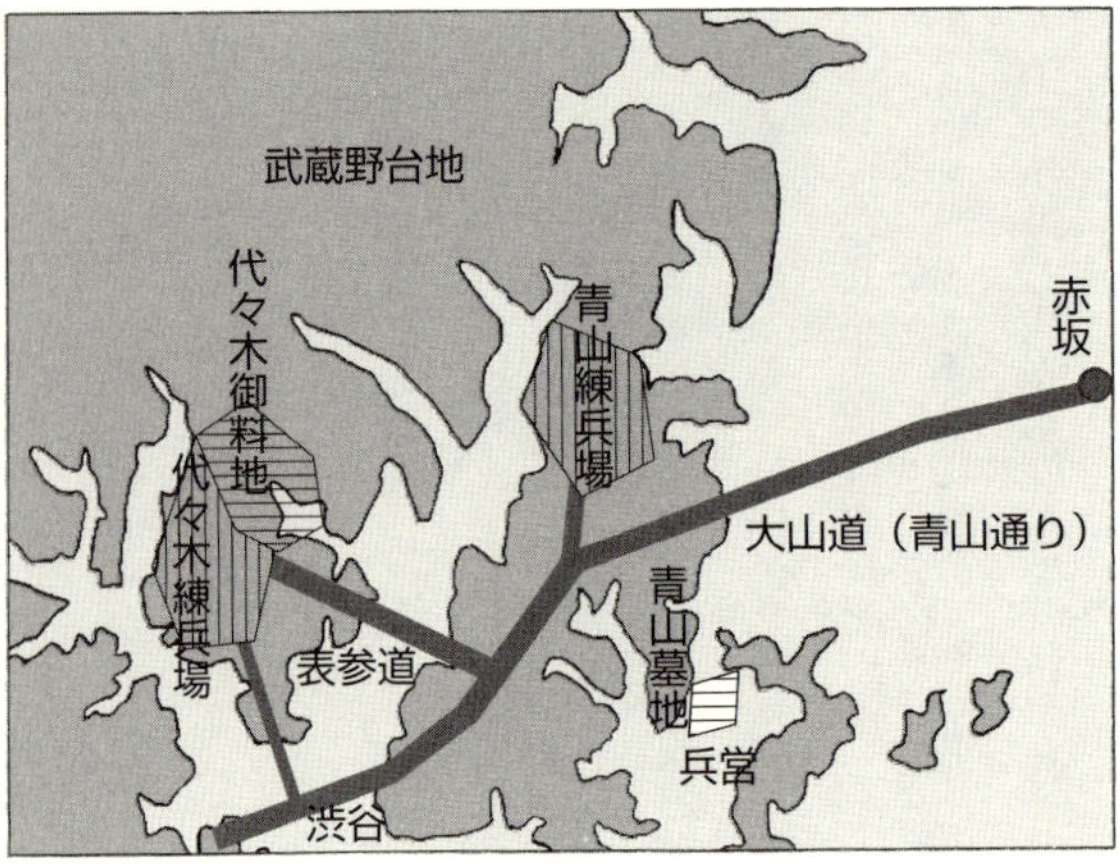

図5　軍用地と道路

表参道と兵隊

大正九年（一九二〇）、表参道が完成すると、陸軍の兵隊は表参道を通って代々木練兵場へ向かうようになった（図5）。隊列を組んで表参道を往復する兵士の姿は周辺に住む人々にとって日常の光景になった。

毎朝、麻布の兵舎のほうからザック、ザック、ザックッと軍靴で道を踏みしめる重い響きが伝わってきたという。やがて、二〇〜三〇人規模の隊列が次々と通り過ぎていった。銃と背嚢をかつぎ、脇目もふらず、一糸乱れぬ歩調で、野太い声で「ここはお国の何百里」「なんで命が惜しかろう」と軍歌を張り上げて行くときもあった。

軍事演習で体力を消耗し、帰路は勾配がきつい表参道を疲れ切った表情でのぼっていく兵士の姿があった。朝と違って歩調は合わず、軍歌は歌っていなかった。

見かねて、沿道に住む住民が帰路の兵士にお茶を出すようになった。自腹の奉仕活動で、家の前に大きなテーブルを出し、大きな薬罐《やかん》にお茶を用意した。近所の人々も協力し、用意していた湯飲みにすばやくお茶をついでいった。隊列は帰路、ここで小休止をとることが慣例になった。上官が「休め」と号令をかけると、兵士たちは肩から銃を下ろし、湯飲みを手にとった。紅茶には砂糖が入っており、甘いお汁粉が出ることもあった。

「そりゃ忘れませんよ。本当にありがたかった。なによりも、楽しみだった」と当時、兵士だった人は語る（「山陽堂だより一一」二〇一〇年七月号掲載）。兵士たちはねぎらいのお茶出しの中心の主婦を「兵隊おばさん」と呼んで親しんだ。物資が次第に欠乏するようになると、湯をわかす石炭さえ手に入らないこともあったが、近所の誰かが人脈を生かして、どこからか石炭を調達してきてくれた。

必見の石垣

二一世紀のいま、表参道は流行に敏感なおおぜいの若者たちが楽しげに行き交っている。かつてゲートルを巻いた青年たちが軍服に銃をかつぎ、軍靴を踏みしめて行進し、帰路は疲労で呻吟しつつ通っていったことなど想像もつかないほどの賑わいである。

しかし、よく見ればそのような賑わいの舞台を百年前の石垣ががっちり支えている。表参道のなかほどにポール・スチュアート青山店がある。重厚な石の壁に縁どられて、洗練されたファッションに歴史的な厚みが加わっている（図6、7）。この石垣は大正九年に表参道が造営されたときの歴史的遺産である。道路の予定地の中ほどに、旧広島藩主浅野家の別邸（もと広島藩下屋敷）があった。表参道はこの庭園を貫いて造営された（第六章参照）。邸内の庭園にあった小山が削られて、切り通しの道になった。斜面の土が崩れないように土留めの石垣が築かれたのである。

創意をこらしたビルの一部としていまも街の風景のなかに生き続けている石垣をみると、表参道で丁寧に生きてきた人々の深い思いが伝わってくる。表参道に長く親しんできた人々の愛着が読みとれる必見の石垣である。

図 6　表参道造営時の土留めの石垣

個人所蔵写真

昭和50年代まで，堅固な石で土留めされた小高い一画に民家があった．その後，ビルに建て替えられたが，ビルの外壁に組み込むように設計されて，石垣は保存された．関係者の方々の強いご意志によって価値ある建造物が歴史的遺産として残された好例である．

図7　現在も残る石垣（武田撮影）

現在は石垣を生かした建築にブランド店が入っている．

「尚武（勝負）」の地脈と近代軍用地

かつて西郊だった「山の手」台地は、どのように近代東京の一角に変わり、表参道を兵隊が通過するのが日常の光景であるような地域になっていったのだろうか。

これを読み解く絶好の「定点」が、幕府の火薬庫があった場所である。幕政期の「尚武」の地脈は連綿と引き継がれて、明治維新後は陸軍火薬庫、明治二〇年代に青山練兵場となり、大正期には明治神宮外苑の一部として運動競技で「勝負」を競う場所になっていった。高度成長期になると国立競技場としてオリンピックの舞台となり、二一世紀は新国立競技場として脚光をあびる舞台となる。

本書はこの「定点」に軸足をおきつつ、近世から近代にかけて江戸・東京西郊の「山の手」台地がどのように開発され、軍用地が多い都市空間が形成されていったのか、その過程を明らかにしてゆく。地政学的視点から地形的特徴や、軍事・政治・産業の動きが地域社会におよぼした影響を読み解いてゆくことにしよう。

第一章　江戸・東京西郊の地政学

1　台地の地形学

西南へ向かう大山道

四百余年前、徳川家康は武蔵野台地の東端の江戸城に入り大改築を行った。江戸城の西側は台地が続く「山の手」である。現在の東京都二三区の範囲内の台地をみると、「川筋」で分割されて五つの小さな台地があり、それぞれ「本郷台」「豊島台」「淀橋台」「目黒台」「荏原台」という（図8）。

江戸城の東側は「低地」で、平坦な土地に水路が発達した。「川筋」では商業が栄え、諸国の物資が船で運ばれ、荷揚げされた。江戸のまちで暮らしやすかったのは水の便がよい東側である。

江戸西方すなわち「山の手」は、甲州街道と大山道（現在の青山通り）の二つの道を軸に開かれていった。日本橋を起点に江戸城外堀の四谷門を経て西方へ伸びるのが甲州街道、赤坂門を起点に青山を経て西南へ向かうのが大山道である（図9）。

甲州街道はいわずとしれた五街道である。それに比べると大山道（矢倉沢《やぐらさわ》往還）はなじみがうすいかもしれない。

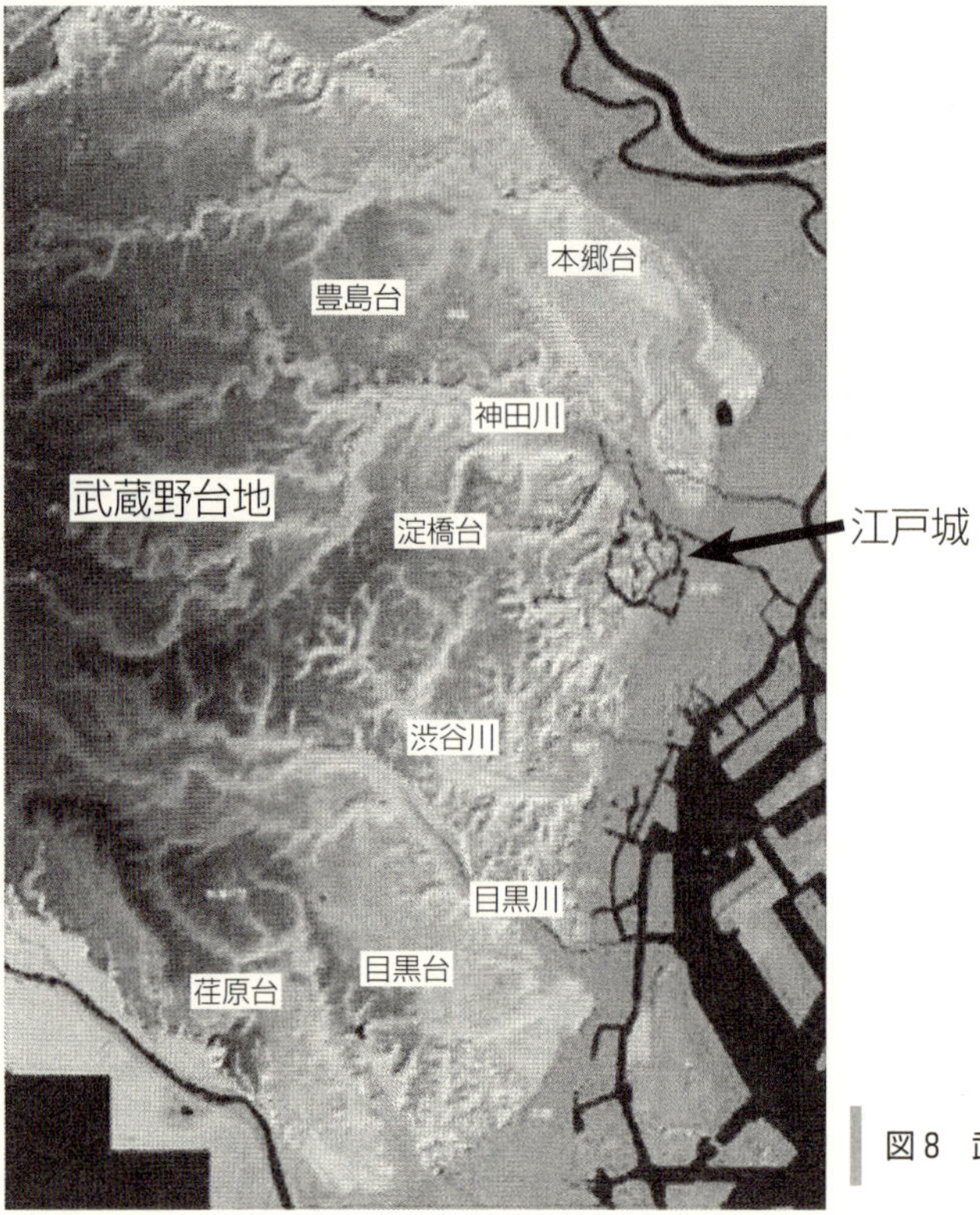

図8　武蔵野台地の東側

甲州街道と東海道の間の地域を貫いて、相模国の矢倉沢峠（現・神奈川県南足柄市）に至る道である。相模国と武蔵国の往来に便利で、甲州街道・東海道の「脇往還」として使われた。

「大山道」と称されるようになったのは、江戸時代にこの道を通って相模国の大山（現・神奈川県伊勢原市）へ詣でる大山講がさかんになったからである。大山は丹沢山系の峰の一つで標高一二五一メートル余、平野と山塊の境にあり、その秀麗な山容は相模国・武蔵国一円から眺めることができた。別名「阿夫利山《あふりやま》」といい、「雨降《あめふり》」に通じることから「水の恵み」に霊験があるとして信仰を集めた。大山阿夫利神社は神仏習合の山岳修行の霊場となり、江戸期に関東一円で大山講が組織され

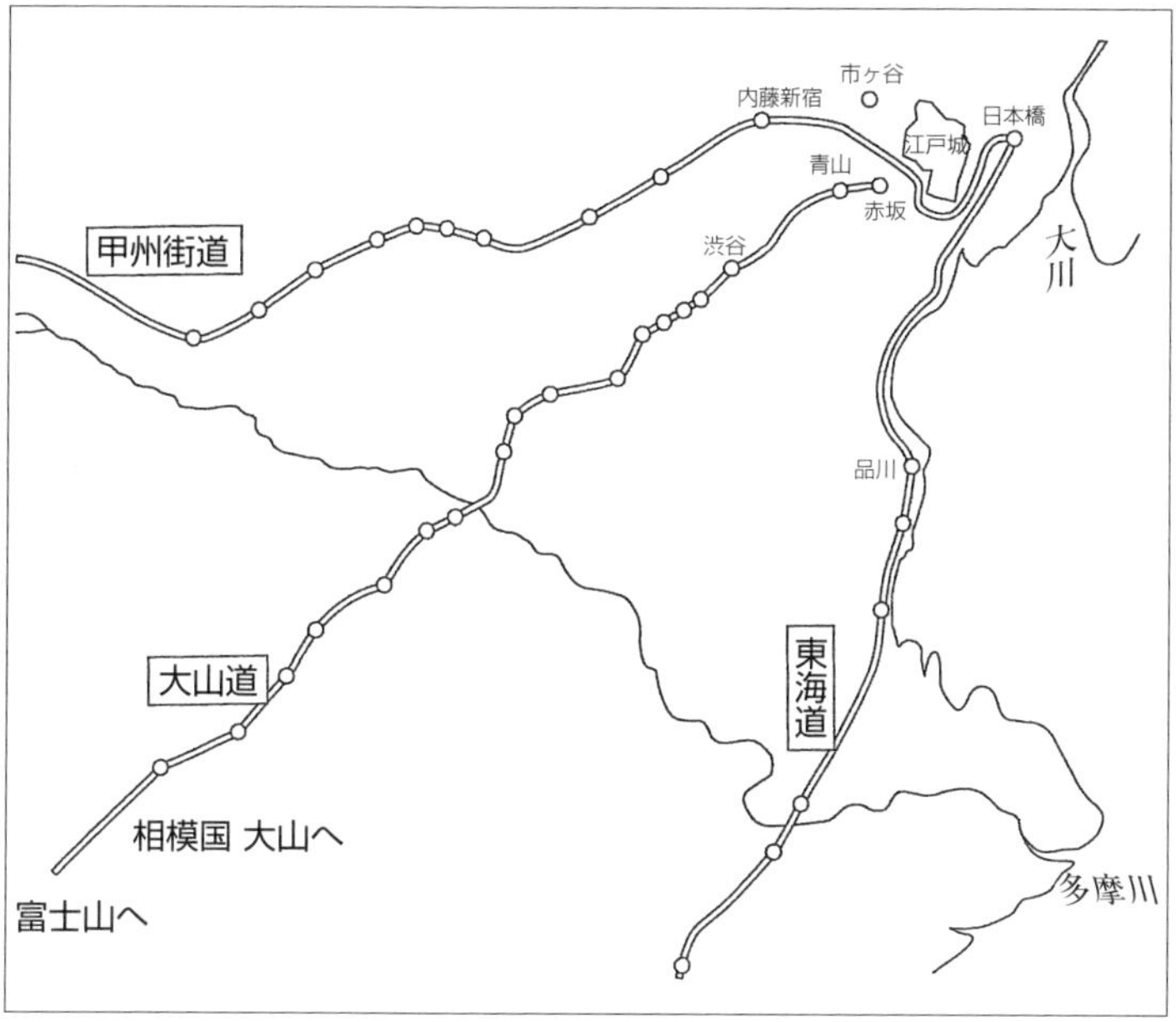

図9　大山道

た。

山への祈り――富士眺望――

また、大山道は富士山と縁が深い。大山道の矢倉沢峠からさらに西へ進み、足柄峠を越えれば、富士山麓の須走《すばしり》に至る。

江戸から西南に向かう大山道を歩くと、各所から富士山を望むことができた。起点の赤坂門を出立すると、しばらく台地の上を歩く。百人組の同心屋敷が連なる青山百人町を過ぎると、ほどなく台地を下る坂にさしかかる。これを宮益坂《みやますざか》という。別名「富士見坂」ともいわれた。途中に御嶽《みたけ》神社があり、ここで休憩する人々の目をとらえたのが富士山である。文化八年（一八一一）には富士を詠んだ芭蕉の句碑が御嶽神社の境内に建立された。

眼にかかる時や　ことさら五月富士(1)　芭蕉

五月晴れの空にそびえる富士を詠んだ芭蕉の句を重ねて、道中の感慨を深めた江戸の情緒が伝わってくる

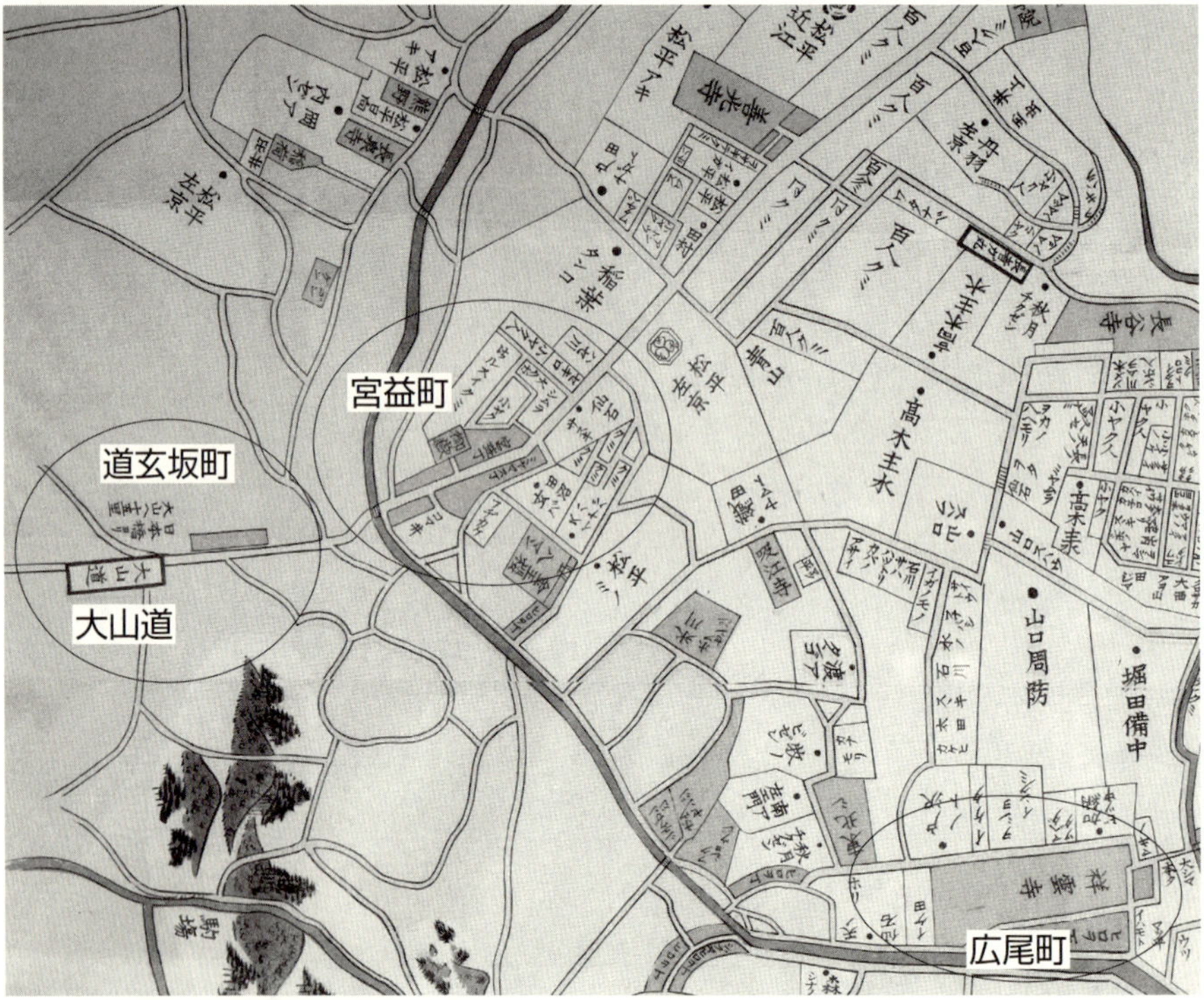

図10　宮益町，道玄坂町の町並
「御江戸大絵図」（天保14年〈1843〉）より

ようである。宮益坂を下りきると、渋谷川が流れている。橋を渡り対岸に至ると、また急な上り坂になる。これが道玄坂《どうげんざか》である。このように大山道は、江戸西方の台地の上り下りを繰り返し、坂が多かった。

台地のはざまを流れる渋谷川の両岸は急斜面であった。「宮益坂」「道玄坂」も現在より勾配が急で、住みやすい土地というわけではなかった。しかし、街道沿いで人通りがあることから、江戸中期に道沿いに町屋が並ぶようになった（図10）。いずれも正徳三年（一七一三）に町立てされ、「宮益町」「道玄坂町」になった。町人地となり、町奉行の支配下に組みこまれた。

図11　正保年間　青山一帯の土地利用状況
「正保年中江戸絵図」（嘉永6年写本，国立公文書館所蔵）より

道玄坂町には富士講の一つ「山吉講」の主宰者・吉田平左衛門家の居宅があった（第三章）。江戸のまちでは富士講もさかんで、庶民の間に富士山への信仰が広がった。富士登拝へ向かう人々の多くは大山道を通って富士をめざしたという。

2　武家地と町人地

大山道の武家地

江戸つまり御府内《ごふない》の土地は、武家地、寺社地、町人地に区分けされていた。武家地はさらに二種類に大別される。幕府が大名に与えた拝領地（大名屋敷すなわち上屋敷、中屋敷、下屋敷、蔵屋敷などの藩邸用地）と、幕臣（旗本、御家人）へ給付した大縄地《おおなわち》（旗本屋敷、御家人の組屋敷の用地）である。いずれも幕府が与えるものであったから、「召し上げ（上地）」すなわち幕府への返還や、「替え地」は頻繁に発生した。

江戸築城の折、家康は甲州街道と同様、大山道の

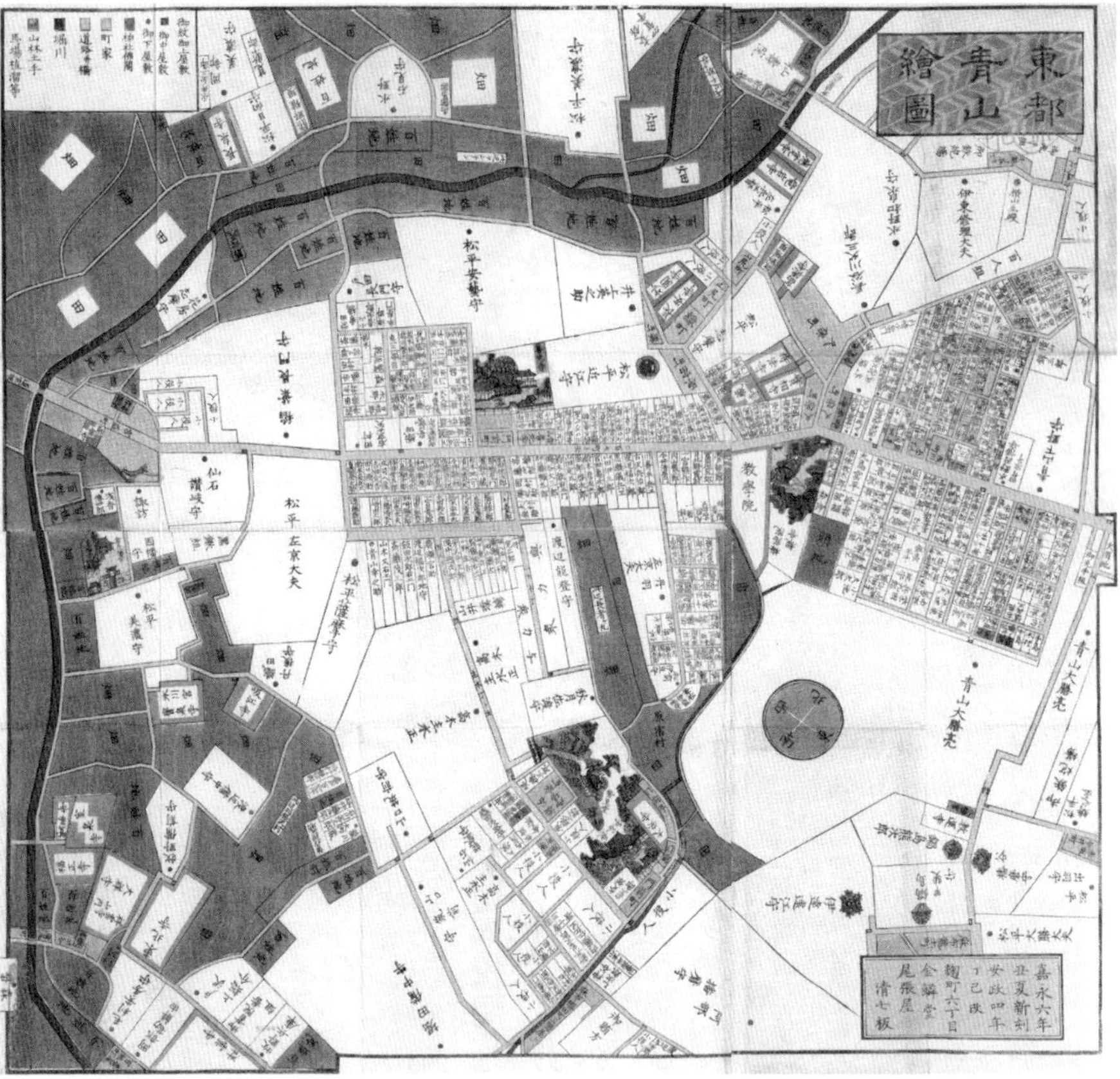

図12　嘉永年間　青山一帯の土地利用状況

江戸切絵図「東都青山絵図」（尾張屋版，嘉永6年〈1853〉，東京都立中央図書館特別文庫室所蔵）より

絵図の中央を左右に横切っているのが大山道.

沿道にも譜代大名の屋敷地を配して、西方への守備を固めた。明暦大火前の正保年間（一六四四〜四七）の絵図をみると（図11）、台地上の日当たりの良い場所は、敷地が広い大名屋敷になっている。

一方、幕臣の組屋敷[2]（大縄地）は、嘉永六年（一八五三）の絵図をみると（図12）、大山道沿いに配置され、町人地と隣接している。このように下級武士の居宅は街道沿いで守りを固めていた。武士の居住地域は「青山百人町」「二十騎町」など「町」をつけて呼称されたが、武家地であるので町奉行の支配下には入らない。このように街道沿いにある家並には武家地と町人地の区別があり、支配体制は異なっていた。

街道から離れた窪地、谷あい、川沿いは村方の百姓地で、田畑が作られていた。川端には水車小屋が設けられ、村方の百姓が米を搗《つ》いたり、麦を挽《ひ》いたりした。

幕政期に「江戸」の範囲は広がっていった。どこまでが「江戸」なのか。文政元年（一八一八）、目付は若年寄に伺書を出した。幕府老中の裁定によって、絵図上に御府内の範囲が朱色の線で示された。これを朱引《しゅびき》という。

町人地の構成

町人地すなわち「町」の基本単位は、街道をはさんだ両側を一つの町とし、これを「両側町《りょうがわちょう》」という。変則的に、道の片側だけで町立てされることがあり、これを「片側町」といった。「宮益町」は両側町、「道玄坂町」は片側町であった。

「町」の空間的範囲は明確で、「町」の境には木戸があり、「自身番屋」があった。「町」は、町奉行所—町年寄—町名主—五人組という秩序に従って運営された。末端の五人組の構成員に該当するのは「家持《いえもち》」と「家守《やもり》」である。「家持」とは町屋（土地・家屋）の所有者、「家守」は家持の代理人として町屋を管理する者（大家）である。

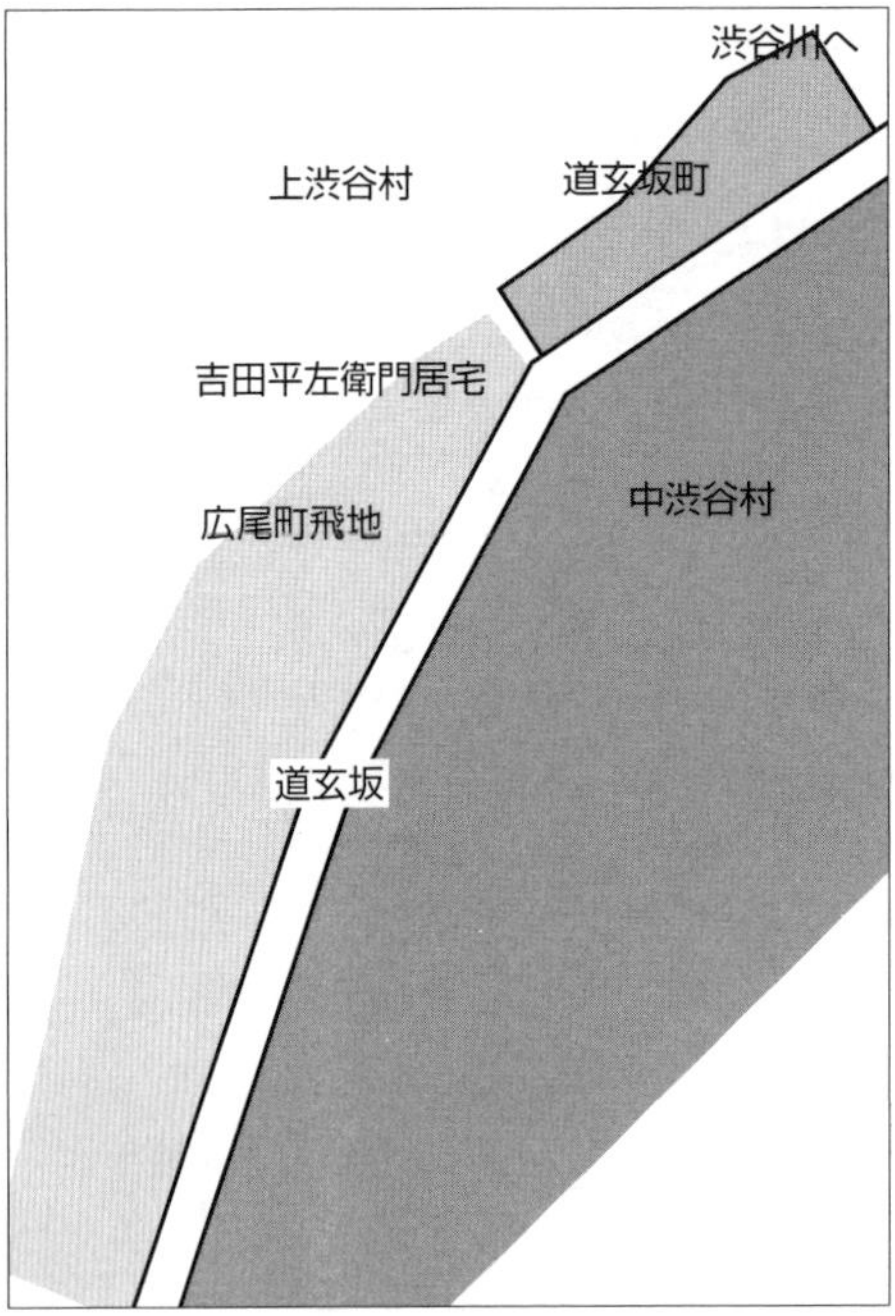

図13　道玄坂の空間構成
渋谷区土地台帳より，武田作成．

ここまでが町人層に該当する。借家人は「店借《たながり》」（店子《たなこ》）といい、五人組の構成員ではない。家守が店子から家賃を集めた。

町内は「町法」に基づいて運営された。「町法」の主な中身は、町儀（諸しきたり）と町勘定（会計）である。「町」ごとに、防火・消火、塵芥《じんかい》処理、祭礼などをとりおこなった(3)。

道玄坂の町方と村方

道玄坂町は片側町で、幕末に世帯数三六軒（慶応三年〈一八六七〉の人口一四七名）の小さな町であった（第三章参照）。道の向かい側は中渋谷村に属する土地である。また、道玄坂町の西隣には「広尾町」の飛地があった。つまり、坂全体は「道玄坂」と呼ばれていたが、土地の所属先は「道玄坂町」（町人地）、「広尾町飛地」（町人地）、「中渋谷村」（百姓地）の三種類で、沿道の居住者もそれぞれに所属していた、町方と村方の両方が沿道に住んでいたのである（図13）。

ここに飛地があった広尾町は、大山道の沿道ではないが、渋谷川沿いの斜面にできた町で、宮益町、道玄坂町と同じく正徳三年（一七一三）に町立てされた。つまり、この三町は渋谷川沿い、かつ同時期の町立てという共通点があった。三町は共同で町火消の「こ組」を編成し、渋谷川沿いにあった高札場を共同管理するなど、公儀の役務を共同で負担した。(4)

3 近代の開発と軍用地

武家地のゆくえ

明治元年（慶応四年、一八六八）七月一七日、江戸は東京府になり、新政府は徳川家および重臣に武家地の売買禁止を命じ、(5)翌八月、東京府は大名・旗本に対し上地令を布告した。(6)収公された武家地の活用をめぐって試行錯誤が続き、新政府は桑茶令を出して開墾を奨励したこともあったが、これは失敗した。

明治四年（一八七一）、東京府は地租改正事業に着手した。その頃までに土地の用途（官用地、軍用地、宅地、農地など）はおおむね定まり、東京府は地券発行を進めた。(7)

大山道と甲州街道の間に位置していた青山や千駄ヶ谷《せんだがや》にはもともと幕臣の大縄地が多く、御家人たちの組屋敷が多数配置され、千駄ヶ谷には幕府の火薬庫があった。このようなかつての武家地も近代の行政体系に組みこまれていった。明治一一年（一八七八）に東京府に一五区が新設されると、青山一帯は赤坂区に編入された。その北側の千駄ヶ谷一帯は、南北に分割されて、北半分は四谷区、南半分は赤坂区へ編入された。千駄ヶ谷は行政的な線引で二分されてしまい、どちらの区からみてもはずれの周縁部になってしまった。そのため、千駄ヶ谷一帯はどのように変化していったのか包括的に理解するのがやや難しくなった。本書はこの点に留意し、行政的区割りを鳥瞰した視点で、火薬庫があった千駄ヶ谷一帯の変化をとらえることに努めたい。

「山の手」の軍用地

東京西南部への軍用地の増加は、陸軍の兵力増強と同時併行で進んだ。そもそも明治初期に、陸軍が駐屯《ちゅうとん》していたのは宮城直近の丸ノ内である。西南戦争後、陸軍は外征軍への転換を積極的に進め、陸軍兵力は明治一七年（一八八四）の四万六七六七名から、明治二六年には七万八九四名へと増加した。

これと併行して、手狭になった都心の軍事施設の移転が進められた。明治二〇年代になると、大山道を中心に西南部の「山の手」台地、すなわち赤坂区、麻布《あざぶ》区一帯に軍事機関・軍事施設が集中するようになった。これらを円滑に機能させるため、道路や交通など都市基盤が整備された。これによって「山の手」は生活面でも便利になり、暮らしやすい地域になった。「山の手」は流入者を吸収し、居住人口が増加した。

明治四〇年、青山練兵場の移転が決定すると、西郊の郡部に代々木練兵場が新設された。さらに西方の大山道沿道の世田谷にも軍施設が次々と開設された。このように近代東京の拡大と軌を一にして、大山道沿いに軍施設・軍用地が集積していったのである。

軍用地と住居地域の併存

大正八年（一九一九）四月、東京府は都市計画法および市街地建築物法を公布した。近世の江戸は武家地、寺社地、町人地に分けて管理されていたが、全く異なる概念によって土地が管理されていくことになった。市街地は住居・商業・工業の三系統に類別され、都市計画に基づいて基盤整備が進められることになった。

大正八年公示の「東京都市計画地域指定参考図」に基づくと、西部は広範囲にわたって住居地域に指定されている。東部がほぼ工業地域に指定されたのと対照的である。当時、東部は衛生状態が劣悪であることが問題視されていた。東部は卑湿な低地に工場・人口が集中しており、これと分けて、西部の高燥な台地に良好な居住空間を確保する対策がとられたのである。結核など蔓延する伝染病対策としても必要な措置であった。

おおよそ以上のような経過で、西郊の「山の手」台地に、軍用地と住居地域が併存する都市空間が形成されていった。台地は起伏が大きく、水は少なく、近世には使いこなすことは容易ではなかった。しかし、近代になると軍用地としての開発が進み、付随して都市基盤が整えられていったことから、「山の手」は良好な居住空間として活用が進んだのである。

東京西南部が軍事的に開発されていく端緒になったのは「青山練兵場」の開設であるが、そこにはもともと「幕府の焔硝蔵《えんしょうぐら》」(火薬庫)があった。つまり、近世江戸の軍事的布置が、近代東京の軍事的空間の形成につながっている。近世から近代への移行を通時的に俯瞰すると、持続する地域的特徴がうかびあがってくる。

第二章　幕府の焰硝蔵

1　江戸城と火薬

焰硝の製法

幕府の「焰硝蔵《えんしようぐら》」は当初は江戸城内にあった。焰硝とは黒色火薬の原料の硝石のことで、焰硝蔵はその備蓄庫である。塩硝と記すこともある。

火薬の製法は鉄炮とともに天文一二年（一五四三）に種子島に上陸したポルトガル人によってもたらされた。鉄炮や大砲の発射に使うのが黒色火薬で、原料は硝石、木炭、硫黄である。日本では、木炭や硫黄は入手可能だが、天然鉱物の硝石は産出しない。そのため、古土から硝石成分すなわち焰硝を抽出することが行われた。

抽出方法は次のようであった。床下の古土、とくに養蚕をやっている家や、家畜を飼育している家屋の土が適する。動物の排泄物に含まれている尿素が分解され、土中で窒素化合物となり、さらに土中のバクテリアが作用して硝酸カルシウム化合物ができる。このような土を水に溶かすと、水溶性の硝酸カルシウムが溶け出し、これを煮つめて灰汁を差すと結晶して焰硝となる(1)。

黒色火薬を作るには、焔硝、木炭、硫黄の三種類の材料をまず薬研《やげん》で荒く擦りおろす。次に臼と杵で搗いて混ぜ合わせる。材料が熱を帯びると爆発するので、茶筅《ちゃせん》で水を打ちながら搗く。最後に竹の筒に詰めて固める。使う時に竹筒を割り、固形になった黒色火薬を取り出し、適当な大きさに割って用いる。火薬は玉薬とも称された。

敵が攻めてきたときに必要な火薬を調達できるようにしておくことは重要であるが、火薬庫を敵に奪われてはいけないし、大量の火薬を幕府中枢に近いところに置くことは万一の爆発を考えると危険である。

明暦の大火と焔硝蔵

江戸城内に備蓄されていた火薬の爆発が人々を震撼させたのは、明暦三年（一六五七）の大火である。幕府が開かれたのが慶長八年（一六〇三）、その五四年後、明暦三年正月一八日に出火し、冬の強い北西風にあおられて、三日間燃え続いた。

出火の翌日、一九日、江戸城に火の手が迫った。未《ひつじ》の刻、昼の八《や》ツ時《どき》ごろ（午後二時頃）、立ちこめる煙で城内はますます昏《くら》くなり、爆発音が響きわたった。

所々の鉄炮玉薬に火移り申し候哉《や》、天地響き、御屋倉《おんやぐら》の焼け落ちる音すさまじく、言葉にも及び難し。(2)

城内にあった鉄炮火薬が爆発し、すさまじい轟音がとどろき、城門の櫓《やぐら》が焼け落ちていった。八《や》ツ時《どき》半（午後三時頃）、ついに将軍が本丸から避難し、本丸、二の丸が炎上した。

城内の西側、吹上（鼠穴）と呼ばれる区域には御三家の屋敷がならび、そこからさらに奥まった堀沿いに焔硝蔵があった（図14）。重要な建物なので御三家の屋敷で守られ、かつ水際において炎上の備えとしたのである。奇跡的に吹上には火の手は及ばず、焔硝蔵は爆発をまぬがれた。炎上を回避できたのは天啓以外の何ものでもない

図14　江戸城　吹上

「正保年中江戸絵図」（嘉永6年写本，国立公文書館所蔵）より

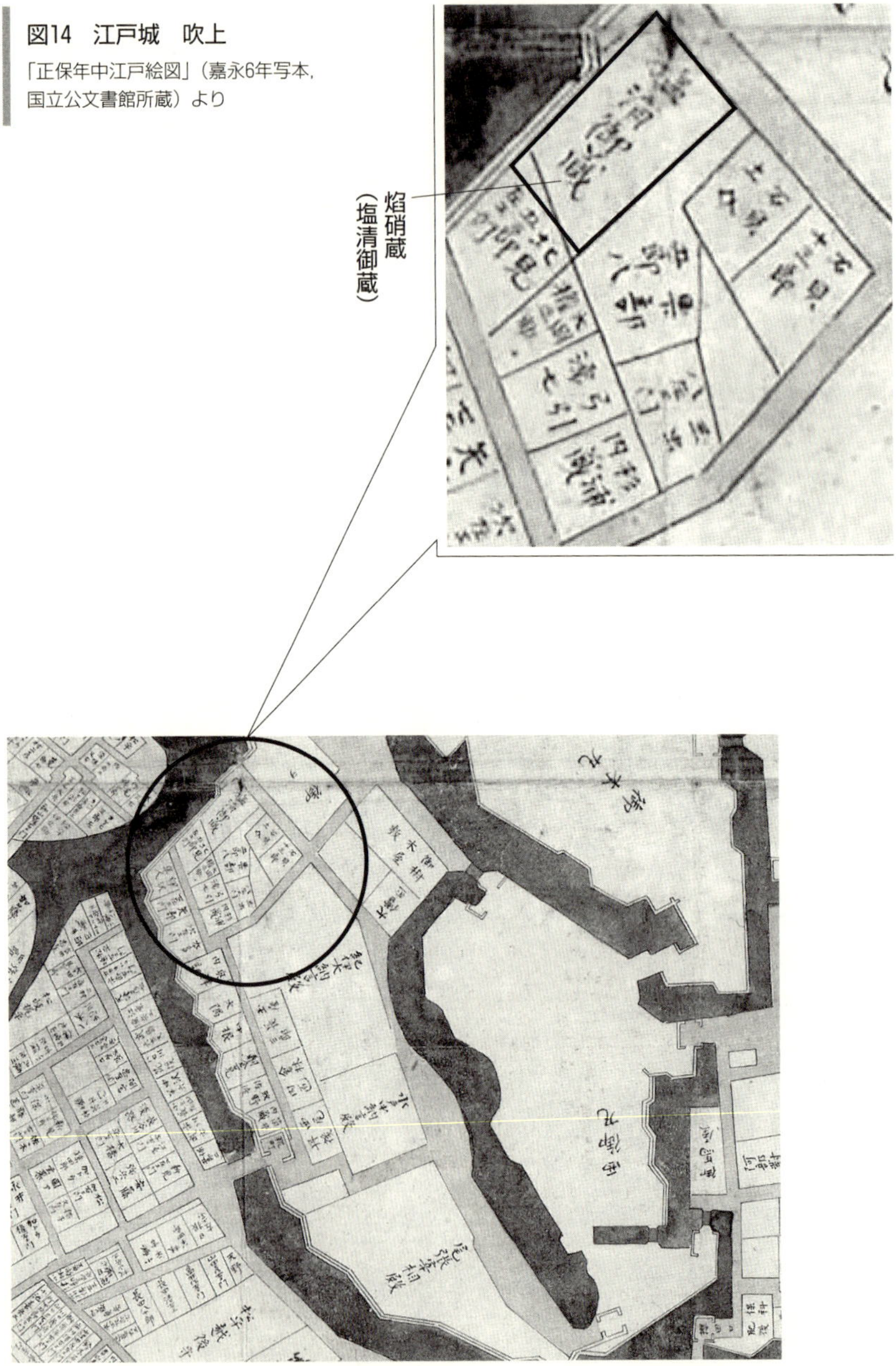

と記されている。(3) 火薬の貯蔵が両刃《もろば》の危険性を帯びていることを明暦の大火は示した。

大火と地図作製

明暦の大火は死者一〇万人超、江戸の六割が焼失したといわれる。罹災者は巷にあふれ、混乱に乗じて火付けをする賊もあらわれた。(4)

開府以来、未曽有の厄災による被害の全貌はすぐには判明せず、火災発生から八日後、正月二六日、幕府重臣たちは打ち揃って、まず江戸城本丸の焼跡を巡視した。(5) すなわち老中などの職にあった保科正之、阿部忠秋、松平信綱、井伊直孝、酒井忠清らである。数え年一七歳の四代将軍家綱は郭外の赤坂にあった井伊直孝の下屋敷に避難していた。

この日、巡視を終えた老中たちは江戸城再建、市中復興の方針を協議した。正確な地図がなかったことが被害の拡大を招いたという反省に基づき、御府内の地図を作製することになり、翌二七日に大目付北条安房守正房に地図作製が指示された。測量が行われ、数十日で完成させたのが「万治年間江戸測量図」である。(6)

開府以来の未曽有の惨事、世情不安定に、幕府に叛旗をひるがえす悪党が出ることが警戒された。江戸城から将軍避難の際に懸念されたのもこのことで、「此の火難は天災とは云いながら、不審なきに非ず」「悪党の志すことも有らんか」「此の火災に時を得て、叛逆を企てることあらば、諸将等に仰ぎて、急に御誅罰有るべし、若し又、大名相《あ》い背《そむ》くことあらば、御一門の歴々、御譜代の面々、御旗本の諸士に命ぜられん」等々、「かかる火難は凡事に非ず、諸人怖れて薄氷の思いをなす」という緊迫した状況であった。(7)

江戸の基本骨格

わずかな予断も油断も許されない形勢のなか、一刻も早く江戸城を再建し、市中の秩序を回復することが急がれた。二月七日、老中たちは地図、地割に関する協議を行った(8)。

桜田、山手、下谷と三隊にわかち、防火の事を万石以上の輩に、仰せ付けらる。この日、城辺の絵図を諸老臣、会議す(9)。

郭外を西方の「山の手」、南方の「桜田」門外、北方の「下谷」方面の三つに分けて、防火の責任を大名に割り振った。これが「方角火消」の始まりである。

大火以前から、幕府は大名一六家を選んで、江戸の火消しを命じていた。いわゆる「大名火消」制度である(10)。四家一組とし、四組あった。組内は一〇日交代で輪番を務め、担当区域の防火・警戒にあたった。すでにあった「大名火消」に加えて、西、南、北の三方面の警固に重点をおく「方角火消」が大火以降併存するようになったのである。

翌八日、大名火消を承っている井上河内守正利ら四人の大名が将軍に拝謁《はいえつ》した。その際、将軍からじきじきに、夜の巡視では「いよいよ心をいれて見巡《めぐ》るべし」という言葉があった(11)。人心不安定の世情に鑑み、市中の警備を厳重にするように命じたのである。大名たちに課せられたのは単なる防火ではなく、戒厳的状況における幕府の警固である。

鎮火後も続く混乱の極みを経験し、大火災が惹起する複合的な危険を重臣たちに知らしめたのは明暦の大火であったといえよう。戦闘でなくとも、火事が社会不安を増幅させる危惧があることを考慮にいれて、江戸は改造された。武家地や寺社地の入れ換えを行い、道幅を広げ、火除地《ひよけち》を設けた。江戸西方すなわち「山の手」方面に幕府直臣の旗本・御家人の組屋敷が増えていった。江戸の近世都市としての基本的な骨格は、明暦の大火を機に定まっていった。

2 「山の手」の火薬庫

焔硝蔵の郭外移転

明暦の大火から八年後、幕府は郭外（外堀の外側）に焔硝蔵を移した。寛文五年（一六六五）、新造された場所は千駄ヶ谷である。千駄ヶ谷は四谷と青山、すなわち甲州街道と大山道にはさまれた狭間《はざま》の地域である（図15）。譜代大名の屋敷地に囲まれ、かつ郭外なので、万一爆発しても幕府中枢への打撃は少ない。

地形も防御に適していた。四谷に譜代大名の内藤家の屋敷地があって、邸内の窪地から水が湧き出ていた。それが川になって千駄ヶ谷を南下し（渋谷川源流）、谷を作り出していた。谷間に千駄（多く）の萱《かや》が生い茂っていたことから「千駄ヶ谷」という名がついたという。このように江戸西方の山側、すなわち「山の手」の台地に守られた川沿いの水際に新たに焔硝蔵が設けられた。

当初、焔硝蔵の敷地は広かったが、築造して三十余年を経た元禄一〇年（一六九七）、敷地の東側が分割されて、御家人の組屋敷地に変わった(12)。その後、八代将軍徳川吉宗の享保年間に、既存の焔硝蔵（古焔硝蔵）の近くに新たな焔硝蔵が造営された（新焔硝蔵）。このような焔硝蔵の増設は、幕府の番方（武官）の構成や、砲術の強化と連動したものである。ここで幕府直轄軍における砲術関係の職制について概観しておこう。

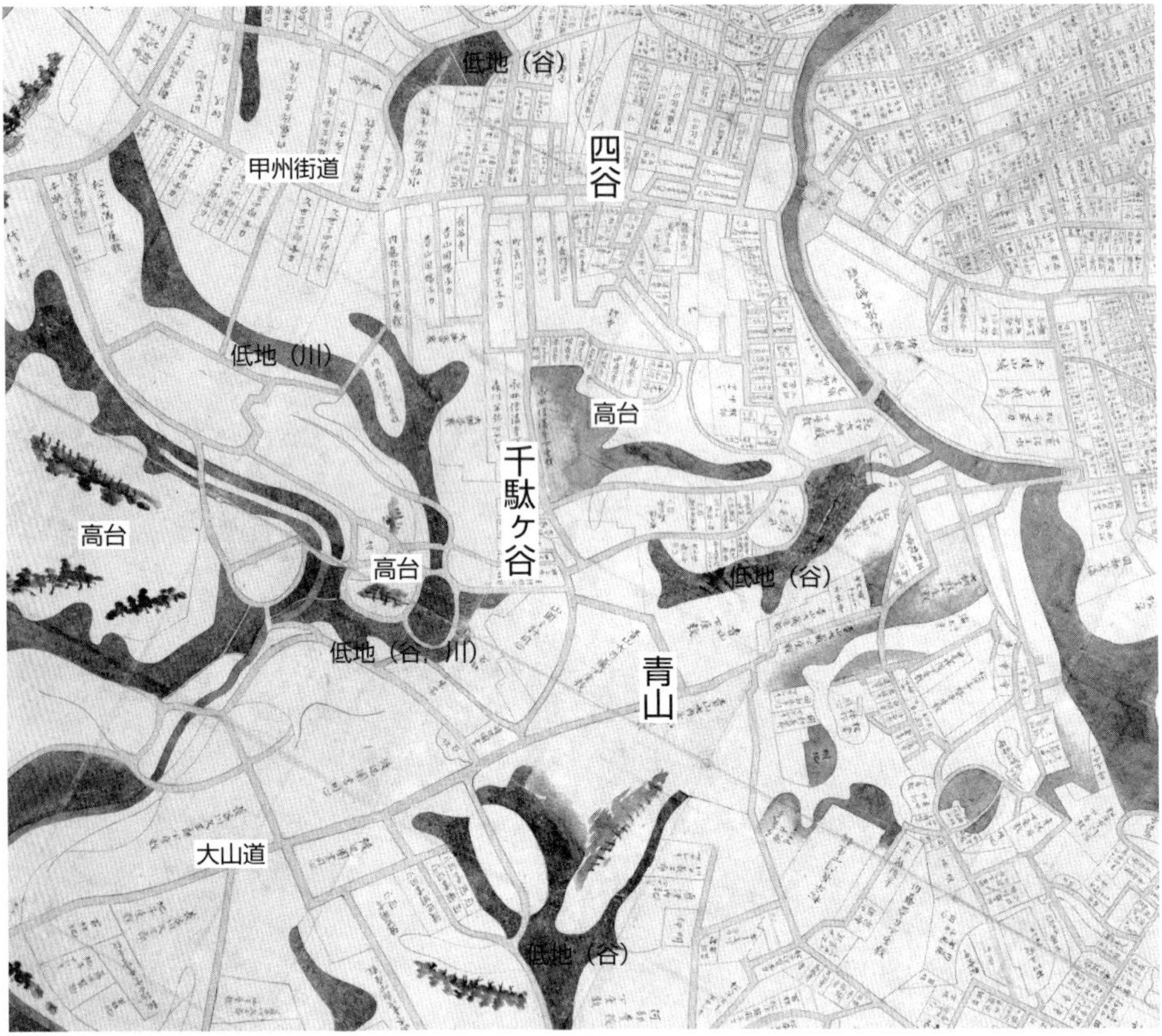

図15　土地の高低（四谷，千駄ヶ谷，青山）
「正保年中江戸絵図」（嘉永6年写本，国立公文書館所蔵）より

将軍直轄軍（番方）の構成

焔硝蔵の火薬原料を使っていたのはどのような人々だったのだろうか。焔硝蔵を管理していたのは鉄炮玉薬奉行である。将軍直轄軍の火薬を差配するのが鉄炮玉薬方の役目である。焔硝蔵の周囲には直轄軍に属する旗本・御家人の屋敷や鉄炮場があった。

幕府の職制には、番方（軍事）と役方（行政・司法等）の二つの系統があった。将軍直轄軍を構成しているのが番方である。また、将軍直臣で一万石未満の者のうち、「御目見《おめみえ》得以上」を旗本、「御目見得以下」を御家人という。「御目見得以上」とは将軍に拝謁《はいえつ》できる者のことである。おおむね旗本は知行《ちぎょう》取り（一〇〇石以上）、御家人は蔵米《くらまい》取り（一〇〇俵以下）であった。江戸在勤の番方は三代将軍家光の在任末期にあたる慶安年間にはおおよそ表1のような構成になっていた。

番方の上位に位置するのが「五番方」である（大番、書院番、小姓組番、新番、小十人組番）。直轄軍の中核で、将

		備考	
	御家人	初代組頭	組屋敷所在地
与力10騎	同心20人		
与力10騎	同心20人		
与力20騎	同心100人	成瀬正成	牛込根来町
与力20騎	同心100人	青山忠成	青山百人町
与力20騎	同心100人	内藤清成	内藤新宿
与力20騎	同心100人	山岡景次	青山甲賀町
与力5〜10騎	同心30〜50人		
与力10〜20騎	同心55人		

軍の身辺を警護し（将軍の儀式・外出時の供奉《ぐぶ》、江戸城内・城門の警衛、市中巡回）、旗本で構成されていた。

直轄軍にはこのほか、若年寄が支配する百人組、先手《さきて》組、持組などがあった。表2に示したように、家光の在任中の寛政九〜一一年の頃にこれらの組すなわち直轄軍の再編・強化が進んだ。直轄軍の重要な武器の一つが鉄炮である。焔硝蔵の周囲にあったのは鉄炮を扱う百人組や先手鉄炮組の屋敷である。

「百人組」には四つの組があり、幕府の職制では二十五騎組、二十騎組、根来《ねごろ》組、甲賀組という。百人組の原型が作られたのは幕府が開かれるよりも以前のことである（表2、表3）。なかでも二十五騎組、二十騎組それぞれの初代組頭を務めたのは、家康腹心の内藤清成と青山忠成であった。内

表1　江戸における直轄軍の構成(慶安年間)

統率体系		番方の組織		組数(時期によって変化)	構成 大名(番頭)	旗本	
将軍	老中	五番方	大番	12組	大番頭	組頭	番士(各組50人)
	若年寄		書院番	10組	書院番頭	組頭	番士(各組50人)
			小姓組番	10組	小姓組番頭	組頭	番士(各組50人)
			新番	詳細は省略	新番頭	組頭	番士(各組20人)
			小十人組番	詳細は省略	小十人頭	組頭	番士(各組20人)
	若年寄	百人組 合計4組		根来組		組頭	
				二十騎組		組頭	
				二十五騎組		組頭	
				甲賀組		組頭	
		先手組 合計34組		先手鉄砲組　24組		鉄炮頭	
				先手弓組　10組		詳細は省略	
		持組 合計7組		持筒組(大筒)　4組		持筒頭	
				持弓組　3組		詳細は省略	

※上記のほか，若年寄の管轄下に，鉄砲御用役(旗本)などがいる．
出典：『柳営補任』巻1～18,『慶政私記上』(『日本財政史料』巻8官制之部二，894頁),『読史備要』［藤井譲治編 1991，103-110頁］を武田修正・加筆，作成．

藤清成、青山忠成とともに三河国岡崎の生まれで、家康の御小姓を務め、関ヶ原の戦いのあと、慶長六年（一六〇一）に内藤清成、青山忠成はともに万石をこえる大名となり、関東奉行に任命されて、二十五騎の与力、百人の同心をまかされた。これが百人組の原型である。内藤家は甲州街道沿道の四谷一帯、青山家は大山道沿道一帯に屋敷地を拝領した[13]。それにちなんで「四谷内藤宿」「青山」という地名になったという。百人組は、平時は江戸城正面の大手三門（大手御門、下乗門《げじょう》、中門）を警固していた。江戸城の城門のうち最も格式が高い門である。

番方の組屋敷

図16（三八～四一頁）は「正保年中江戸絵図」で、正保年間（一六四四～四七）の江戸を描いた図である[14]。百人組の各組の組屋敷

表2　百人組，先手組，持筒組　組頭着任年代

		1603〜 家康	1605〜 秀忠				1623〜 家光					1651〜 家綱		
組※	年代	1600〜	1605〜	1610〜	1615〜	1620〜	1625〜	1630〜	1635〜	1640〜	1645〜	1650〜	1655〜	1660〜
百人組 根来組		不明 ※成瀬氏	→	→	→	→	→	寛永10 1633 ※成瀬氏	寛永12 1634	寛永13 1635※森川氏信	正保3 1646	慶安4 1651	→	万治4 1661
二十騎組（青山百人町）		慶長7 1602 ※青山氏	慶長8 1603 ※青山氏	→	→	→	寛永3 1626 ※青山氏	寛永10 1633	寛永12 1634※渡辺図書	→	→	承応2 1653	→	→
二十五組（内藤新宿）		慶長6 1601 ※内藤氏	慶長13 1608 ※内藤氏	→	→	→	→	寛永9 1632	寛永12 1634※久世広宣	→	→	→	→	万治3 1660
甲賀組		慶長5 1600※山岡景次	→	→	→	→	→	→	→ ※山岡景次	寛永21 1644	→	→	→	→
先手組　鉄炮頭														
※『柳営補任』御先手鉄炮頭の組記載順に整理番号をふったもの．														
4		慶長5 1600	→	慶長18 1613	→	→	→	寛永11 1634	→	→	慶安元 1648	→	→	寛文元 1661
5		慶長9 1604※森川氏信	→	→	→	→	→	→	寛永15 1638	→	→	慶安4 1651	→	寛文3 1663
11			慶長11 1606	→	→	→	→	寛永11 1634	→	→	正保4 1647	→	明暦元 1655	寛文3 1663
2		家康公供奉	→	→	→	→	→	寛永9 1632	→	→	正保4 1647	→	万治2 1659	→
12		家康公供奉	→	→	→	→	→	→	→	→	正保4 1647	慶安3 1650		万治3 1660
1				慶長15 1610	→	→	→	寛永9 1632	→	→	→	→	→	万治3 1660
6			着任年不明	着任年不明	元和3 1617	→	寛永3 1626	→	寛永12 1635	→	正保2 1645	→	→	寛文元 1661
7					元和2 1616	→	着任年不明	着任年不明	寛永15 1638	寛永17 1640	寛永19 1642	慶安元 1648	→	→
3						秀忠公供奉　元和9＝1623	寛永2 1625	寛永9 1632	→	→	→	承応3 1654	→	寛文5 1665
9						元和9 1623	→	→	寛永15 1638	寛永19 1642	正保2 1645	→	→	万治3 1660
10								寛永9 1632	→	→	正保2 1645	→	→	万治4 1661
17								寛永9 1632	→	→	→	慶安4 1651	承応元 1652	寛文5 1665
18								寛永9 1632	→	→	正保4 1647	→	→	寛文2 1662
19								寛永9 1632	→	寛永19 1642	正保4 1647	→	→	→
8										寛永17 1640	→	慶安3 1650	承応2 1651	寛文3 1663
14										寛永18 1641	慶安元 1648	承応元 1652		寛文2 1662
16										寛永18 1641	→	慶安4 1651	承応2 1653	万治4 1661
13											正保4 1647	→	明暦3 1657	寛文3 1663
15											慶安元 1648	→	明暦3 1657	寛文11 1671
20												慶安3 1650	慶安4 1651	寛文4 1664
22	西丸					寛永元 1624	→	→	→	寛永21 1644	正保2 1645	→	→	万治3 1660
23	西丸				着任年不明	着任年不明	寛永2 1625	→	→	→	正保4 1647	→	明暦3 1657	寛文7 1667
24	西丸							寛永8 1631	→	→	→	→	承応2 1653	寛文元 1661
21	西丸									寛永21 1644	正保4 1647	慶安2 1649	明暦元 1655	→
持筒組														
1						元和9 1623	→	寛永8 1631	→	寛永19 1642	正保4 1647	慶安元 1648	→	寛文元 1661
2					元和元 1615	→	→	寛永10 1633	→	→	正保2 1645	→	→	寛文3 1663
3	西丸					元和9 1623	寛永5 1628	→	→	→	正保4 1647	→	→	→
4		天正12 1584	→	→	→	→	→	寛永10 1632	→	→	→	→	→	万治3 1660

出典：『柳営補任』巻1〜18,『慶政私記上』(『日本財政史料』巻8官制之部二，894頁）より武田作成.

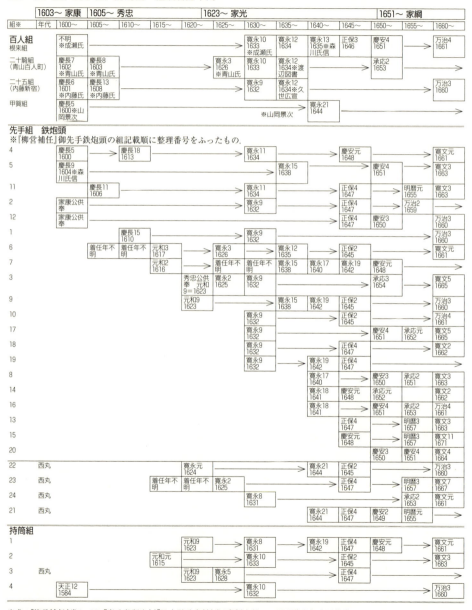

表3 百人組，先手組，持筒組 組頭着任年

百人組

組	与力数	同心数	初代	2代目	3代目	4代目			
根来組	20	100	着任年不明	寛永10 1633	寛永12 1634	寛永13 1635	正保3 1646	慶安4 1651	万治4 1661
二十騎組 (青山百人町)	20	100	慶長7 1602	慶長8 1603	寛永3 1626	寛永10 1633	寛永12 1634	承応2 1653	
二十五組 (内藤新宿)	20	100	慶長6 1601	慶長13 1608	寛永9 1632	寛永12 1634	万治3 1660		
甲賀組	20	100	慶長5 1600	寛永21 1644					

先手組 鉄炮頭

組※	与力数	同心数	初代	2代目	3代目	4代目		
1	10	50	慶長15 1610	寛永9 1632	万治3 1660			
2	6	30	家康公供奉	寛永9 1632	正保4 1647	万治2 1659		
3	10	50	秀忠公供奉 元和9 1623	寛永2 1625	寛永9 1632	承応3 1654		
4	5	30	慶長5 1600	慶長18 1613	寛永11 1634	慶安元 1648		
5	10	30	慶長9 1604	寛永15 1638	慶安4 1651	寛文3 1663		
6	7	30	着任年不明	着任年 不明	元和3 1617	寛永3 1626	寛永12 1635	正保2 1645
7	5	30	元和2 1616	着任年 不明	着任年 不明	寛永15 1638		
8	5	30	寛永17 1640	慶安3 1650	承応2 1653	寛文3 1663		
9	7	30	元和9 1623	寛永15 1638	寛永19 1642	正保2 1645		
10	7	30	寛永9 1632	正保2 1645	万治4 1661			
11	6	30	慶長11 1606	寛永11 1634	正保4 1647			
12	6	30	家康公供奉	正保4 1647	慶安3 1650	万治3 1660		
13	6	40	正保4 1647	明暦3 1657	寛文3 1663			
14	6	30	寛永18 1641	慶安元 1648	承応元 1652	寛文2 1662		
15	6	30	慶安元 1648	明暦3 1657	寛文11 1671			
16	10	50	寛永18 1641	慶安4 1651	承応2 1653	万治4 1661		

17	5	30		寛永9 1632	慶安4 1651	承応元 1652	寛文5 1665
18	5	30		寛永9 1632	正保4 1647	寛文2 1662	
19	5	30		寛永9 1632	寛永19 1642	正保4 1647	
20	5	30		慶安3 1650	慶安4 1651	寛文4 1664	
21	6	30	西丸	寛永21 1644	正保4 1647	慶安2 1649	明暦元 1655
22	7	30	西丸	寛永元 1624	寛永21 1644	正保2 1645	万治3 1660
23	10	30	西丸	着任年不明	着任年不明	寛永2 1625	正保4 1647
24	5	30	西丸	寛永8 1631	承応2 1653	寛文元 1661	

持筒組

組※	与力数	同心数		初代	2代目	3代目	4代目
1	20	55		元和9 1623	寛永8 1631	寛永19 1642	正保4 1647
2	10	55		元和元 1615	寛永10 1633	正保2 1645	寛文3 1663
3	10	55	西丸	元和9 1623	寛永5 1628	正保4 1647	
4	10	55		天正12 1584	寛永10 1632	万治3 1660	

延宝年間以降(1673〜)の記載は省略した.
※『柳営補任』御先手鉄炮頭の組記載順に整理番号をふったもの.
出典：『柳営補任』巻1〜18,『慶政私記上』(『日本財政史料』巻8官制之部二, 894頁)より武田作成.

は甲州街道や大山道の沿道、つまり江戸西方に多く配置されている。

二十五騎組（初代組頭は内藤家）の与力の屋敷は甲州街道沿道の二十五騎町に、同心百人の組屋敷は大久保にあり、そこは大久保百人町と呼ばれた。隣接の角筈《つのはず》村に角場（鉄炮場）があった[15]。

二十騎組（初代組頭は青山家）の同心屋敷は大山道沿道にあって青山百人町と呼ばれ、隣接の二十騎町に与力屋敷があった（図17、四二～四三頁）。

根来組（初代組頭は成瀬家）の与力屋敷は市ヶ谷門外にあり、そのほか同心の組屋敷は市ヶ谷から西方へ抜ける道沿いにもあって、牛込《うしごめ》根来《ねごろ》町と呼ばれた。

甲賀組（初代組頭は山岡家）の甲賀者とは近江国を出自とする地侍で、戦国時代に伊賀者と同様に城砦の攻略や奇襲戦法を得意にしたといわれる。いわゆる忍者である。甲賀組の組屋敷は大山道近くにあり、青山甲賀町と称された。

このように千駄ヶ谷焔硝蔵の周囲には、二十騎組と甲賀組という二組の百人組同心屋敷があったほか、鉄炮場など砲術演習に使用する施設が集積していた。千駄ヶ谷、青山一帯は、江戸防衛の拠点の一つであったといえる。

このほか、先手組には鉄炮を専門にする鉄炮組が二四組、持組には大砲を専門に扱う「持筒組」が四組あった。幕府は鉄炮御用役を任命し、これら番方への砲術指南に当たらせたほか、鉄炮や大砲の製造・改造を命じた。

幕府と和流砲術

砲術指南や火器製造は特殊技術である。このような技芸に長じた者は、大名などに炮術師として仕え、江戸期に流派を形成するようになった[16]。幕府が最初に鉄炮御用役に任命したのは稲富流の稲富《いなどめ》兵部少輔《ひょうぶのしょうゆう》である。大坂夏の陣のあと、武家諸法度（元和令）が定められた年（元和元年〈一六一五〉）のことである[17]。

寛永一〇年（一六三三）、三代将軍徳川家光の代に軍役令が改定された（寛永軍役令）。寛永一二年、鉄炮御用役ではないが幕府に仕えていた炮術師井上外記《げき》正継《まさつぐ》は新式大筒一〇〇挺を作りあげた。井上は火器の製造に巧みで、南蛮銅を用いて重量を軽くし、命中精度をあげた[18]。

二年後の寛永一四年、島原の乱が起きた。井上外記は改造した大筒・鉄炮を使った戦略を献策し、従軍を希望した。しかし、このときはまだ千石扶持の身分に過ぎなかったため、従軍は許されず、火器製造に専念するように命じられた[19]。

翌寛永一五年、井上外記は鉄炮御用役に任命された[20]。鉄炮御用役は稲富流と井上外記流の二家体制になったのである。しかし、両家の間に確執が生じ、正保三年（一六四六）、両家の刀傷沙汰に発展した。翌年、両家とも鉄

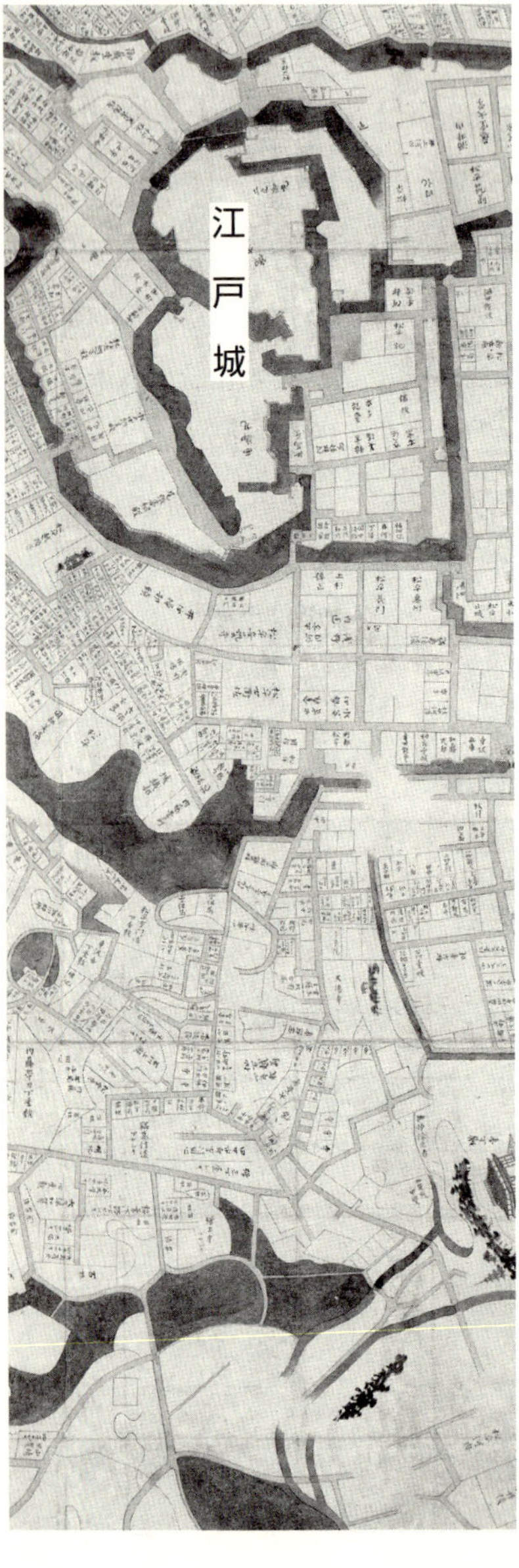

図16　正保年間　百人組同心　組屋敷の分布

「正保年中江戸絵図」(嘉永6年写本，国立公文書館所蔵)より

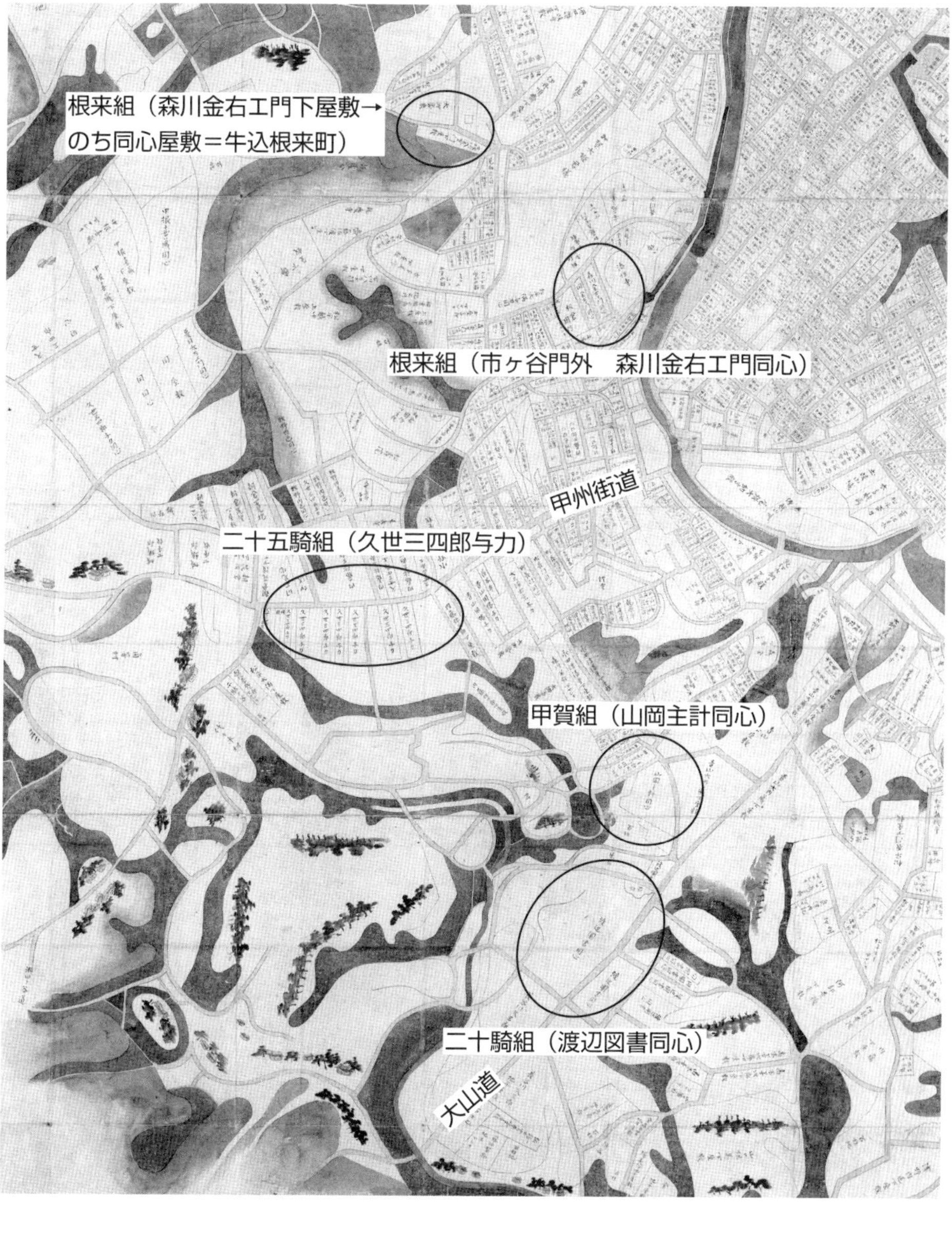
根来組（森川金右エ門下屋敷→
のち同心屋敷＝牛込根来町）
根来組（市ヶ谷門外　森川金右エ門同心）
甲州街道
二十五騎組（久世三四郎与力）
甲賀組（山岡主計同心）
二十騎組（渡辺図書同心）
大山道

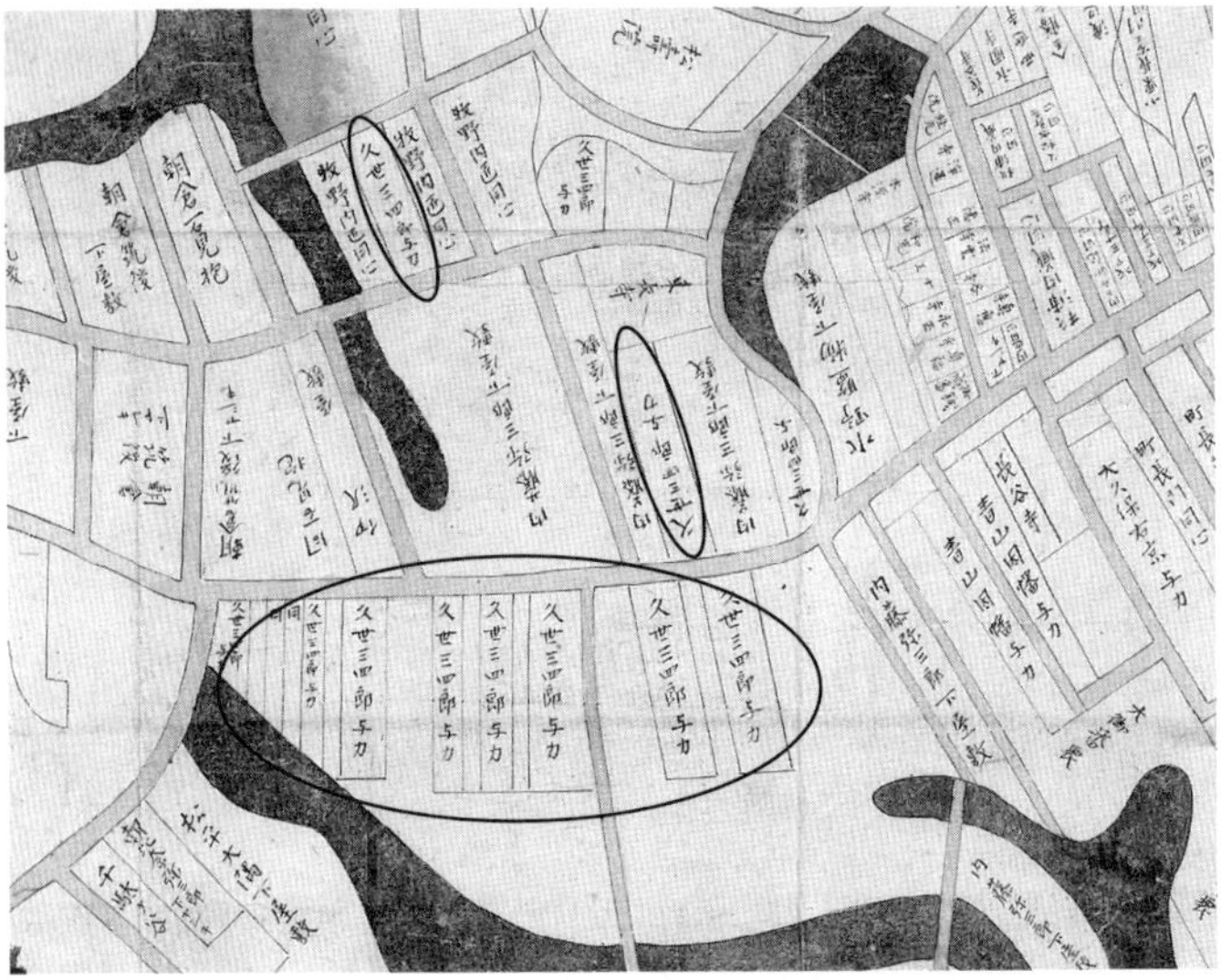

図16（拡大1）　四谷内藤宿　二十五騎組　久世三四郎与力

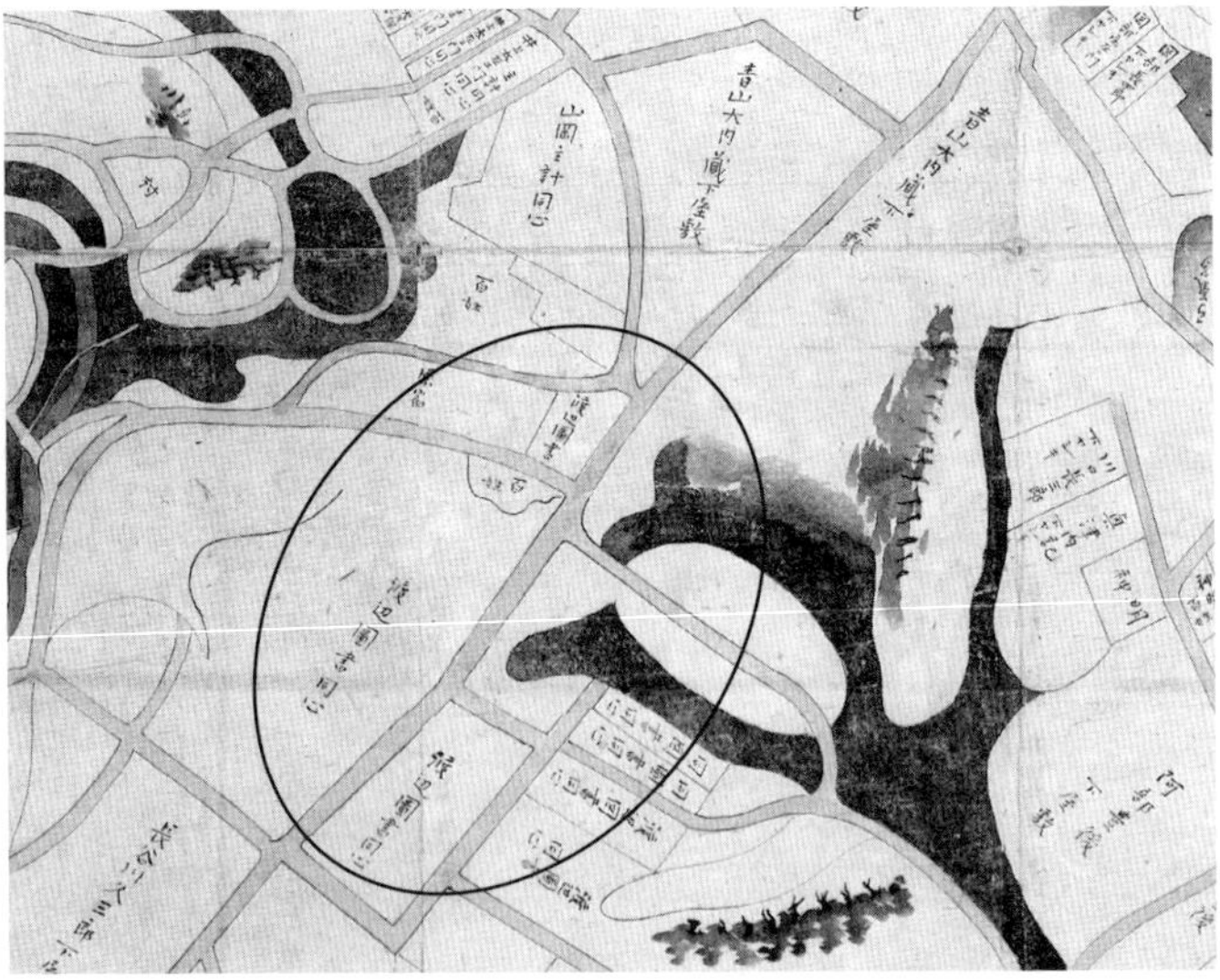

図16（拡大2）　青山百人町　二十騎組　渡辺図書同心

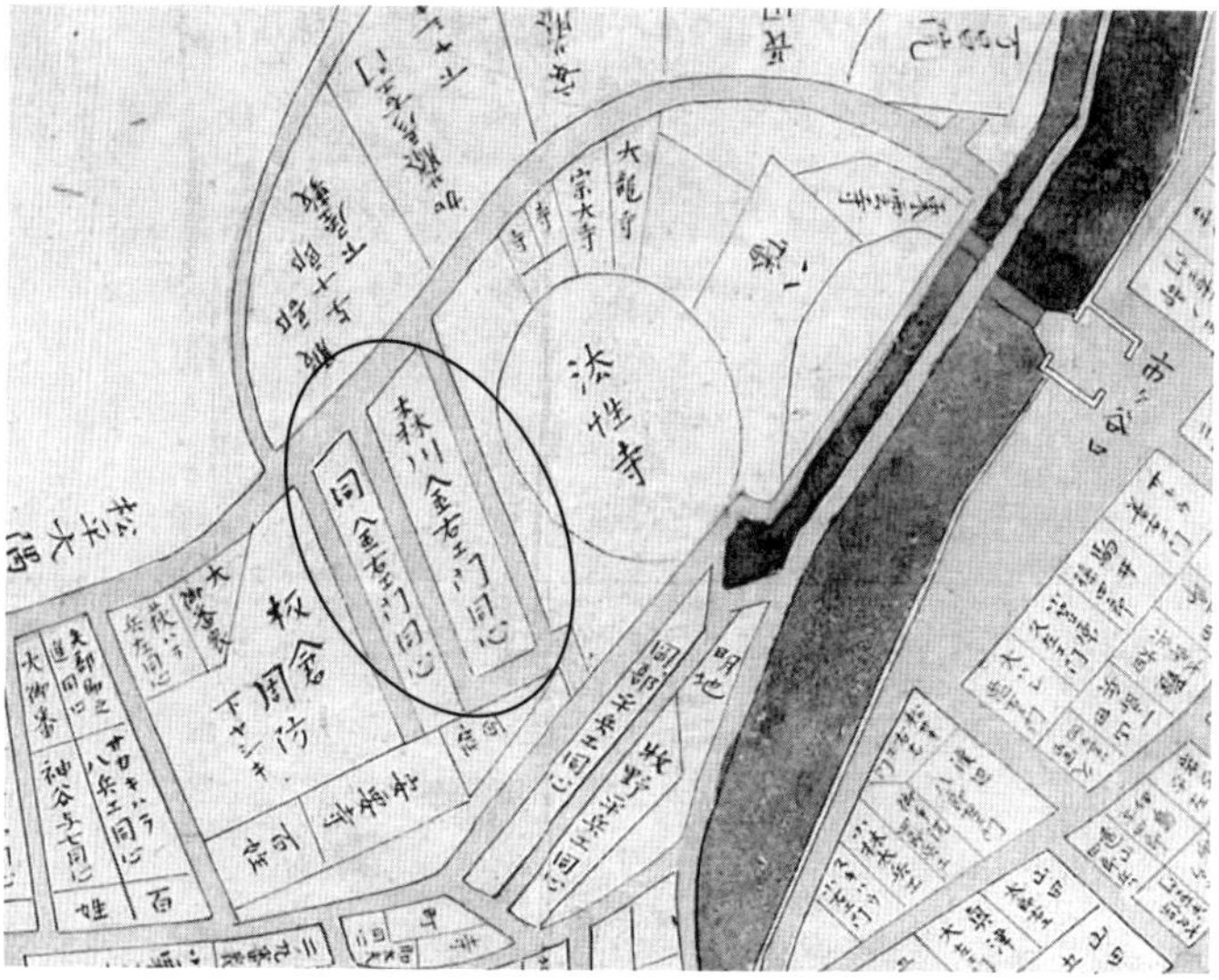

図16（拡大3） 市ヶ谷門外 根来組 森川金右工門同心

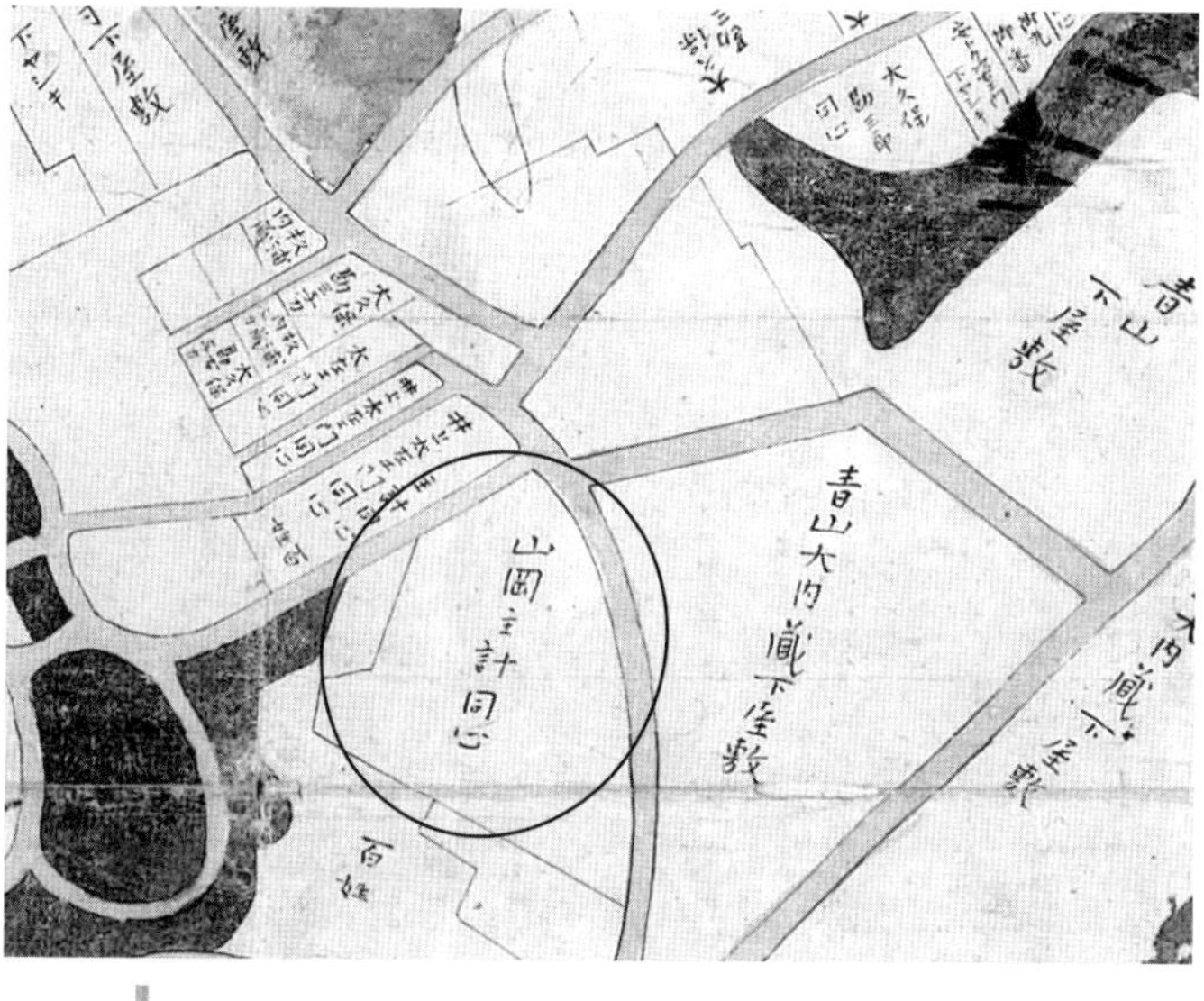

図16（拡大4） 青山甲賀町 甲賀組 山岡主計同心

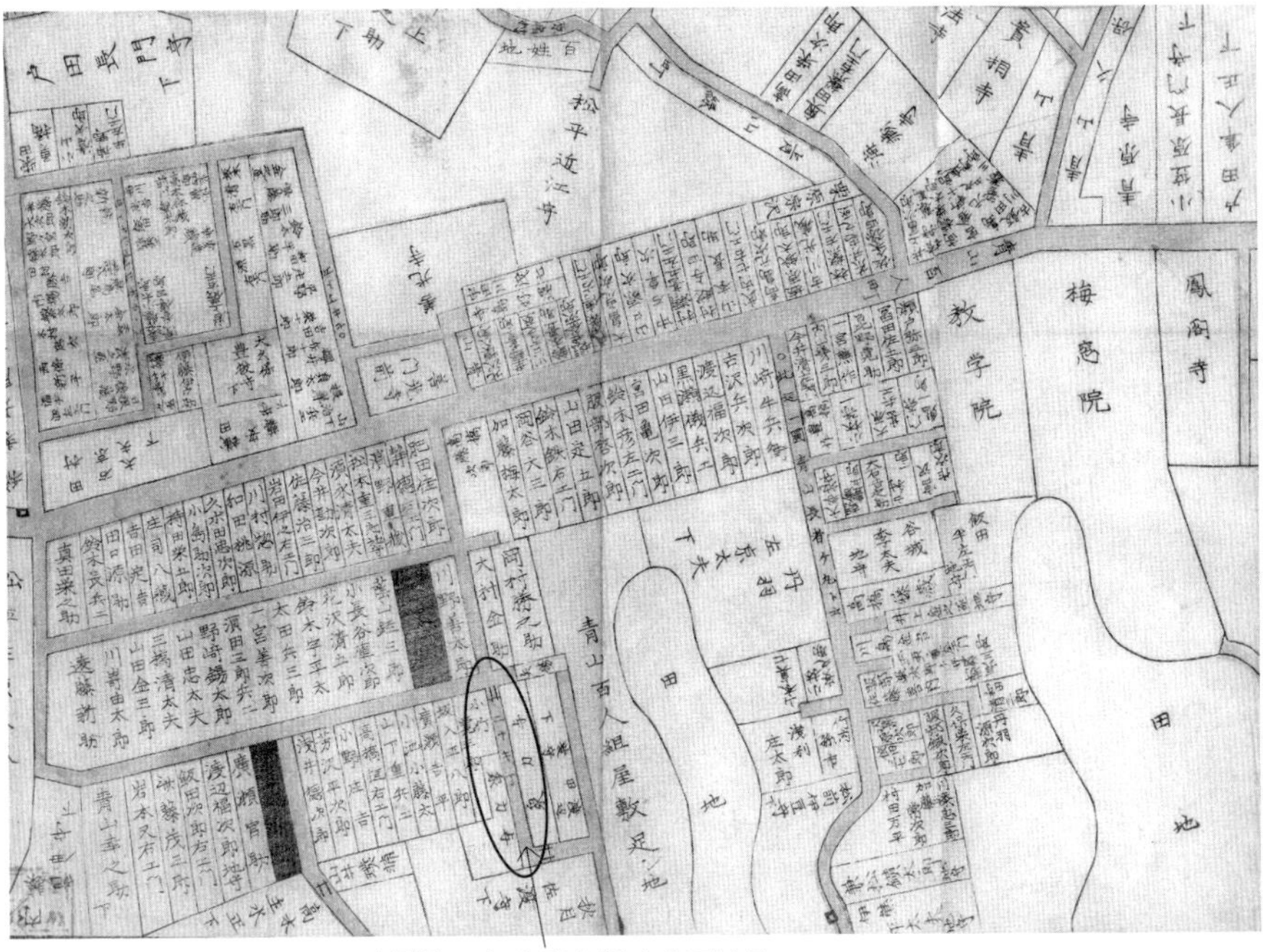

二十騎町，与力衆と記されている

図17-1　青山百人町の二十騎組の組屋敷

「青山長者丸辺之図」（嘉永4年〈1851〉，近吾堂，早稲田大学図書館所蔵）より

炮御用役から解任されており、鉄炮御用役は田付《たつけ》家が担うことになった。[21]

砲術強化と焔硝蔵

四代将軍家綱の就任後まもなく、明暦の大火（明暦三年）が起きた。大火後に、幕府は鉄炮・火薬の管理体制を再編し、江戸西方に鉄炮場を整えていった。大名や寺社への拝領地の一部を上地《あげち》させて、番方が使う施設の用地や、組屋敷地へ割り替えていった。

寛文五年（一六六五）、千駄ヶ谷に焔硝蔵が建造されたのもこの時期にあたる（図18）。焔硝蔵を管理する焔硝蔵役所に鉄炮玉薬方の同心が詰めた。また、同心が年番と

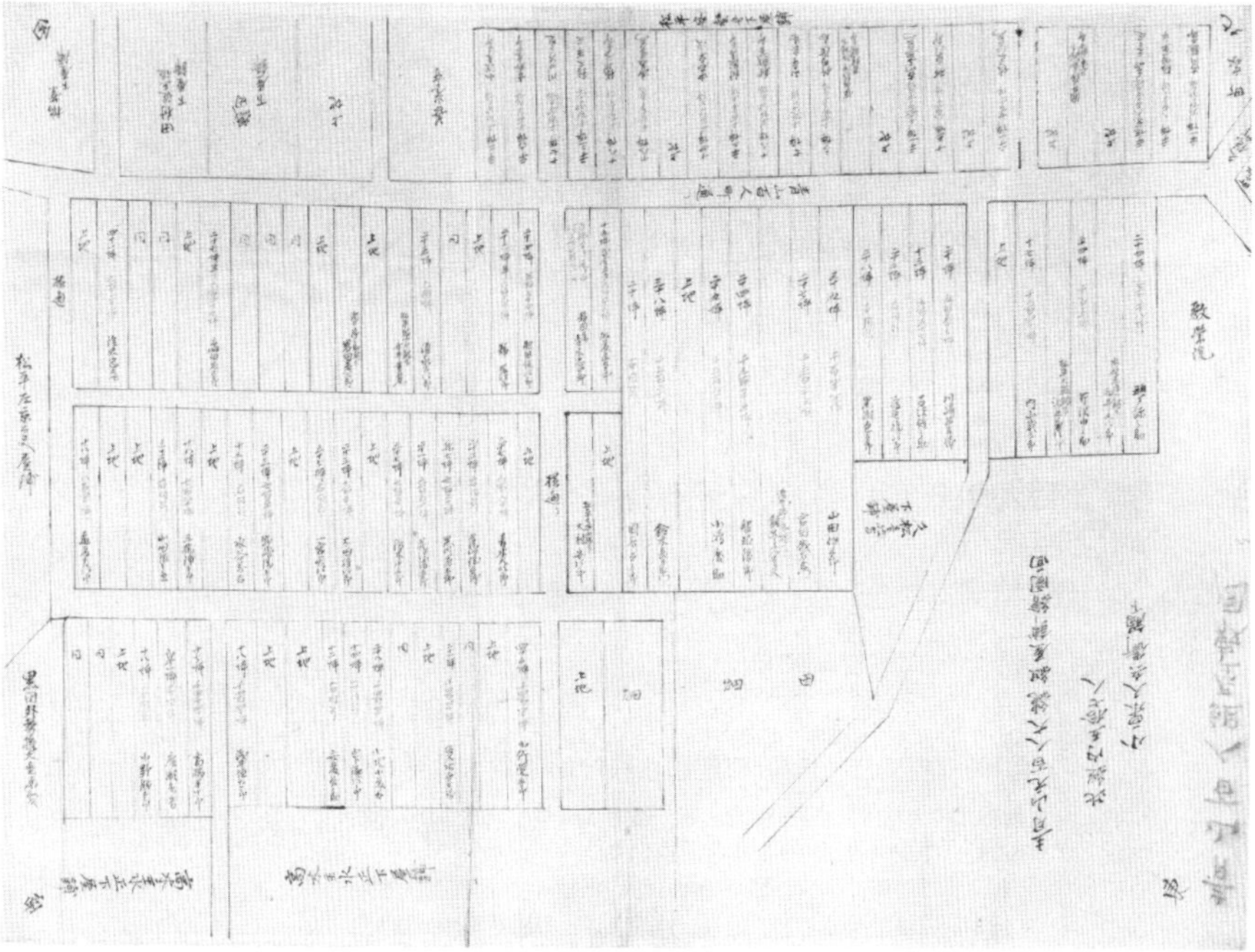

図17-2　青山百人町の同心屋敷

「青山百人組屋敷図」（国立国会図書館所蔵）　上下を反転させて掲載した（大山道に沿って細かく地割されている）

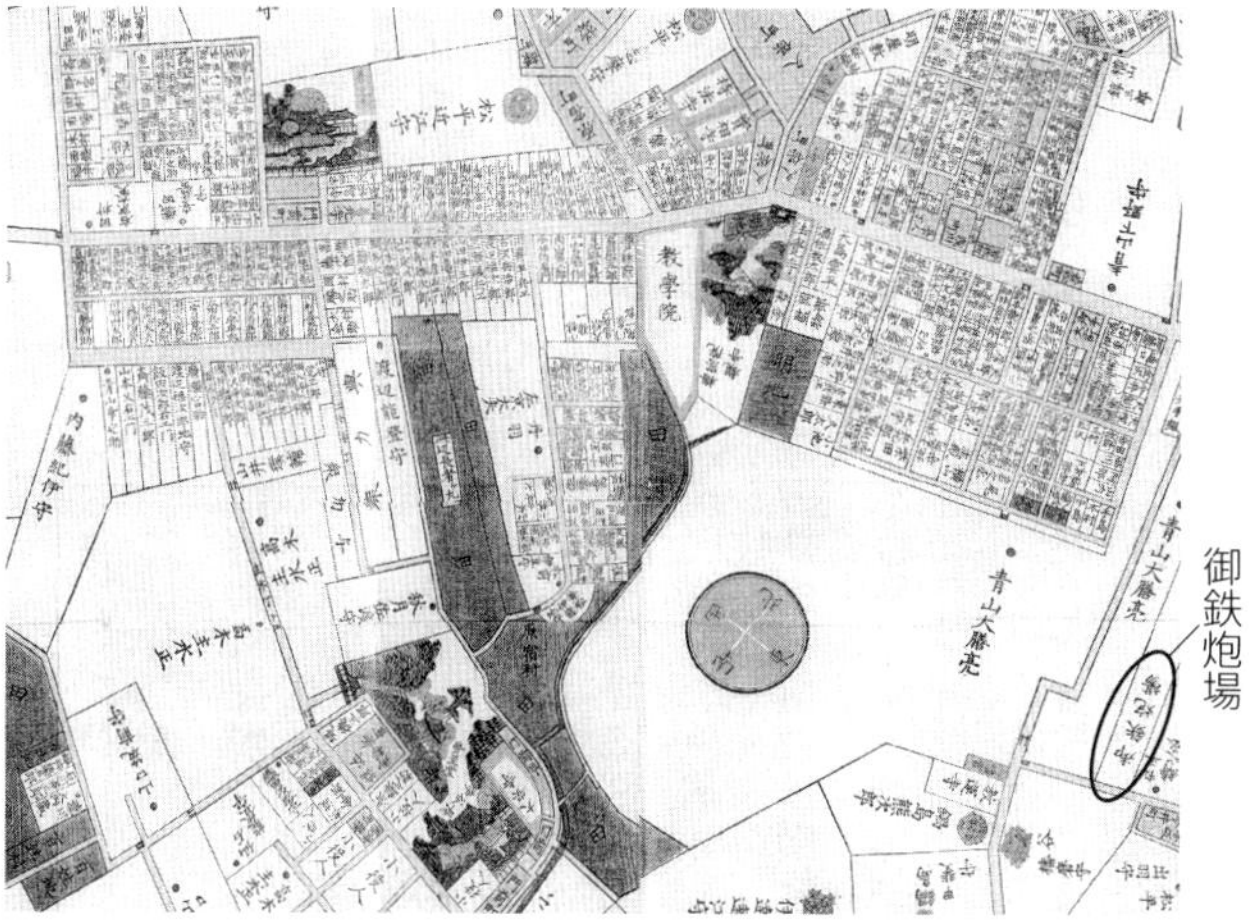

図17-3　青山の鉄砲角場

「東都青山絵図」（尾張屋版，嘉永6年〈1853〉，東京都立中央図書館特別文庫室所蔵）より

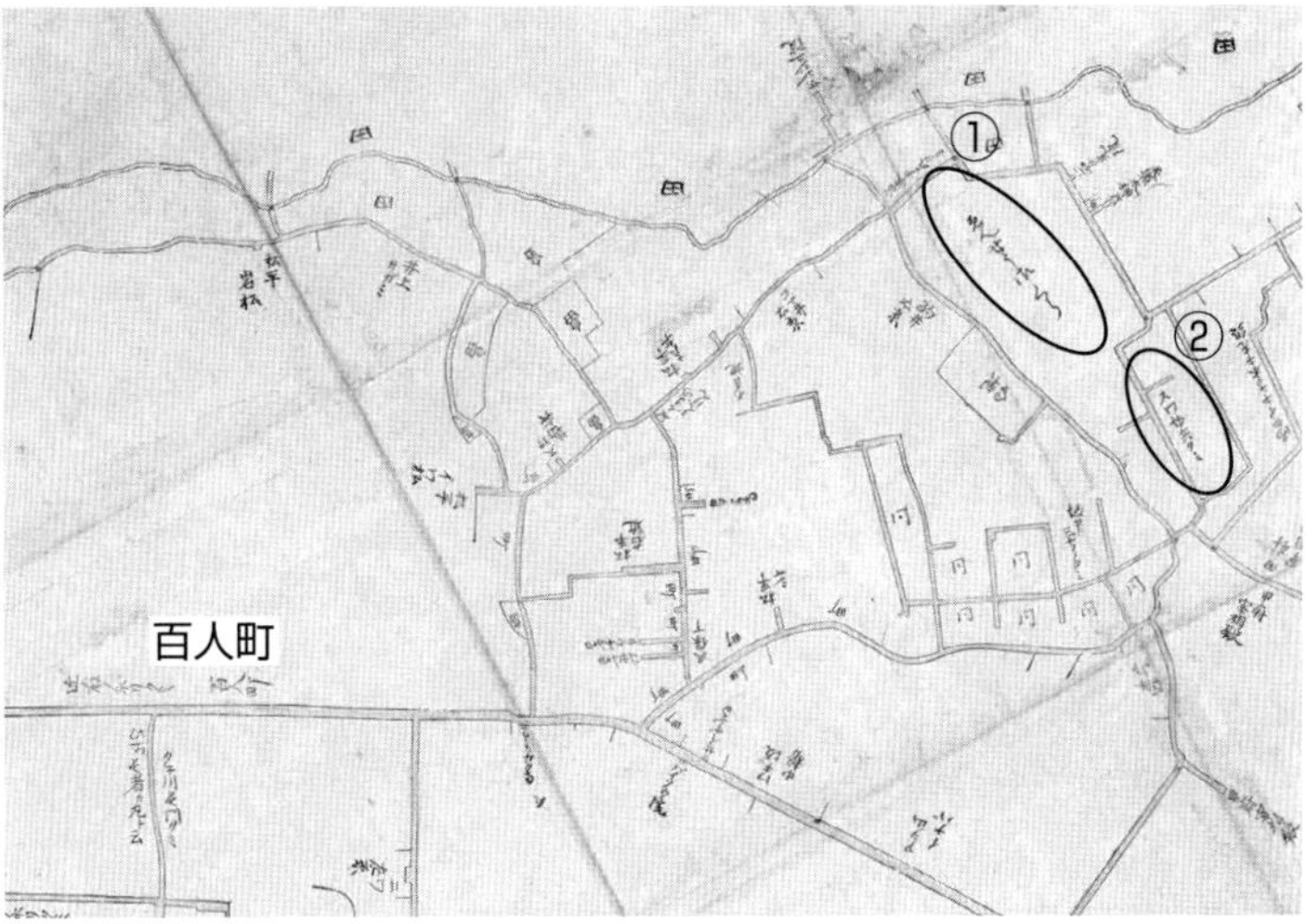

図18　寛文5年（1665）に建造された焔硝蔵

「新板江戸大絵図」（遠近道印，寛文13年（1673），経師屋加兵衛，東京都立中央図書館特別文庫室所蔵）より
①寛文5年（1665）に最初の焔硝蔵（古焔硝蔵）が建造された
②焔硝蔵の隣接地は，先手組（西丸鉄炮組）の組屋敷地（寛文7～延宝2年に組頭だった諏訪勘兵衛の名がみえる）
（「御府内場末往還其他沿革図書」，『東京市史稿』市街篇第19巻，412-415頁）

して一年交替で敷地内に居住した[22]。

一組に減っていた鉄炮御用役が、この時期に二組に復活した。明暦大火後に砲術対策が強化されたのである。寛文六年、新たに鉄炮御用役に任命されたのは井上外記の養子の井上左大夫家である[23]。番方に射法を指南し、火器製造および試射も担当した。これ以降、鉄砲御用役は田付家と井上左大夫家が承け継ぎ、二家体制になった（田付流、井上流）。

もともと井上左大夫家が拝領していた屋敷は、大山道起点の赤坂にあった。鉄炮御用役になった翌年、鉄炮細工所の用地として渋谷に下屋敷を賜った[24]。渋谷のほうが赤坂より遠郊である。鉄炮製造は爆発事故の危険があり、人家が少ない場所のほうが適していたのだろう。

以上のように三代将軍家光の代に直轄

軍の再編が進められ、四代将軍家綱の代に大火を教訓に、江戸西方に砲術強化の基盤が集積していった(25)。

3　鉄炮と鷹狩

享保の改革と軍事調練

享保元年（一七一六）、徳川吉宗が八代将軍に就くと、改革の一つとして武芸の鍛錬が強化された。吉宗が将軍として初めて鷹狩を行ったのは享保二年五月一一日のことである。場所は江戸東部の亀戸《かめいど》で、鷹狩開始の合図は鉄砲方が打ち鳴らす砲声であった。番方の旗本が騎馬で獲物を追い込み、百人組、持筒組、先手組が鉄砲を打ち放った。鷹狩は鉄炮を使った軍事調練でもあった(26)。

享保年間に江戸近郊では鷹場制度が整備されていった。鷹場の支配単位を「筋」という。江戸から半径五里の地域は「六筋」に区分された。各筋を管轄するのが「鳥見役人」である。鷹場の外延の地域は捉飼場《とりかいば》（鷹の訓練場）として、この制度にくみこまれた(27)。また、鷹狩で必要とする賦役人足は近郊諸村に課された(28)。

同時期、鉄炮・大筒の開発が進められた。それに連動して、焔硝蔵も整備された。既存の焔硝蔵（古焔硝蔵）付近の大名屋敷地、寺社地を上地させて、享保四年三月、新たな焔硝蔵が造営されたのである(29)（新焔硝蔵）（図19、20）。その五年後の享保九年、建造して五九年経過していた古焔硝蔵にも修復の手が入った(30)。

焔硝蔵御用の火薬人足

幕府は焔硝蔵周辺の火気に敏感で、宝暦一〇年（一七六〇）には、千駄ヶ谷周辺での花火打ち上げを禁止する

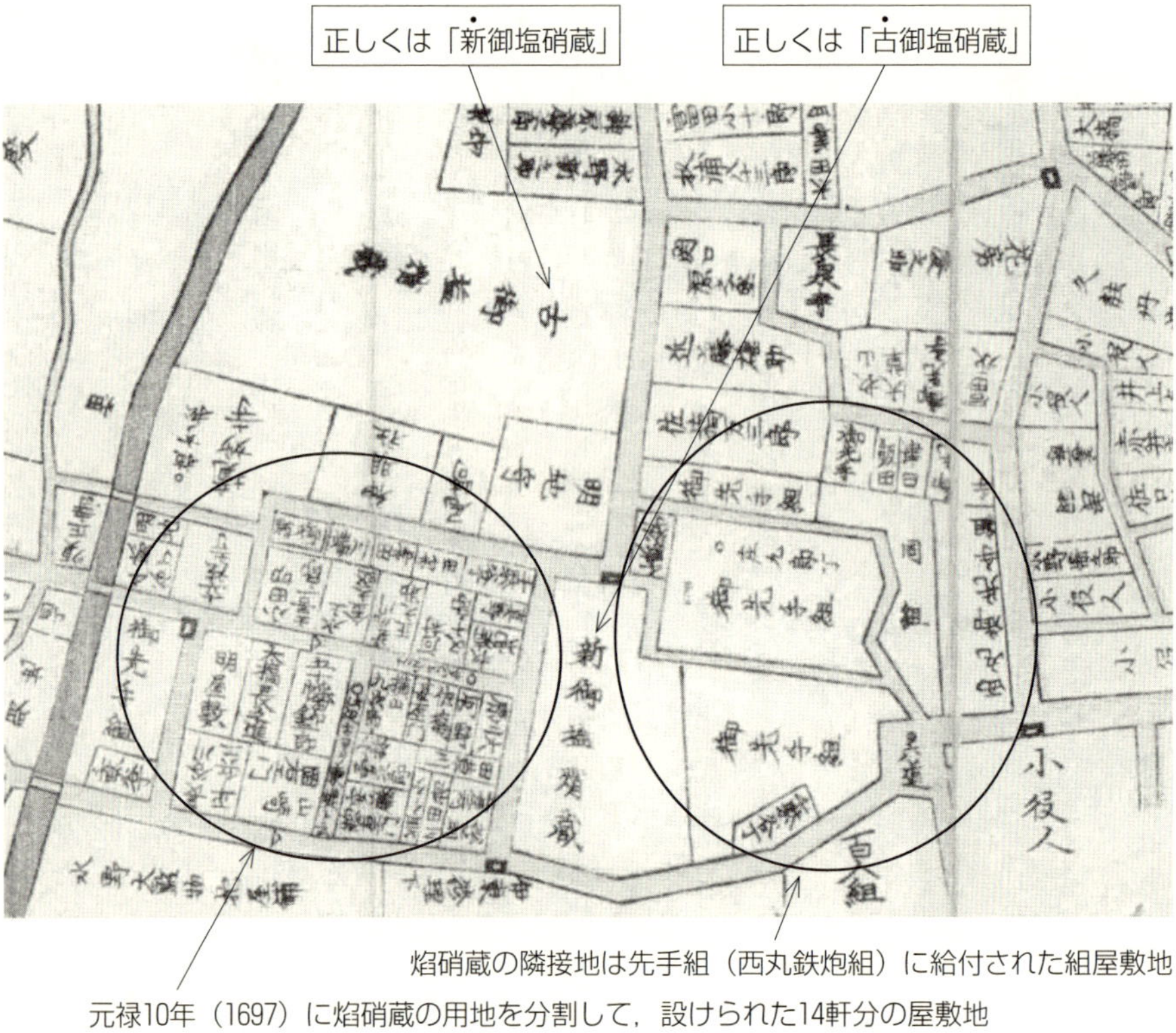

図19　焔硝蔵用地の分割

「四ッ谷千駄谷内藤新宿辺絵図」（嘉永2〈1849〉改，高柴三雄訂，近吾堂（近江屋吾平）　東京都立中央図書館特別文庫室所蔵）より

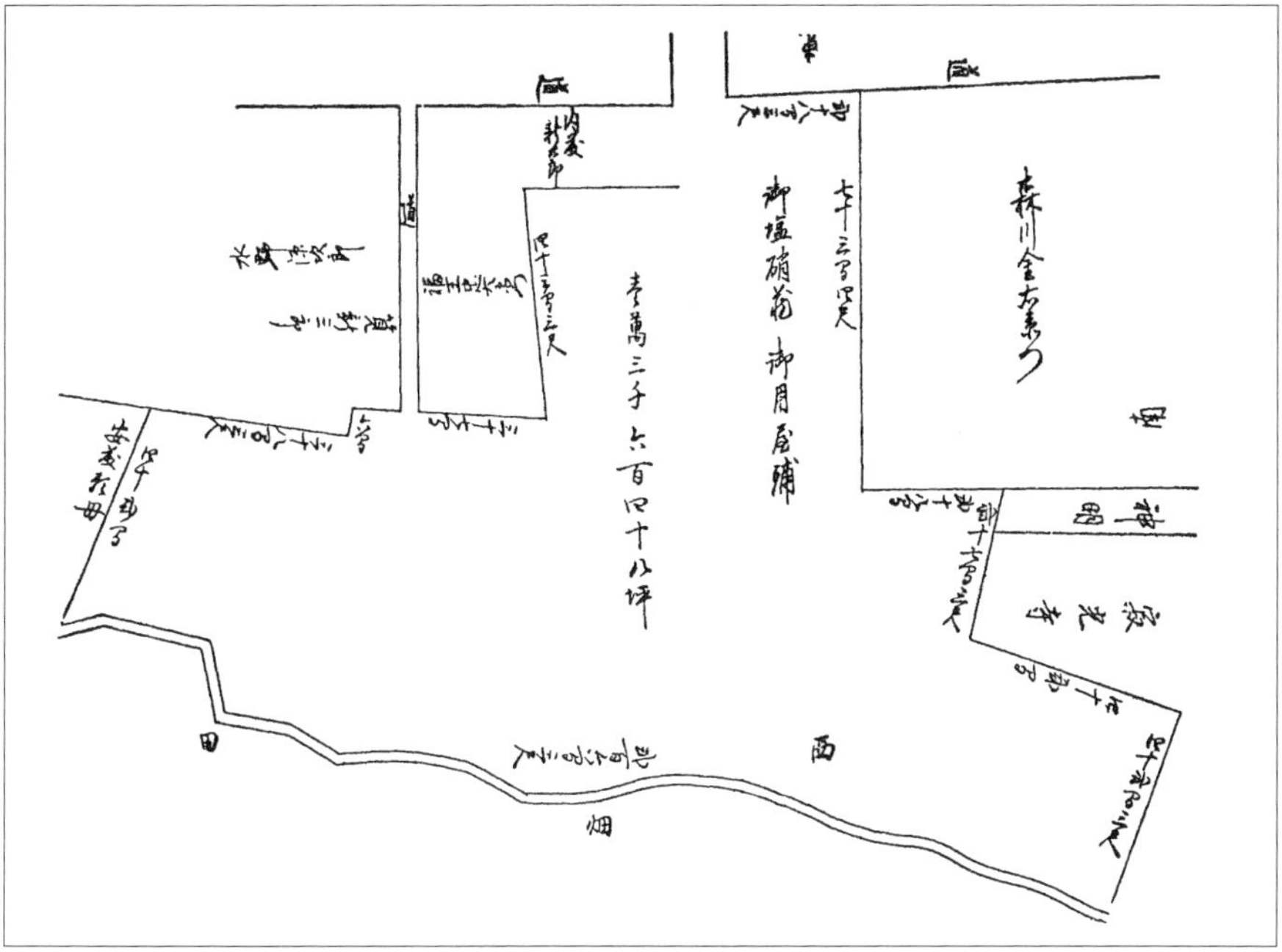

図20 享保期 新焔硝蔵の建造
出典：「御府内場末往還其他沿革図書」(『東京市史稿』市街篇第19巻，413頁)

触《ふれ》を出した。その年七月一〇日、若年寄の水野壱岐守《いきのかみ》は目付に、「近頃、千駄ヶ谷のあたりで、花火を打ち上げる者があると聞く。先年も触を出したように、御焔硝蔵に近い千駄ヶ谷周辺での花火の打ち上げは御法度である。今後打ち上げた者について吟味を厳しくせよ」と命じた。[31]

焔硝蔵の警固の賦役は周辺の諸村に課された。警備にあたる警衛人足を昼間三名・夜間三名、そのほかに雑役人足二名で、一日あたり合計八名、年間三千余名の人足供出を必要とする重い負担であった。また、焔硝蔵周辺で火事が起きた場合、昼夜にかかわらず駆け付ける駆付人足(欠附人足)も課されていた。

天明二年(一七八二)に千駄ヶ谷焔硝蔵の賦役を担っていたのは江戸西郊一四カ村である(図21)。六つの組すなわち、

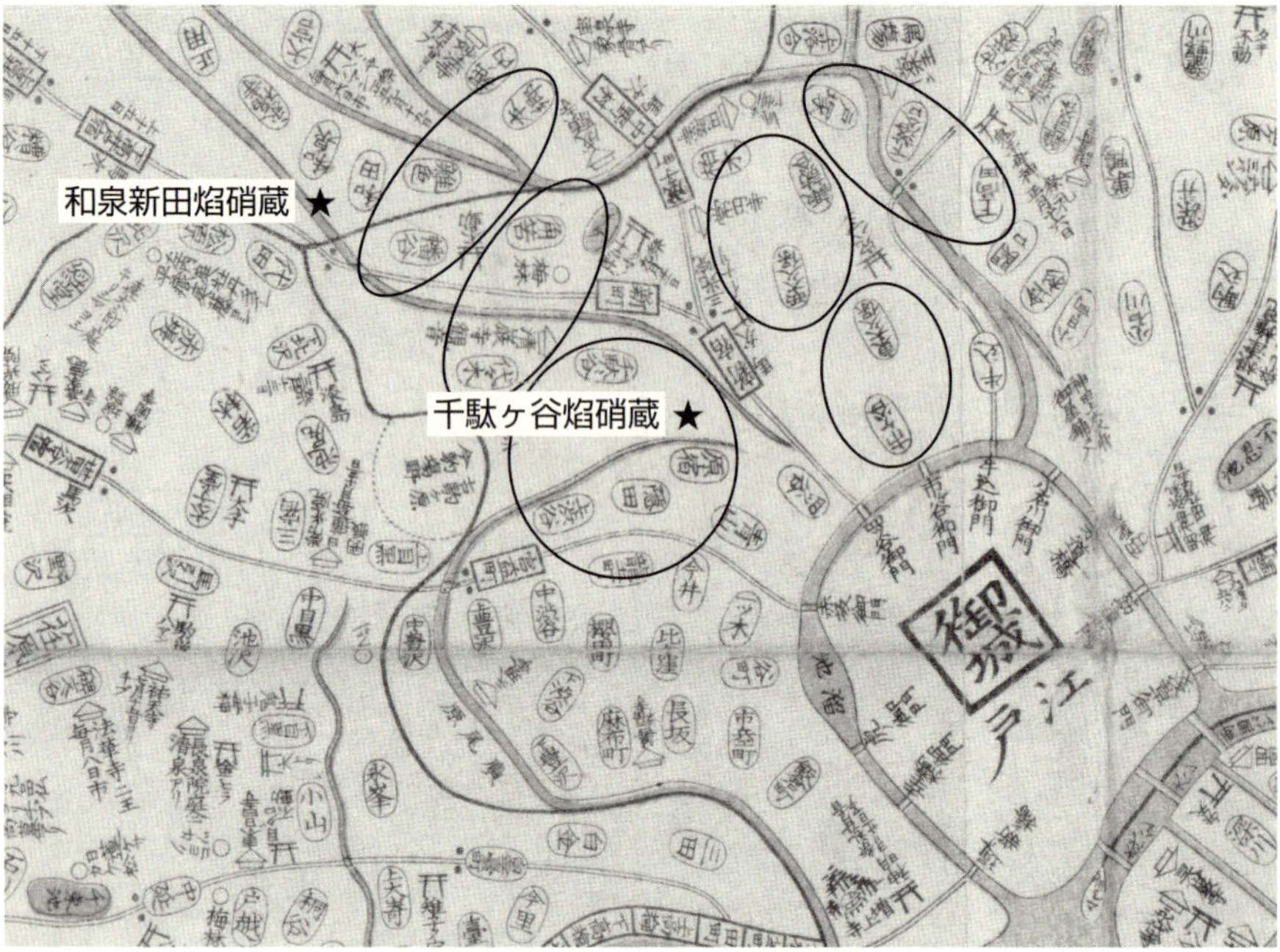

図21　江戸西郊の村落と焔硝蔵

「東都近郊図」（文政8年〈1825〉，仲田惟善，国立国会図書館所蔵）より

「幡ヶ谷《はたがや》村、本郷村」「千駄ヶ谷村、原宿村、穏田村、上渋谷村」「代々木村、角筈村」「高田村、戸塚村」「西大久保村、諏訪村」「市ヶ谷町、東大久保村」に分けて、人足供出を分担した。(32)

宝暦年間（一七五〇年代）に、さらに新たな焔硝蔵が甲州街道沿道の和泉村に建造された。神田上水と玉川上水の間にあって防火に適し、火薬を陸上運送するにも都合がよかった。ここを管理したのも鉄炮玉薬方で、和泉新田の焔硝蔵と呼ばれた。(33)

軍制改革と焔硝蔵

江戸後期、天保八年（一八三七）に江戸湾入口にアメリカ商船モリソン号が現れた。幕府は異国船打払令（無二念打払令）で撃退した。その三年後に清国と英国の間でアヘン戦争が勃発、最終的に清国が敗北を喫したことが日本に伝えられると、幕府は強硬な異国船打払令を緩め、穏便な薪水《しんすい》給与令に切り換えた。

近隣諸国の状況から海防強化は喫緊の課題で、西洋砲術が注目されるようになった。当時、高島流砲術として世評を得ていたのが西洋砲術の高島秋帆《しゅうはん》である。高島は長崎の裕福な商家に生まれ、父は町年寄を務めていた。父が出島台場や貿易会所を管理していたことから、荻野流砲術を学び、さらにオランダ商館長から西洋砲術を学んだ(34)。

天保一二年、幕府は高島を召し出し、武州徳丸ヶ原で、西洋式大砲の射撃を実演させた。翌一三年六月には千駄ヶ谷焔硝蔵を修復、さらに一四年一〇月には江戸西郊の角筈村に大筒の調練場を設置(35)、一五年には西郊三カ所(下渋谷村、赤坂今井谷、四谷番衆町)に鉄炮場を新設した(36)。矢継ぎばやに西洋砲術の基盤が整えられていった。

当時、韮山《にらやま》代官だった江川太郎左衛門は、伊豆、相模、安房、上総など関東沿岸の巡視を担当していた。江川は高島流を習得し、さらに大砲鋳造(精錬・溶融)用の反射炉を伊豆韮山に築いた。天保一四年、江川は代官兼帯で鉄炮御用役に任命され、鉄炮御用役は西洋砲術を含んだ三家体制になった(37)。

4 黒船来航と火薬製造

焔硝蔵での火薬調合

嘉永六年(一八五三)六月、黒船でペリーが来航した。八月、幕府は品川台場(砲台)の築造に着手した。五基の台場に一二〇余砲を据え付ける計画で、江川太郎左衛門に命じて、湯島大砲鋳造場で洋式青銅砲の製作を試みた。同年一一月一四日には老中、若年寄らが視察に訪れている(38)。備蓄に必要な砲弾は四万二〇〇〇発と計上された(39)。

嘉永七年（安政元）一月にペリーが再来日すると、三月に日米和親条約が締結され、鎖国政策は終わりを告げた。海防強化のため、幕府は本格的な軍制改革に着手した。火薬運送量も増加した。

ペリー再来日中の嘉永七年三月三日、甲州街道の高井戸宿の名主は、和泉新田焔硝蔵から江戸湾岸へ火薬を運搬するため、助郷《すけごう》三〇数カ村に火薬運搬の人馬供出を割り振るべく、高井戸宿へ集合する召集をかけた。その文書がのこっており、文面から緊迫した雰囲気が伝わってくる(40)。まさにその日、日米和親条約が締結されたのである。

四月、千駄ヶ谷焔硝蔵でも大量の火薬調合（合薬製造）に拍車がかかっていた。江戸湾岸の大森村に大砲の遠距離射撃場の「大筒町打《ちょううち》場」があった。千駄ヶ谷焔硝蔵で調合した火薬をそこに運び込むのである。

当時、千駄ヶ谷御塩硝蔵ニ而《て》合薬御製法中ニ付、御同所より御差立ニ相成《あいなり》、一日馬弐拾疋程宛《ずつ》、世話役之者差添え(41)

（後略）

四月中旬に三千貫目の火薬荷駄を六日間で運ぶ計画だった。一日あたり馬二〇匹程度と世話役を必要とする。六日間合計で、継立馬一〇六匹分が必要だった。高井戸宿と助郷がこれを分担することになった(42)。ペリーが帰国の途につき、下田港を出港したのは嘉永七年六月一日のことである。

火薬製造と水車

火薬の備蓄量増加が急務だったこの時期、製造量を増やすため、火薬の舂立に水車が使われるようになった。もともとは米や麦を搗くための農業用水車である。火薬の取扱に不慣れな者が爆発の危険性をよく知らないまま、安易に火薬製造に駆り立てられた結果、嘉永七年春、江戸西郊の大井村、小山村、北部の板橋宿などで相次いで水車が爆発した。四月二四日、老中阿部正弘は「火薬取扱ニ関スル諭告」を出し、注意を喚起した(43)。その後も二度にわたって御触が出され、密集地域での合薬製造に注意を促した。火薬製造で半狂乱になっているような世相が伝わってくるようである。

淀橋水車の大爆発事故

そのさなか、ついに大爆発事故が起きた。事故現場は江戸西郊の淀橋の水車小屋である。「淀橋」は江戸西郊へ伸びる青梅街道が神田上水を渡る箇所に架かっていた橋である。橋のたもとの水車は「江戸名所図会」にも描かれ有名だった。本来は米や麦を挽く農業用の水車である。

嘉永六年七月、鉄炮玉薬方から、名主の紋右衛門を通じて、淀橋の水車渡世業久兵衛に、火薬舂立(合薬製造)の命が下った。続いて一一月に西洋砲術方からも合薬製造の命が下りた。幕府の二役所から命を受けた久兵衛は、水車小屋門前に、棒杭状の看板を立て、「西洋砲　御貯御用合薬製場」と「御用鉄炮薬製法所」と墨書した。敷地内には水車のほか、硝石の煮立小屋、砲薬貯蔵の土蔵などがあった。硝石を煮立てて水分を含ませ、水車で硝石、硫黄、木炭を搗きあわせて、混合作業を行うのである。

江戸各所で水車小屋の爆発が続いたため、近隣の家持・家守たちは「ひやひや」していた。いつ爆発するかと怯えていたのである(44)。名主に舂立作業の中止を相談したが、名主は取り合わない。久兵衛自身も一日八両の稼ぎを得ているので、自分から辞める気配はない。やむを得ず、五月九日、家持など一一名が連名で町奉行に嘆願書を出した。水車小屋に隣接して、久兵衛は土蔵を二つ所有しているが、ここに調合済みの火薬を千貫置いている、引火の危険があると、二回も嘆願書を出したが埒があかない。打つ手にこまねいていたとき、爆発事故が起きた。

嘉永七年六月一一日の明け六つ時、水車小屋から出火、土蔵に引火して三回の大音響がとどろき、三町四方の人家は倒壊、おびただしい死者、負傷者が出た。神田上水にかかる淀橋のたもとに「鰯屋」という薬種屋があったが、店の土蔵の屋根は吹っ飛んだ。母屋は茅葺き屋根だったが、そこに爆風で飛んできた長さ五間の丸太が突きささっていた。あたりの樹々にはやぶれた衣類だの、傘、かつらが引っかかり、修羅場になっていた。爆風で周囲に人影は消え、淀橋は「人の姿も見ず」の橋になってしまった。(45)

5　幕末の火薬争奪

目黒の炮薬製所

安政年間、幕府は国防強化のため、長崎に海軍伝習所を開設、江戸には蕃書調所《ばんしよしらべしよ》、軍事教育の講武所を設置した（安政の改革）。依然として火薬備蓄量を増やすことが課題だったことは、安政元年（一八五四）末、老中阿部正弘が鉄炮玉薬奉行を玉薬製造の精励・精勤で褒賞していることにも表れている。(46)とはいえ、水車小屋で安易に合薬を製造・備蓄するやりかたは、たびたびの爆発事故にあらわれているように危険であった。

合薬の管理について、安政三年八月、幕府は触を出した。大名など武家が江戸の屋敷に火薬を貯蔵する場合は、図面を幕府へ提出するように定めた。続いて一二月、鉄砲玉薬奉行の管理下に合薬座を設けることを立案した。(47)これと同時併行で、幕府は新たに幕府の火薬製造場を新設する動きをはじめた。ねらいを定めた場所は、江戸西郊を流れる三田用水沿いである。ここに火薬製造用の水車を設置する準備に着手した。

三田用水はもともと武家屋敷に飲料水を供給する目的で、寛文四年（一六六四）に玉川上水から分水して作った上水路である。その余水を灌漑用に利用することが流域一四カ村に一括して認められていた。(48) 一四カ村は三田用水組合を作り、用水を維持管理していた。(49) 火薬製造用の水車へ分水させるため、幕府は三田用水組合と調整を始めた。組合は嘆願書を提出し、用水不足を訴えたが、(50) 聞き入れられることはなく、水車は設置された。

文久元年（一八六一）六月五日、中目黒村で幕府の炮薬製所が創業された。(51) 農業的に利用されていた三田用水が工業的に利用される嚆矢となった。水車場や、七棟の作業小屋があり、鉄炮玉薬方が管理し、町方や周辺村落から集まった四〇〇人ほどが日雇人足として作業に従事した。規模の大きな火薬製造現場であった。

創業して二年余、ここでもついに大規模な爆発事故が起きた。文久三年九月二六日昼頃、火薬製造中に引火、爆発した。(52) 炮薬製所の小屋七棟が倒壊、即死者は四五名余、重傷は約七〇名という惨事になった。町方にも爆風の影響がおよび、即死者五五名、負傷者五一名、村方の農作物にも大きな被害が出た。死者に対して、鉄炮玉薬方から即刻、見舞金一両ずつが出て、火薬製造は一時中止になった。

浪人の焔硝蔵襲撃

中目黒村で爆発事故が起きる半年ほど前、幕府は火薬原料の硝石の取引を管理する目的で、硝石会所の設置を計画した。硝石を船で運び込むのに便利な場所を探し、外堀に近い市ヶ谷加賀屋敷に白羽の矢をたてた。(53)

文久三年（一八六三）五月、幕府は硝石の納入量を増やすため、江戸および近在一〇里の域内において、家屋の床下から硝石成分を掘り出すことを認めた。(54) 硝石会所に納めることを前提にしたものである。続いて一二月には硝石自製場の操業を関八州のほか、伊豆、駿河、遠江、三河、甲斐、信濃などで認めた。翌年の元治元年（一八六四）五月二三日になると、触を出して、硝石を保有している者は硝石会所に納めるよう促した(55)。火薬原料の硝石が不足し、かき集めていた状況がうかがえる。

このような社会状況を反映し、火薬の争奪が起きた。元治元年六月一四日、浪士百余名が千駄ケ谷の焔硝蔵を襲撃し、弾薬を略奪した。

浪士百余人、府下千駄ケ谷ノ焔硝蔵ヲ襲ヒ、弾薬ヲ掠奪ス。幕府、棚倉藩主松井康泰等ニ命ジ、捜索警戒ヲ厳ニセシム(56)。

幕府は付近を捜索し、警戒を強めた。反幕勢力も火薬原料の確保に必死だった状況がうかがえる。

官軍の焔硝蔵封鎖

維新時に、江戸に攻め入った官軍も即座に焔硝蔵を占領した。慶応四年（明治元、一八六八）三月一四日、東山道先鋒総督府参謀の板垣正形（退助）は幕府の千駄ヶ谷、和泉の二つの焔硝蔵を手中におさめ、封鎖した。この日、官軍は内藤新宿に陣を張った。

参謀板垣正形等、進テ新宿駅ニ至リ、千駄ヶ谷、和泉二村ノ火薬庫ヲ封ス。

千駄ヶ谷鉄砲場ニテ、

一、銃砲器械、弾薬庫数棟(57)

（後略）

この二カ月後、新政府は千駄ヶ谷焔硝蔵の弾薬を接収した。

大総督府、青山火薬庫ノ弾薬ヲ収ム(58)

焰硝蔵が攻略の重要拠点であったことは、官軍のこのような行動に如実にあらわれている。幕府の焰硝蔵をおさえて、官軍は江戸城の開城に臨んだのである。

第三章 渋谷の町方・村方

江戸から明治へ

1　町場の暮らし

軍事調練と町村の負担

江戸西方に番方の組屋敷や、武芸鍛錬の場が集積していったが、このような軍事的布置は西郊の町村にどのような影響を及ぼしたのだろうか。大山道沿いの町方、村方の生活の諸相を史料から掘り起こしてみよう。

町村にとって重い負担になったのが、鷹場制度にともなう役務である。将軍鷹狩が軍事調練を兼ねていることは既述した通りである。道玄坂を上って、大山道を西南へ進むと駒場野にいたる。ここは享保三年（一七一八）、第八代将軍吉宗が鷹狩して以降、幕府の鷹場になった。大山道は鷹場へ向かう将軍の「御成道」でもあった。沿道の中渋谷村は駒場野に近く、鷹場制度の支配単位の一つ「目黒筋」に組みこまれた。村方の田畑は鷹狩に必要な鳥類の餌付《えづ》け場所として使われた。鷹狩の際は若年寄、目付、御小姓のほか、馬方・鷹匠・犬牽《いぬひき》など動物の世話役に宿泊所を提供した。当日は勢子の人足を出したほか、御成道の野犬を追い払い、防火の火番も担った。宿泊所は村方だけでなく、沿道の町方も分担させられた。道玄坂町は駒場野に近いので、引き受ける随行者の人数が多かった。また、宮益町は将軍が駒場野に御成になる際に御嶽神社を休憩所としたので、粗相が生じないように厳重に警備に当たった。(1)

将軍「御成道」の普請

鷹場へ向かう御成道については、脇道も含めて、通行の障害にならぬよう立木の枝刈りまで指示され、法度が出されていたほどである。(2) ふだんから道普請に努めておく必要があった。

道玄坂で困っていたことの一つは出水だった。大雨が降ると、雨水が台地の急斜面を流れ落ち、谷底すなわち道玄坂の坂下にたまる。道玄坂町は下水堀を作っていたが、(3) 豪雨になると汚水があふれ出した。下水堀には石橋が架かっていた。しかし、度重なる出水のため、石橋の土台の木材が腐り、石橋が沈みこんで落ちそうになっていた。御成道で、土台が腐って沈みかけた石橋を放置しておくのはもってのほかであろう。

道普請（橋梁修復）はゆるがせにできない問題であったが、道玄坂は三町村が入り組んでおり、しかも道玄坂町は規模が小さい町だったので、町方、村方と判然と分けることができない費用の負担や役務の分担をめぐってしばしば係争が生じ、町方、村方の間で絶え間ない調整が繰り返された。(4)

文化四年（一八〇七）、石橋の土台修復の発起人になったのは、道玄坂の「広尾町」飛地に住む吉田平左衛門である。吉田家の本籍は広尾町にあるが、宝永三年（一七〇六）の頃から道玄坂に住んでいるので地付層といえる。(5) このとき、道玄坂の古株である吉田平左衛門が公儀に木材の下賜を願い出た。(6) その後も同様のことがたびたびあった。天保三年（一八三二）、道玄坂の道路修復のため、吉田平左衛門ら四名は水抜用に土木一二本、杭木四〇本、砂利代金の下賜を願い出た。(7) 渋谷川の急斜面に住む道玄坂の町人は、絶え間なく出水と闘い、丹念に土木補修に

表4　渋谷道玄坂町　居住者の構成（慶応3年（1867）4月）

名　前	生業	住宅階層	出身地	家族・同居人	居住人数	備　考
万吉(33)	酒売買	家　持	当　地	妻(31)，息子(8)，息子(7)	4	店子5
兼次郎(72)	荷鞍師	同人店	武州荏原郡北沢村		1	
市蔵(58)	日雇稼	同人店	当　地	妻 (37)	2	
徳之三助(38)	植木売	同人店	当　地	妻(34)，息子(8)	3	
ま寿(52)	洗濯稼	同人店	武州荏原郡三宿村	娘(16)，娘(12)	3	源八後家
銀次郎(36)	鍛冶職	同人店	武州荏原郡池尻村	妻(24)，息子(12)	3	
万さ(13)		家　持	当　地	後見：藤吉，藤吉養子(17)	3	
善助(32)	傘　張	家　主	当　地	妻(29)，息子(7)，息子(4)	4	店子1
金蔵(36)	時物売	同人店	越後国蒲原郡今井村	妻(34)，娘(6)，娘(2)	4	
富太郎(53)	舂米商売	家　持	武州豊島郡中渋谷村		1	
初太郎 (43)	水油売買	家　主	当　地	妻(42)，娘(9)，息子(4)	4	店子6
松太郎 (57)	古道具屋	初太郎店	当　地	妻(56)	2	
五郎吉(57)	荷鞍職	同人店	当　地	妻(48)，娘(17)，息子(8)	4	
松太郎(26)	棒手振	同人店	当　地	母(46)，弟(23)，妹(19)，妹(14)，弟(9)	6	
かう(40)	洗濯稼	同人店	当　地	娘(16)，息子(12)，娘(6)，息子(9)	5	松太郎後家
政太郎(48)	日雇稼	同人店	武州豊島郡中渋谷村	妻(46)，息子(17)，息子(16)，息子(11)，娘(7)，娘(4)	6	
亀次郎 (61)	棒手振	同人店	当　地	妻(62)，娘(27)，娘(20)，娘(17)，息子(12)，甥(25)，孫(3)	8	
半七(43)	酒商売	家　持	山城国	妻(40)，息子(18)，同居人(男30)，養女(27)	5	
梅太郎 (39)	青物渡世	家　主	当　地	妻(33)，息子(13)，娘(10)，息子(2)	5	
竹蔵(52)	荒物売買	家　持	越後蒲原郡今井村	妻(32)，息子(12)，息子(9)，息子(6)，娘(3)，妹(38)	6	
新右衛門(70)	大　工	家　持	武州多摩郡境村	養子(33)，養子妻(20)，養子娘(7)	4	店子5
卯三郎(49)	棒手振	新右衛門店	武州豊島郡中渋谷村	妻 (46)，息子(23)，娘(19)，息子(16)，息子(12)，娘(8)	7	
要太郎 (18)	鍛冶職	同人店	当　地	母 (61)	2	
清次郎(49)	馬具師	同人店	当　地	娘 (17)，娘(11)，息子(8)	4	
亥之助(64)	駕籠細工	同人店	武州多摩郡境村	息子(37)，息子妻(29)	3	
紋次郎(30)	桶　職	同人店	武州多摩郡押立村	妻(19)	2	
直次郎 (45)	雑菓屋	家　持	武州多摩郡下作延村	母 (71)，弟(41)，甥(20)	4	
力蔵 (53)	左官職	家　持	当　地	妻(44)，息子(29)，息子妻(27)，娘(22)，息子(15)，息子(4)	7	
喜兵衛(72)	荒物売買	家　持	当　地	娘(39)，孫(19)，孫(16)，孫(11)	5	店子1

清次郎(37)	日雇稼	同人店	当　地	妻(26)，父(76)，○妻(62)，娘(20)	5	
富右衛門(73)	**大　工**	**家　持**	**当　地**	**妻(62)，娘(30)，孫(14)，孫(12)，孫(7)，孫(3)**	7	**店子6**
永蔵(67)	小間物渡世	富右衛門店	当　地	妻(43)，息子(16)，同居人(男48)	4	
伴□(27)	賃仕事	同人店	当　地		1	
吉蔵(36)	傘　張	同人店	当　地	妻(34)，息子(12)，息子(9)，娘(7)，娘(5)	6	
由助(42)	青物売	同人店	当　地	妻(34)，娘(12)，娘(7)，息子(□)	5	
友吉(36)	日雇稼	同人店	当　地	妻(32)，弟(28)	3	
孫吉(48)		同人店	当　地			永蔵方同居

※東福寺門前町は含まず．　(　)内は年齢．
出典：「慶応三年卯四月 渋谷道玄坂町 人別帳」(渋谷区所蔵資料)より武田作成．

勤《いそ》しむ日々を重ねていたようである。

道玄坂の町人層

幕政期、道玄坂に居住していたのはどのような人々だったのだろうか。道玄坂町については大政奉還される直前の時期の史料がある。「慶応三年卯四月 渋谷道玄坂町 人別帳」[8]である（表4）。ここには広尾町飛地や中渋谷村の住人はふくまれていない。

この史料に基づくと、慶応三年（一八六七）、道玄坂町の人口は一四七名（男性七四、女性七三）、世帯数（竈数）は三六軒である。世帯（竈数）とは、住居と生計をともにする同居集団のことで、血縁の家族・親族のほか、非血縁の同居人・奉公人をふくむ場合がある。

三六世帯（竈）のうち、家持一〇軒、家主（家守）三軒、店借二三軒である。したがって町人層は一三軒である。世帯主（名前人）の生国は、当地（江戸）二三、武州一〇、越後二、山城一である。家持・家主一三軒に限定してみると、生国は当地（江戸）八、その他五である。町人層でも他所からの流入者が意外に多い。店借層二三軒では、当地（江戸）一五、その他八である。

生業の構成は（表5）、家持・家主層一三軒のうち、「商」八軒、「工」四軒、他一軒である[9]。「商」が扱う品物は、酒、米、荒物など日常の食品・物品が中

表5　渋谷道玄坂町　生業別・住宅別構成

住宅階層		生　業	年　齢	出　身　地
家持 10		大　工	73	当　地
		大　工	70	武州多摩郡境村
		荒物売買	72	当　地
		荒物売買	52	越後蒲原郡今井村
		舂米商売	53	武州豊島郡中渋谷村
		酒売買	33	当　地
		酒商売	43	山城国
		左官職	53	当　地
		雑菓屋	45	武州多摩郡下作延村
		（後見あり）	13	当　地
家主 3		水油売買	43	当　地
		青物渡世	39	当　地
		傘　張	32	当　地
店借 23	職人	荷鞍師	72	武州荏原郡北沢村
		荷鞍職	57	当　地
		馬具師	49	当　地
		鍛冶職	36	武州荏原郡池尻村
		鍛冶職	18	当　地
		桶　職	30	武州多摩郡押立村
		駕籠細工	64	武州多摩郡境村
		傘　張	36	当　地
	商売	青物売	42	当　地
		植木売	38	当　地
		時物売	36	越後国蒲原郡今井村
		小間物渡世	67	当　地
		古道具屋	57	当　地
	下層	棒手振	61	当　地
		棒手振	49	武州豊島郡中渋谷村
		棒手振	26	当　地
		洗濯稼	52（寡婦）	武州荏原郡三宿村
		洗濯稼	40（寡婦）	当　地
		日雇稼	58	当　地
		日雇稼	48	武州豊島郡中渋谷村
		日雇稼	37	当　地
		日雇稼	36	当　地
		賃仕事	27	当　地

出典：「慶応三年卯四月 渋谷道玄坂町 人別帳」（渋谷区所蔵資料）より武田作成.

心である。

一方、店借層には荷鞍《にぐら》職、馬具師、鍛冶職など、街道での荷役・交通に関連する職人がいる。また、日雇稼、棒手振《ぼてふり》、洗濯稼、賃仕事など雑業の世帯が一〇軒ある。

以上のように道玄坂町の町人層（家持・家守）は、「商」の比重が大きく、おもに日常の最寄品の自家製造・販売に従事していた。店借層は街道沿いという土地柄を反映し、荷役関連の職で生計を立てたり、「其の日稼ぎ」など雑業で日銭を得ていた。

宮益坂の町人層

渋谷川を隔てた対岸の宮益町は、江戸中心部により近く、青山の武家屋敷に近接し、規模が大きい両側町であった。延享二年（一七四五）の宮益町の沽券絵図をみると、渋谷川岸まで町屋が立ちならんでおり、町人地として利用可能な土地はすべて開発し尽くしている。

「慶応三年卯四月　渋谷宮益町　人別帳」(10)に基づくと、慶応三年（一八六七）、宮益町の人口は六八一名（男性三五〇、女性三三一）、世帯数（竈数）は一七二軒である。一七二世帯（竈）のうち、家持三八軒、地借三軒、家主（家守）四軒、店借一二六軒（その他不明一軒）である。町人層（家持・地借・家守）は四五軒で、家持が三八軒を占め、町人層のほとんどは自宅で「工」「商」を営んでいた。生国をみると、家持は当地（江戸）三〇、関東五、他三で、江戸生まれが多数を占める。家守は四軒なので借家数は多いわけではない。限られた借家に店借層は密集して住んでいたと推測される。

生業は（表6）、町人層四五軒のうち、「商」三〇軒、「工」九軒、他六軒で、最寄品を扱う商売が多いことは道玄坂町と同様である。店借層には雑業的生業が多く、「其の日稼ぎ」が占める割合が大きい。

幕末の宮益町、道玄坂町の状況をまとめると次のようになる。宮益町のほうが町場として規模が大きく、商業地として発展していた。江戸生まれの地付商人層が商売を営み、外部から流入者が参入することは容易ではなかったようである。相当数の店借層がいて、少ない借家に密集して住んでいたと推察される。宮益町は地付商人層によって賑やかな町並みが形成されていたといえよう。

それに比べると道玄坂町は、町場としてはまだ発展途上にあった。町人層としても店借層としても流入者が入り込む余地があった。二つの町にこのような相違点はあったが、渋谷川両岸に町場があったことにより、店借層

表6　宮益町　生業別の構成(慶応3(1867)年4月)

生業			家持	家守	地借	店借
商人		古着商売				1
		紙商売				1
		紺屋商売	1			
		足袋商売	2			
		小間物商売				3
		下駄商売				1
		鉄物商売	1			
		荒物商売	3			
		瀬戸物商売				1
		乾物商売				2
		塩物商売	1		1	2
		茶商売				1
		刻煙草商売	2			1
		餅商売	1			1
		飯商売	2			1
		水菓子商売	2			1
		蕎麦商売	1			
		鮨商売				1
		青物商売				1
		舂米商売	3			
		糟商売	1			
		質物商売	2			
		酒商売	2			1
		薬種商売	1			
		水油渡世				1
		材木槇渡世			1	
		煮染渡世				1
		籠細工渡世	1	1		1
		塗師渡世				1
		豆腐渡世				1
		湯　屋				2
職人	出職	大工職	1	1		6
		板家根職				3
		畳　職				2
		餝　職				1
		桶　職	1			2
		傘　職				2
		鳶				2
	居職	足袋職			1	
		仕立職		1		
		銅　職				1
		鍛冶職	2			
		面鍛冶職				1
		餅　職				1
		棒　職	1			
		綿　打				1
		石　工	1			
雑業	振売	髪結売				3
		針　治				2
		餅　売				1
		花　売				1
		肴　売				2
		青物売				3
		時物売				1
	下層	人足頭取				1
		車　力				1
		杣				1
		棒手振				12
		日雇稼				42
		貸仕事	1			
		賃粉切				1
		洗濯稼				7
記載なし			5	1		
合　計			38	4	3	126

※不明1

出典：「慶応三年卯四月 渋谷宮益町 人別帳」(渋谷区所蔵資料)，［南 1976，54頁］

は雑業的労働で食いつなぐことが可能な環境だったといえる。

2　道玄坂の富士講と「水」

江戸の富士講

近代の開発が進む以前、西郊の町人の生活とはどのようなものだったのだろうか。町方の生活を具体的に掘り起こしてみよう。道玄坂の広尾町飛地に住んでいた吉田平左衛門家は土地の有力者であり、富士講の講元だったこともあって史料が現存している。西南へ向かう大山道に富士講の講元が居住していたことは興味深い。吉田家を通して、沿道の庶民の生活を探ってみよう。

江戸時代、富士山への信仰が庶民の間に広がり、富士講が組織されるようになった。富士講の伝説上の開祖とされるのが角行《かくぎょう》で、その系譜を受け継ぎ、江戸で富士講がさかんになるきっかけをつくったのが身禄《みろく》である。身禄は伊勢出身で、江戸で油商を営んでいたが、富士信仰の修験に励み、独特の教えを遺した。その核心は修験の奨励ではなく、世俗における家職に励み、日常の実践に努めることだった。身禄は享保一八年（一七三三）、世直しのため断食して入滅した。

口伝の教えを受け継いだ人々が独自の講社を組織するようになった。講元（講社の主宰者）、先達（富士登拝の指導者・案内者）、世話人（講金の収集・管理人）を講三役といい、おおむね家業が安定していた町人層が担った。[11]

吉田平左衛門家は富士講の一つ、山吉講を主宰していた。初代が講を組織したのは江戸中期である（元講）。元講から枝分かれしたものを枝講という。天明二年（一七八二）に山吉講の枝講は二七あり、東海道方面（京橋、芝、品川）、大山道方面（赤坂、麻布、渋谷、目黒）に広がっていた。江戸西南に講社のネットワークが形成されていたのである。

山吉講についてさまざまな伝承がある。(12) 山吉講の枝講は富士登拝に向かう前に、必ず道玄坂の講元を訪れ、「立拝《たちおがみ》」の祈願を行ってから出発したという。また、山吉講は申年を「御縁年」とし、その年は元講・枝講がうちそろって富士登拝をした。道中の人数が多くなるので、元講は数頭の馬を宮益坂や上渋谷村から雇い、荷物や飲食物を積んで同行させた。これを「山吉講の通し馬」と呼んだ。

吉田平左衛門家で葬儀があると、枝講の講員も参集した。道玄坂のそばを流れる宇田川の対岸に講元の墓地があった。野辺《のべ》送りには枝講のおもだった人々が交代で蓮台を担いだ。野辺送りが終わると、蓮台の板を使って橋を架け替えた。その橋は「おむかえ橋」とよばれるようになった。また、埋葬後に宇田川沿いの田んぼで施餓鬼《せがき》供養を行った。近辺は「おむかえ田んぼ」と呼ばれ、「大向」という字名になったという。

野辺送りの蓮台を活用して橋を補修したという伝承は、吉田平左衛門家が道普請の用材を公儀に嘆願していたことを思い出させる。富士山の眺めは信仰とむすびつき、土地固有の伝承を生み出して、人々の生活に深みをもたらしていたといえよう。

大山道をさらに西南に向かうと、世田谷の三軒茶屋に至る。三軒の茶屋があったことにちなむ地名で、そのうち一軒は山吉講の枝講に属していた。文政四年（一八二一）三月、その田中屋新兵衛は下北沢村の森厳寺《しんがんじ》境内に模造富士を築造した。(13) 境内に富士塚を築くので保証人を必要とし、田中屋新兵衛は元講の吉田平左衛門に頼んだ。本物の富士に登拝できない人々は、このような富士塚にお参りしたのだが、幸いにこの富士塚は多くの参拝者を集めた。

富士の金明水

山吉講の枝講は江戸市中に広がって信徒を集めていたが、どのような点に魅力があったのだろうか。山吉講の特徴は、富士登拝で「御水」をいただき霊験に預かる点にあり、別名「御水講」と呼ばれていた。

富士信仰には「水」の徳を崇め、「火」を鎮める「水行」をする修験の流派があった(14)。山吉講はこれに近い筋であったと推測される。山吉講で尊重していたのは「金明水」である。これは富士山頂の噴火口周囲の八つの峰の一つ、久須志《くすし》岳の久須志神社近辺に湧く水の呼称である(15)。

山吉講における金明水の取り扱いについては、近代の資料に具体的に記されている。明治五年（一八七二）、山吉講の講員は六五名であった。毎月一七日に掛金を世話人に納めた。明治四〇年（一九〇七）の富士登拝希望者は毎月二二銭を納めた。登拝はしないが金明水をいただくことを希望する者は毎月二銭を納めた。登頂者は頂上火口の八峰を巡り、久須志神社を訪れ、金明水を御水樽に詰めて帰京した(16)。

ナーハンボー

明治以降の富士講の様子も概観しておこう。維新後も東京では富士講がさかんで、毎年六月一日の富士山開きの日は、東京のいたるところで、戸口で線香の煙をなびかせる家が目についたという。富士講の「お焚き上げ」の行事になぞらえて線香を焚いたのである(17)。

富士塚の新造や修繕もさかんで、完成するたびに信徒が大勢あつまった。明治一二年（一八七九）、芝区神明町の富士塚修復では二日間の祭礼に信者五千人超(18)、明治二〇年（一八八七）の浅草公園の富士塚新築では高さ一八間の富士に信徒二千人余がやってきた[19]。

道玄坂の講員の活動も活発で、明治になって鉄道が通ると、汽車に乗って富士登拝に向かった。登拝を終えた人々を留守家族や仲間は渋谷停車場まで迎えに行った。これを「サカ迎え」といった。汽車が着く夕方、一メートルほどの篠竹の先に赤丸提灯を吊し、これを「ほおづき提灯」とよんで手に持ち、渋谷停車場まで迎えに行ったという。

帰着すると一行はそのまま、白装束に掛け念仏を唱え、留守役の先達の家へ向かった。唱和する掛け念仏が「ナーハンボー」と聞こえたことから、「ナーハンボーが通る」と人々は言った。ほおづき提灯が竿の先で揺れ、白装束の集団が念仏を唱えながら道玄坂をゆっくり歩む光景は、夏の夕方の風物詩になっていたという。留守役の家に着くと、「御礼拝み」をしたのち、御札と小さな樽に入った御水を講員に配った[20]。

3　渋谷川の水車小屋

渋谷川の精米業

西郊の村方の生活はどのようなものだったのだろうか。江戸西方で特徴的だったのは、台地のはざまを流れる小河川が多く、段差を利用して操業する水車が多くあったことことである。渋谷川にも複数の水車がかかっていた。水車を手がかりに、近世から近代への移行期の村方の生活を探っておこう。

江戸後期、渋谷川沿いには村方百姓の水車場が複数あり、米麦を挽く農業用として利用されていた。元来は個人所有の水車であるが、川端や用水の利用について村から認可を得る必要があったことから、他の村人の精米精麦も引き受けていた。近世に村方の穀物生産量は増加しており、水車の利用は双方に有益だった。[21]玄米二斗を精白するのに、臼と杵を使った手搗きは半日かかるが、水車は一時間程度で搗きあがったという。[22]

そもそも江戸市中で米の流通に関わっていたのは米問屋、舂米屋などで、それぞれに株仲間を組織し、諸規則を設けて流通を統制していた。村方の水車渡世業は、本来は米の流通には関わっていなかった。

舂米屋は江戸市中に二千軒余あり、地域別に一八組に区分けされていた。舂米屋は米問屋から玄米を仕入れて白米に精製して売った。精米の方法は臼と杵による手搗きである。大道米舂人とよばれる職人たちを雇い入れることもあった。これについても大道米舂仲間が組織されており、舂米屋に雇われたり、武家屋敷に出向いて扶持米を搗いた。[23]

江戸中期、人口増加にともない米の需要が拡大した。舂立量が増え、江戸西部の麻布、赤坂、芝などの舂米屋のなかには、近くの渋谷川の水車場に舂立てを頼むものがでてきた。天保年間、大道米舂人は領分がおびやかされる懸念から、水車場で精米された米俵を運送途中で奪う事件が相次いだ。町奉行の裁定で、大道米舂仲間が幕府におさめていた賦課を水車渡世も一部負担することで決着がついた。舂米屋が水車場へ米俵を運搬する際に使っていた牛馬や荷車に焼印の木札をぶらさげるように定められ、賦課を負担していることを証明した。[24]

水車小屋のバケツ

明治初期、渋谷川沿いの水車の多くは精米専業になった。明治七年（一八七四）の「水車仲間帳」に水車場での労賃として、「舂立候ふ者」月給四円五〇銭、「水車働人重立の者」月給三円五〇銭、「米舂人」月給三円、「米舂人と唱へ候ふ者」月給二円、「粉名摺りの者」の月給は主人次第と基準が示されている。[25]つまり舂立作業の労働者は五段階に区分され、全体の責任者、水車稼働の技術者、米舂労働者、米舂の補助作業者、糠と白米をより分ける補助作業者で成り立っていた。

明治初期の渋谷川の水車小屋の様子が次のように語られている。(26)

あの頃の渋谷は、ゆったりとした、杜鵑《ほととぎす》の鳴く郊外の、いい場所で、狐や狸はめずらしくなく、水車の所に、カワウソがいて、罠で捕って、花屋敷へ百円で売ったことがありました。樹木はこんもり繁り、閑静の土地でした（後略）

川にあった堰では鯉や鮎がたくさん捕れ、海老もすくって佃煮にして食べた。玄米を搗いて出てくる糠や砕けた米は、バケツですくい取り、水車場の役得になった。

水車で米を舂いて貰うものは、ヌカだけ取られるンですけれど、メンサイといって、小米《こごめ》が水車の役徳となります。鶏の餌なんかにする、小米ですね。白米を舂く時に、砂を入れますから、熱して来ると、升がふえる。松の臼の半分しかなかった玄米が、舂いている内に、初めは小さい、一寸ぐらいの輪を入れ、後には一尺ぐらいの輪を入れても脹れて溢れるンです。ふやけて来るんですね。小米のチリだけで、米舂の妻さん達は喰料を儲けているんで、バケツを持って、舂場に取りに来ていたものです。ヌカが一等糠、二等糠がとれます。コレは水車の舂賃で、ソレを売っていました。

白米のあがりが難かしいので、上等のはふえてあがるんですが、上手下手があるんです。四度百五十の杵を動かして、舂き初めるんですが、四廻りなどといいますよ。下手な人がやると水車の癖に二廻半しか出来ない、「半分は眠っていたんだろう」といわれいわれしていました。十分ぐらい臼を見ていて杵を止めるんですが、呼吸があるんです。あがりのところで水がとまると大騒ぎです。熱が消えると大変ですから。水は無料で、上から流れて来るのを、樋で取込むんですからいいが、水車税は随分取られますンですよ。

これによると村方の米を搗くときは料金は取らず、砕けた米は水車場で回収して売る慣習になっていた。搗く時間を短縮するため砂を混ぜて精米することが行われていた。

水車でまかなう小学校

明治二一年（一八八八）、渋谷川の水車営業の状況は表7の通りである。千駄ヶ谷村六、原宿村三、穏田村一、中渋谷村七、下渋谷村九、合計二六カ所で、おおむね千駄ヶ谷村、原宿村など上流部に多い。

川のゴミが水車にひっかかかって、水車を止めることがないように、水路や堰の見回りを丹念に行う必要があった。明治一三年三月、中渋谷村の水車場で作業中に水車が止まった。上流で堰に工作して水車を止めたのはどろぼうの仕業だった。水車場の経営者は雇人と一緒に見回りに出たが、その隙に二人のどろぼうが侵入して衣類を盗んで逃げた(27)。

白米がねらわれたこともある。下渋谷村の水車場で雇人たちが昼ごはんを食べに台所へ行って、水車場が一時的に空っぽになった。その間に得意先へ納める白米三斗二升の麻袋が消えた。水車場経営者は盗まれたと落胆したが、ふと見ると、出口からあぜ道へ米粒が点々と落ちている。雇人二名と一緒に追跡を始めた。米粒は一町半ほども離れた麦畑のなかへ続いていた。賊はこのなかに隠れているなと身構えて麦畑に踏み込んでみると、雲雀《ひばり》が卵を温めているだけだった。どろぼうはここで袋の口があいていたことに気づき、結び直したらしい。この先の行方をたどることはできなかった(28)。

水車業の隆盛は、村人の生活の一助になった。学制発布で町村に小学校が設置され、運営費はそれぞれの町村が負担した。中渋谷村に公立渋谷小学校があったが、資金難で苦慮していた。そこで明治二二年、中渋谷村の水

表7　水車営業者(明治21(1888)年)

村　名	所　有　者	用途	杵数	雇人	水車位置	備　考	
						水車名(通称)	水輪直径
千駄ヶ谷村 6	脇坂一徳	米　搗	91	68	千駄ヶ谷村297	池　尻	1丈5尺
	上野鎌吉	米　搗	56	18	千駄ヶ谷村256	上　野	2丈1尺
	池田亥之助	米　搗	54	18	千駄ヶ谷村359	観音橋	2丈2尺
	井田忠貞	米　搗	15	3	千駄ヶ谷村854	井　田	
	岡谷繁実	米　搗	12	3	千駄ヶ谷村924	岡　谷	
	坂井源三郎	米　搗	13	3	千駄ヶ谷村		
原宿村 3	柳沢賀兵衛	米　搗	58	20	原宿村120	柳　沢	2丈1尺
	村越平吉	米　搗	57	20	原宿村217	穏原橋	2丈2尺
	相馬永胤	米　搗	25	8	原宿村		
穏田村　1	泉藤吉	米　搗	42	14	穏田村45		
中渋谷村 7	永田熊吉	米麦搗	不明	3	中渋谷村421		
	三井八郎左衛門	米麦搗	不明	1	中渋谷村729		
	三井八郎左衛門	米麦搗	不明	1	中渋谷村735		
	柴田清次郎	米麦搗	不明	1	中渋谷村139		
	深川亮蔵	米麦搗	不明	2	中渋谷村896		
	深川亮蔵	米麦搗	不明	7	中渋谷村217		
	鈴木喜代次郎	米麦搗	不明	1	中渋谷村419		
下渋谷村 9	久保田豊	米　搗	不明	4	下渋谷村644		
	三田弥兵衛	米　搗	不明	2	下渋谷村657		
	朝倉徳次郎	米　搗	不明	4	下渋谷村796		
	伊藤国松	米　搗	不明	1	下渋谷村934		
	中西清一	米　搗	不明	3	下渋谷村783		
	小林　剛	米　搗	不明	1	下渋谷村1242		
	加藤米吉	米　搗	不明	5	下渋谷村1036	庚申橋	
	登坂フク	米　搗	不明	1	下渋谷村1596		
	玉川金三郎	米　搗	不明	10	下渋谷村1677	広　尾	

出典：東京府農商課，1889年，『東京府農商工要覧』306-314頁より武田作成.

車場経営者が発起人になり、村内に水車を新設し小学校の運営資金とする申請を東京府知事に提出した(29)。

三田用水路中、渋谷村字鉢山分水口、流末字長谷戸、出願人共有地へ、新規水車設立致度《いたしたく》、御許可ノ上ハ当村公立渋谷小学校ノ一助トモ仕、該学校ハ資金等乏ク従来憂苦罷在《まかりあり》候処、漸《ようや》ク尽力ノ上今般出願人共ニ於テ共同協力シテ建設致、水車場収入金ヲ以テ、来二十三年度ヨリ渋谷小学校費補助トシテ、年々金五十円ツヽ寄付可致《いたすべく》。左スレハ学校モ自然盛ンニ趣キ、傍ラ上中渋谷村ノ負担額モ自ラ減少可致、且他ニ故障等無之候間《これなくそうろうあいだ》、願之通御許可被成下度《なしくだされたく》、

（後略）

三田用水に設置し、年間五〇円を得る計画である。許可はすぐにおりて、実行された。

水車場の元力士

精米業が隆盛すると、水車場で扱う米俵の数が増えた。重い米俵を運ぶ力持ちが必要とされた。水車場の喧嘩沙汰が新聞紙上を賑わした(30)。

中渋谷村の上原水車場で雇われている出稼人の六郷政五郎（二七歳）は数年前まで力士として相撲部屋に属し、番付表にも名前が出ていたほどである。力士として限界がみえたのか、あきらめて相撲部屋を去り、水車小屋の出稼人になった。かなりの力自慢で米俵を軽々と担ぎ上げた。

水車場の仕事を終えると、出稼人たちは夕涼みがてら、渋谷川の谷間で相撲をとった。政五郎は関取だったこともあっていつも連勝だった。政五郎の力自慢を快く思っていなかったのが、出稼人仲間の染谷和三郎（二九歳）と、山本勘太郎（二五歳）である。機会があればやっつけようとねらっていた。

暑さが盛りを迎える八月初め、出稼人たちは夕涼みをかねて、いつものように近くの谷間で相撲の一六番勝負

をはじめた。政五郎は絶好調で勝ち続けたので、二人はいよいよおもしろくない。

八月七日午後七時頃、仕事を終えて仲間たちが夕涼みをしようとしたとき、聞こえよがしに「今夜もまた、政にごまかされるのか」と言った。政五郎は「何を見当違いのことを言う」と腹を立て、言い合いになった。二人組から仕掛けてきた喧嘩だったが、政五郎は力自慢なので、「何だと生意気に、おまえたちに負けるものか」と手が出た。そばにあったゲンノウをつかんで、和三郎の眉間をねらって振りおろすと、深さ三寸まで肉が裂け、和三郎は血に染まって倒れた。勘太郎は驚いて、大ゲンノウを奪い取り、表通りへ逃げた。

逃がしてなるものかと、政五郎は手近にあった錐をつかんで追いかけ、勘太郎の右足を刺した。命中して長さ二寸、深さ一寸の傷になった。ひと足先に夕涼みの谷間に向かっていた仲間が騒動に気づき、とって返して政五郎の上におおいかぶさって、喧嘩をとめた。政五郎は巡査に捕まって、拘留・取り調べ中、二人組は治療中と報道されている。

東京市中と郡部の境目にある渋谷川は、このように多様な労働者が流れ込んでくる場所であったらしい。千駄ヶ谷の池尻にあった脇坂の水車は雇人が六〇名を超える渋谷川で最大の水車場だった。ここでやっていた賭博が警察に摘発されたこともある(31)。

（五月）三一日午後一二時頃（中略）、脇坂仙四郎所有、同所池尻川に設けし水車場内に、十数名集まり賭博中、四谷署警官が踏み込み、大格闘を始め、逃げ損ねて川中に墜《おっこ》ちた者も有り。其の内、六名を取り押さえ、場銭《ばせん》七円余を押収せり。

その六名とは、豊多摩郡中野町の酒造業雇人（三二歳）、同じく中野町の醤油製造職人（四九歳）、淀橋町柏木の魚商（三三歳）、淀橋町角筈《つのはず》の運送業雇人（三一歳）、千駄ヶ谷町の日雇人足（二三歳）、大久保余丁《よちょう》町の男（二三歳）

であった。西郊の町に住む職人、雇人たちが真夜中に水車小屋に潜んで、丁か半かとやっていたらしい。川岸は人目を避けるのに都合がよい場所なのだろう。

ここに点描されたような光景が、西郊の川沿いに繰り広げられていた。電力が普及する以前、水力は貴重な動力源だった。台地のはざまを流れる川を利用して、地形の特徴を生かした暮らしが営まれていたのである。

第四章 明治の青山 火薬庫から青山練兵場へ

1 近代の軍制と軍用地

兵部省による軍用地の獲得

明治二年（一八六九）七月、維新政府で軍務を所管する兵部省が設置された。翌三年四月一七日、東京西郊の駒場野《こまばの》で明治天皇臨席による初めての閲兵が行われた(1)。駒場野は幕政期に将軍御鷹場の一つだったが、時代が変わり、天覧練兵の場になった。午前五時に皇居を出た天皇は馬に乗って大山道を下り、途中、宮益坂の御嶽神社で小休止した。ここで輿に乗り換えて急坂を下り、駒場野へ赴いた。在京各藩の歩兵、騎兵、砲兵が集結したが、兵装も武器も千差万別でばらばらだった。とりあえず各藩の歩兵は九連隊一八大隊に編成され、当日の朝に連隊旗、大隊旗が渡された。この天覧練兵の後、兵部省は旭日旗を軍旗に定め、本格的な軍編成に着手した。

東京府内である程度まとまった広さの軍用地を確保するには、大名屋敷が適していた。兵部省は旧来の武家地を収用する可能性を積極的に探った。

とくに火薬庫は軍事上の重要施設であり、かつ爆発の危険があるので注意を要する。どこでも可というわけにはいかない。兵部省が火薬庫用地としてねらいを定めたのは、従来から幕府の焔硝蔵があった東京西部の山の手、千駄ヶ谷周辺である。

兵部省はまず彦根藩井伊家が千駄ケ谷に保有していた屋敷地の収公に応じるかどうかを探った。兵部省は明治三年一〇月、政府にこの土地の入手を申請した(2)。

申請してちょうど一〇日余り、華族（藩主）は原則として東京に居住することを定めた布達が出た。これを口実にして、井伊家は藩主のために東京に屋敷を確保しておく必要があるという理由で収公を断ってきた。ちなみに、兵部省に目をつけられていたのは土地だけではなかった。井伊家下屋敷の広い邸内には立派な樹木が育っていた。軍艦製造の用材に適するということで、兵部省造船掛の通達で勝手に伐採できない対象になっていたが、通達前に木材として売買交渉が成立していた五二九本については伐採し搬出すると井伊家は品川県を通して兵部省に届け出ている(3)。用地も樹木も維新政府に虎視眈々とねらわれ、この土地は最終的に代々木御料地となり、明治神宮内苑が建設された。

彦根藩井伊家の土地を収公する交渉が不首尾におわり、次に兵部省が交渉したのが内藤新宿にあった内藤家の屋敷地である。これについても内藤家の家扶《かふ》（執事）が断りの理由を縷々書き連ねた文書を提出してきた(4)。内藤家の屋敷地では、足軽など下級家臣が余業として土地を開墾し、農業を行っている、上地に応じると下級家臣の収入の道が失われるという。また、屋敷地付近は甲州街道の宿場で、繁華な商業地域であるゆえ、火薬のような危険物があると類焼の危険が増すことが懸念される。このような理由を述べて、明治三年一一月、内藤家は土地譲渡を断ってきた。この土地はのちに内務省の勧農局試験場となり、現在は新宿御苑になっている。

このような顛末で、結局のところ、明治元年三月に接収した旧幕府「千駄ヶ谷焔硝蔵」に、周囲の旧武家地を足し増して、明治四年一〇月に青山火薬庫（兵部省武庫司の所管）になったのである（南豊島郡千駄ヶ谷村二〇番地）。[5]

軍制と火薬庫

明治五年（一八七二）二月末、兵部省は陸軍省と海軍省に分離した。兵部省が所管していた業務は基本的に陸軍省が引き継いだ。陸軍省は六年一月に全国を六鎮台（東京、仙台、名古屋、大阪、広島、熊本）に分けた。陸軍省と海軍省の二省体制へと移行し、陸海軍は近代軍隊として体制を整えていった。東京における火薬庫も陸軍省所管のものと海軍省所管のものに分けられていった。

明治五年、陸軍省が火薬を製造していたのは小石川の造兵司（のち東京砲兵工廠）である。製造した火薬の一部は青山火薬庫に備蓄された。小石川から青山火薬庫へ毎日のように製造した火薬が運ばれていた。危険物であることを知らせるため、火薬運搬用の荷車には赤旗を掲げ、「火薬」と墨書されていた。[6]火薬を大量に運ぶ場合は、前もって通行区域を東京府に通達することになっていた。造兵司から青山火薬庫へ運ぶときは、小石川門→土手通り→市ヶ谷→四谷門→青山火薬庫という経路を使った。[7]万一に備えて、外堀に沿い水際を通行したのである。

兵部省はかつて幕府の目黒火薬庫だった地所・施設も所管しており、水車二ヶ所を含むこれらは海軍省へ移管されることになっていた。しかし、明治五年六月、その手続きがまだ済んでいないので、至急の処理を海軍省は陸軍省に要請した。[8]

この時、海軍省は所管の火薬を市ケ谷近衛兵屯所と、陸軍省の青山火薬庫に仮置きしていた。[9]海軍省が青山火薬庫に置いていた火薬は、舶来大粒が九百斤、舶来中粒が一万斤、和製中粒が二万二千斤である。つまり、舶来と和製の二種類の弾薬を使っていた。海軍省所管の火薬は青山火薬庫から目黒火薬庫へ移送された。[10]

青山火薬庫は陸軍省の管轄下におかれ、東京鎮台（のち第一師団）が使用していた。守備兵は東京鎮台第一大隊から派遣され、昼夜を分かたず一四名体制で守衛屯所に詰めた（隊長一名、軍曹一名、伍長一名、銃卒一〇名、喇叭手一）。(11)明治七年二月、青山火薬庫に備蓄庫が五棟新築され、備蓄能力が強化された。守備兵が増え、夜食用食糧が増給された。(12)喇叭手が配属されているので、朝晩、規則正しくラッパの音が千駄ヶ谷に鳴り響いていたのだろう。

しかしながら、町なかに火薬庫がある状態は近隣に住む者にとっては快いものではなかった。雷が鳴って稲妻が光ると怯える人もいた。

雷除《らいよけ》柱の事を思ひ出しましたが、此《この》柱を建置いて雷に撃たれる災を免れるといふ功験ハ外国に有ると聞き及びましが、怖いのハ火薬庫で有りますが、仮令《たとひ》雷除の柱ハ建てども、元より天変の事ゆえ、どんな事で其《その》災に逢ふも知れませんが、どふぞ火薬庫などハ人里離れた所へお移し下されたら、大きに安心致します（中略）青山焔硝蔵の側に寄留する某(13)

偶発事による引火・爆発を危惧し、人家の少ない場所へ火薬庫を移してほしいと要望している。

西南戦争と弾薬

明治九年（一八七六）の時点で、陸海軍の火薬庫の所在は表8の通りである。陸軍の火薬備蓄の拠点は東京、石川、和歌山、鹿児島にあった。いずれも幕政期から明治初期にかけて砲銃や火薬の製造、兵制改革などに熱心だった地域である。紀州藩は明治初期に兵制改革を断行した。石川の加賀藩は焔硝の主要生産地である。

鹿児島は薩摩藩の島津斉彬《しまづなりあきら》によって旧藩時代に集成館で大砲・小銃、火薬製造などの技術が磨かれた。(14)陸軍省、海軍省の両省が所管する火薬庫が六つあり、火薬製造・備蓄の拠点であった。敷根《しきね》火薬製造所は薩摩藩によって

表8　全国　火薬庫所在地(明治9年)

所轄	軍管	府県	郡	
陸軍省	第一師団	東　京	荏　原	青山・千駄ヶ谷
			多　摩	和泉新田
			豊　島	赤羽村
	第三師団	石　川	河　北	田上村
			石　川	上野新村・牛坂村
			石　川	野田村・泉野村
	第四師団	京　都	宇　治	五ケ庄村
		和歌山	海　部	塩屋村
			海　部	塩屋村甲崎
			海　部	関戸村
		滋　賀	犬　上	松原材
	第六師団	鹿児島	鹿児島	坂元村
			鹿児島	西別府・大牧
			鹿児島	大迫村
			鹿児島	草牟田村
海　軍　省		東　京	荏　原	白金台町
			荏　原	目黒三田村
		長　崎	肥　前	平　戸
		鹿児島	薩　摩	吉野村
			大　隅	敷根麓村

出典：長尾景弼編，1877,「官省規則全書」博聞社，第36-38篇，火薬庫圏線規則より武田作成.

文久三年（一八六三）に設置され、海軍省の主要な火薬製造所であった。

明治九年、政府は鹿児島県における私学校の動きを警戒しはじめた。一二月下旬に敷根火薬製造所の責任者で火薬調製人の伊勢仲左衛門を東京に呼び出すことを決め、伊勢は明治一〇年一月二二日に上京した[15]。海軍省兵器局は伊勢に火薬製造を中止するように伝えた。また敷根火薬製造所の建物、器械・器具、備品の一切を書き出すように申し付け、鹿児島へ帰した。海軍省は敷根火薬製造所を厳重な管理下においたのである[16]。

同じ頃、陸軍省は鹿児島県にあった砲兵属廠からスナイドル銃の弾薬製造器械を船で大阪へ搬出した。スナイドル銃の薬莢《やっきょう》は金属製で、陸軍省の主力生産工場は鹿児島県にあった。陸海軍両省はこのように鹿児島県にある弾薬・火薬を警戒し、一月末に管理を強めた。

二月に西南戦争が勃発すると翌三月、海軍省は長崎港から春日丸を出港させ、三月一〇日敷根へ回航し、自ら敷根火薬製造所を艦砲射撃し、破壊、焼き捨てた。七月一一日に敷根で攻防戦が展開され(17)、敷根火薬製造所は徹底的に破壊された(18)。

西南戦争で火薬庫の扱いに慎重になったのか、戦争後に東京青山の火薬庫の防備体制は強化された(19)。

千駄ヶ谷大番町へ桁行十三間、梁間五間、床下ハ総煉瓦で積み、眼鏡形に吹き貫き、建坪六十五坪ほどの焔硝蔵が三棟新築になり、廻りへハ高塀が出来、此の入費ハ凡《およ》そ二万円の余であるといひます(20)。

備蓄庫が三棟新築されて、周囲は高塀で取り囲まれたのである。

2 東京西南部への展開

東京府の市区改正計画

明治一四年(一八八一)一〇月に松方正義が大蔵卿に就任すると、通貨膨張、正貨流出など経済危機への対応として、地方財政への補助打ち切り、官業払い下げが断行され、景気は落ち込んだ。デフレの出口が見えないいま、明治一七年に恐慌がおこり、一八年末まで不況が続いた。景気が下げどまり、回復の兆しが見えるようになったのは明治一九年である。機運に乗じて、山県有朋は外征可能な軍隊へ転換を進めていった。明治一九年一月、青山火薬庫にも旧棟修築、新棟建設などの名目で予算七一二九円余が措置された(21)。

同時期、東京府も都市計画を練っていた。いわゆる市区改正計画である。維新以降、東京をどのような都市に造りあげていくか、さしたる方針がないまま推移していた。松方デフレで東京府の財政、行政は整理され、再編の方向が模索されていたのである。明治一七年一一月一四日、東京府知事芳川顕正《よしかわあきまさ》は「東京市区改正意見書」（芳川案）を内務省へ上申した。(22) 東京市区改正は確定するまで四つの案が作成されたが、最初のこの案は、交通体系（道路・河川・鉄道・橋梁）の整備に重点がおかれていた。

上申された「市区改正」案（芳川案）を検討するため、内務省内に市区改正審査会が設置された。関係省庁、団体から代表者が集まり、ここではじめて東京府をこえて利害を調整する場が設けられたのである。このとき、内務卿は山県有朋、内務少輔は芳川顕正である。審査会長には内務少輔の芳川が就任した。つまり、芳川は東京府知事として上申した案を、自ら審査する立場になった。しかし、芳川は審査会で自案に都合よく議事を誘導することはなく、委員の発言にまかせたという。(23) 審査委員には中央政府の各省、警視庁、東京府から一四名、民間代表として東京商工会から渋沢栄一（第一国立銀行頭取）、益田孝《ますだたかし》（三井物産会社社長）の二名が選任された。

都市交通と軍用輸送

翌一八年（一八八五）二月二〇日、市区改正審査会の第一回が開催された。(24) 議論の焦点の一つは交通体系の整備であった。明治一五年に営業を許可された東京馬車鉄道会社の路線が、新橋から京橋、日本橋、萬世橋、上野を経由し浅草へ通っていた。東京市内のメインストリートに軌道を敷いたため、道幅をふさぎ、交通混雑を惹起していた。馬の衛生管理の面でも問題が生じていた。

陸軍省から東京砲兵工廠提理（長官）の陸軍大佐黒田久孝が委員として出席しており、道幅について次のように述べている（三月三日、第二回委員会）。

黒田砲兵大佐「陸軍ノ委員トシテ案スルニ、現在複線ノ布設シアル道路ハ六馬ヲ駕シタル大砲ヲ牽キ難シ、好シヤ之ヲ牽キ得ルトスルモ、輜重隊《しちょうたい》ノ車ハ大ニシテ、野営用ノ器具ヲ嵩高ニ積上ケ、六七馬ヲ以テ牽クトキハ、到底通行シ能《あた》ハサルナリ、故ニ道路ノ幅員ハ成《な》ル丈《だ》ケ広キヲ望ム[25]。」

軍隊の通行、輜重面から、道幅を広くすることを主張した。この当時の東京市内の道路状況では大砲の運搬も滞るという。都心の日比谷に練兵場があったが、大型で重量がある野営器具の輜重は、日常的に交通が混雑している都心では限界があった。

審査会で運河など水運の存廃が議論されたときも、黒田砲兵大佐は火薬運搬について次のように述べている（三月三一日、第六回委員会）。

諸君ハ、運送ノ便ト、商業ノ勢トニヨリテ、頻リニ論ゼラルルガ、私ハ防御上ニ付キテ申シタシ。（中略）築港出来ノ上ハ、独リ商売ノミナラズ、軍備ノ港トモナリ、殊ニ火薬ノ運搬ハ、人家稠密ノ中ヲ通過スルコト、頗ル危キニヨリ、成ルベク水路ニヨリタシ。今日ノ川ハ、其ノ目的ニ応ゼザル為メ、已ムヲ得ズ、車ニテ運ビ居ルモ、実ハ其ノ不便少ナカラズ、旁《カタガタ》河川全廃ニハ同意ナシ難シ[26]。

東京砲兵工廠のトップとして、市中における火薬運搬の安全確保は懸案の一つだったのだろう。火薬運搬は水路のほうが安全であると述べ、運河存続に賛意を示した。

東京は天皇の在所で、護衛の必要があることから二個師団が衛戍《えいじゅ》し、練兵の回数も多かった。軍用車輌の通行も頻繁で、商工業との併存が課題であった。宮城東側に繁華な商業地が発展しつつあって、日比谷練兵場との併存はもはや難しい状況になっていた。

西南部への移転

市区改正では都市衛生も議論の的になった。内務省衛生局長の長与専斎《ながよせんさい》も委員の一人であった。明治一〇年代に東京では数回のコレラ大流行があった。東京馬車鉄道会社について、馬の溜まり場が不衛生であるとの苦情が絶えなかった。長与は都市衛生面から馬車鉄道の廃止を主張した。疫病の流行を阻止し、防疫対策で実効性が上がる都市環境の実現を要望した。

また、商工業者の代表である渋沢、益田は、商工業の発展すなわち物流の面から交通体系の整序を訴えた。陸運の場合、新橋停車場に到着した物資は、荷車に転載して都心の日本橋まで運ばれたが、馬車鉄道の軌道で道幅に余裕がなく、物流に滞りが生じていた(27)。

このような交通・物流の諸問題を解決するため、芳川案には鍛冶橋周辺に中央ステーションを設けることが盛り込まれていた。東京駅として開業が実現するのはこの時点から二九年後の大正三年（一九一四）であるが、市区改正審査会では中央ステーション設置を前提にして、議論が進められた。鍛冶橋に中央ステーションを設けるのであれば、その用地を確保できる体制にしておかねばならない。この当時、鍛冶橋のたもとにあったのは陸軍の鍛冶橋練兵場である。隣接して東京憲兵本部があった。日比谷練兵場も直近である。

陸軍は兵力増強を進めていた折柄、諸般の状況に鑑みて、宮城周辺に練兵場をおくことの限界が明確になってきた状勢を察知し、丸の内にあった軍施設の移転を計画した。日比谷練兵場に替わる候補地として浮上したのが、青山である。

市区改正の面からみても、宮城東側の商業地の発展を阻害しない都市計画が望ましい。東部の深川にあった越中島練兵場も使用中止の検討が進められた（明治二四年に使用中止）。

青山練兵場の開設

明治一九年（一八八六）二月一五日、日比谷練兵場に替わる移転先を審議する閣議が開催された。陸軍大臣大《おお》山巌《やまいわお》から「青山近傍」が適当という案が上申された(28)。陸軍省所管の青山火薬庫があったので、この地所を核にして青山への移転案が具体化したのだろう。この方向で進めることが了承され、周囲の地所買収など青山練兵場開設の動きがにわかに慌ただしくなった。

練兵場に必要な民有地買収の特別予算を措置するように内閣総理大臣伊藤博文が指令を発したのは二月一八日である(29)。三月、東京鎮台は青山火薬庫周辺の民有地三万三九六坪余を購入した(30)（青山三筋町一丁目、二丁目、青山北町三丁目、南豊島郡千駄ヶ谷村）。続いて翌二〇年四月に民有地一二万二三六二坪を買収した（青山北町一丁目、二丁目、四丁目、青山六軒町、四谷区東信濃町、南豊島郡千駄ヶ谷村、原宿村）。図22に示したように、青山火薬庫周辺の土地が買い取られていった。

ちなみに隣接する赤坂には幕政期に紀州藩中屋敷があったが、新政府に収公されて明治五年三月に赤坂離宮となり、明治六年五月五日に皇居が火事で焼失したことにより、新宮殿が造営されるまでの間、ここが仮皇居になった。青山練兵場の設置が決まった時期、天皇家はここに居住していた。天皇、皇后が皇居内に新築された宮殿に移ったのは明治二二年（一八八九）一月一一日である。この周辺は明治一〇年代末から二〇年代にかけて大規模な土木事業が進行していた。

明治二〇年四月五日、早くも青山練兵場で実地演習が行われた。近衛師団、東京鎮台、陸軍軍医学舎による担架搬送の医務訓練である。発火戦闘の訓練のあとに、負傷者が出たという想定で、担架で運ぶ練習が行われた(31)。

青山練兵場が開設されることになり、明治二〇年（一八八七）九月一二日、火薬庫は小石川区の大塚町五六番

陸軍省所管　青山火薬庫地所（南豊島郡千駄ヶ谷村）

明治19年3月　買収の民有地（青山三筋町1丁目，2丁目，青山北町3丁目，南豊島郡千駄ヶ谷村）

明治20年4月　買収の民有地（青山北町1丁目，2丁目，4丁目，青山六軒町，四谷区東信濃町，南豊島郡千駄ヶ谷村，原宿村）

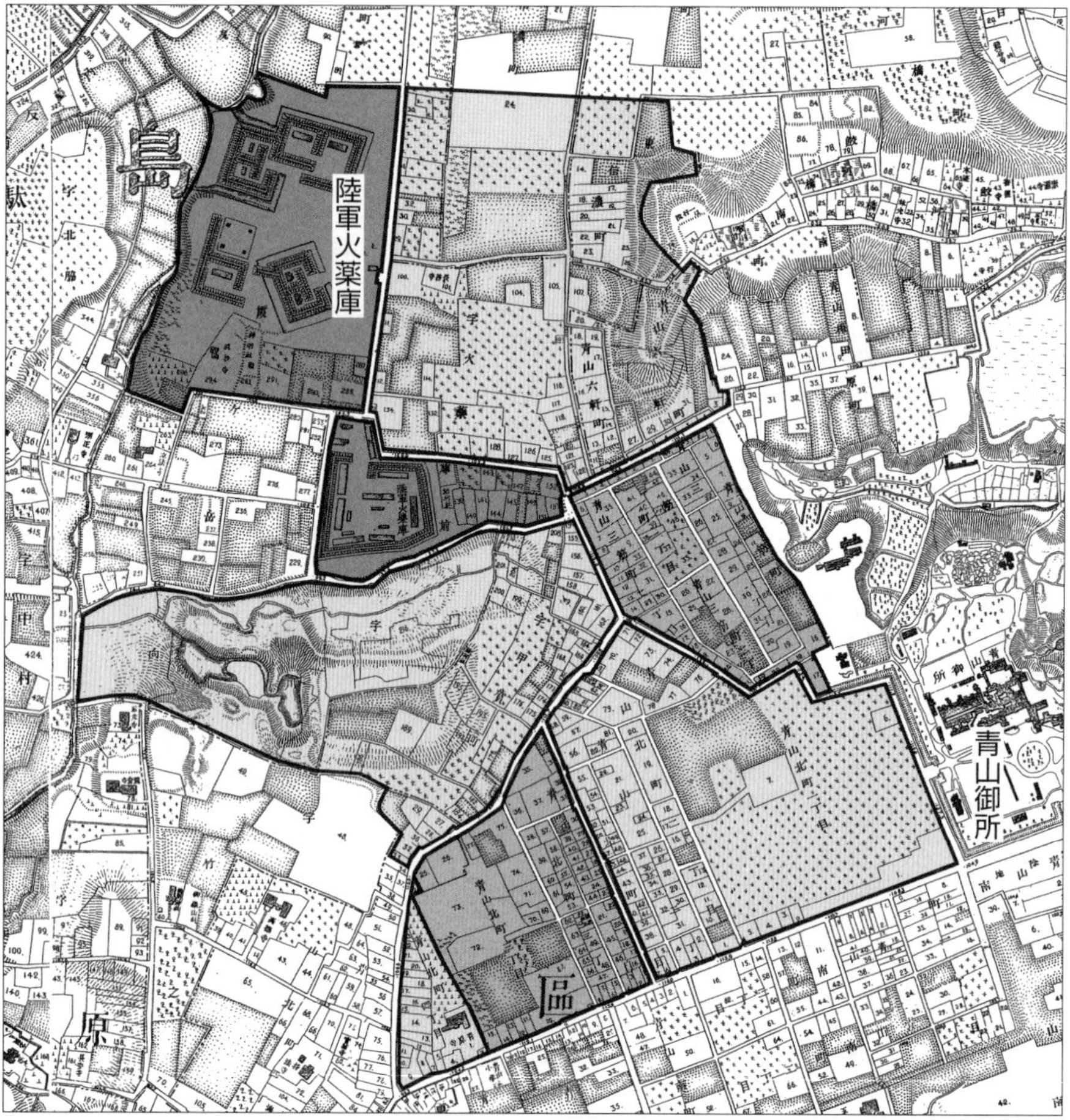

図22　青山練兵場　用地取得

「青山練兵場用地買収引渡事蹟」（『東京市史稿』市街篇第72巻，98-105頁）より，武田作成．

地へ移転することになった。(32) 建物は撤去され、火薬庫の敷地六四七九坪余は青山練兵場の一部にくみこまれた。(33)

幕府が寛文五年（一六六五）に焰硝蔵を設けて以来二二二年間、火薬貯蔵に使われてきた歴史はここで閉じられ、新たな土地利用の段階へ移行した。東京の土地空間の利用を政策的に導く市区改正条例が公布されたのは明治二一年八月、陸軍省が丸の内の軍用地を三菱へ払い下げたのは明治二三年のことである。東京府内の軍用地の布置状況は明治二〇年代に大きく変化していった。

3　青山練兵場と自由民権

天長節の天皇行幸

新設された青山練兵場に明治天皇が初めて足を運んだのは、明治二〇年（一八八七）一〇月二九日のことである。仮皇居から青山練兵場は至近距離で、天皇の希望で急遽実現した。この日、近衛兵一六七〇名の除隊式を天覧した。(34) 続いて、天長節（天皇誕生日）にも練兵場へ行幸することが急遽決まり、一一月三日午前中、青山練兵場での観兵式に臨席した。天皇自ら積極的に動き、青山練兵場は急遽、公式の表舞台になっていった。これにはどのような背景があったのだろうか。

前年一九年の天長節の夜会は、鹿鳴館《ろくめいかん》で行われた。条約改正を有利に導くために、外務大臣井上馨《いのうえかおる》夫妻が主催したもので、その夜に打ち上げられた花火は鹿鳴館の華やかさのシンボルとして人々の記憶に刻まれた。同時に、短命に終わった鹿鳴館時代を象徴するものになってしまった。条約改正の内容に対する国内の批判は強く、井上外相は明治二〇年九月に辞職した。明治二〇年天長節の祝賀会は、伊藤博文総理大臣夫妻の主催によって、午後に浜離宮で開催されることになっていた(35)。

その年九月以降、条約改正問題を含めて政治はこのように動揺していた。一〇月に自由民権派によって元老院に三大事件建白書（地租軽減、言論集会の自由、外交失策の挽回の要求）が提出され、自由民権運動が高揚した。まさにその年一一月の天長節に、天皇の強い意向によって、青山練兵場で天覧の観兵式が挙行されたのである。

この後、民権運動を弾圧するため、一二月二五日に保安条例が公布された。即日施行され、民権派は宮城から三里外へ追放された。保安条例公布の前日二四日、天皇は新年一月七日に青山練兵場で行われる「陸軍始《りくぐんはじめ》」を天覧する意向を示した(36)。

このように民権派を追放し、新年に明治天皇は青山練兵場で陸軍を統帥する姿をみせた。鹿鳴館という短命に終わった舞台の代わりに、天皇の新たな舞台として浮上したのが青山練兵場であった。天皇は青山練兵場に外国賓客を招いた。明治二一年六月、青山練兵場における近衛師団の整列式に訪日していたドイツ連邦ヴァイマール公国皇族、続いて七月一三日の観兵にオーストリア皇族を同道した(37)。この頃、日本は条約改正でドイツ連邦への接近を図っており、日本の軍隊の水準を見せる機会にしたのであろう（図23）。

また、明治二二年二月一一日の憲法発布式でも青山練兵場は舞台の一つになった。宮城でとり行われた発布式を終えた天皇・皇后は、儀仗《ぎじょう》馬車に乗って青山練兵場に行幸し、観兵式に臨んだ。このときの行幸経路は(38)、宮城正門→桜田門→裏霞ヶ関→虎ノ門→琴平町堀端→赤坂田町→青山通り→青山練兵場である。還幸は練兵場→赤坂離宮外構え→紀伊国坂→四谷門→麴町→半蔵門→桜田門→宮城正門だった。宮城から青山練兵場へ向かい、宮城周囲の東京市内を一巡したもので、ハレの日の天皇の姿を人々に見せた。

図23　ジョルジュ・ビゴーの風刺画

（上）1887年（明治20年）12月15日，『トバエ』第21号より
ドイツの売り込みに熱心な外務次官の青木周蔵（左）と右はイギリスびいきの大隈重信．
（下）1888（明治21年）3月1日，『トバエ』第26号より
ドイツ（左，老爺）が日本（中央）を押さえている．

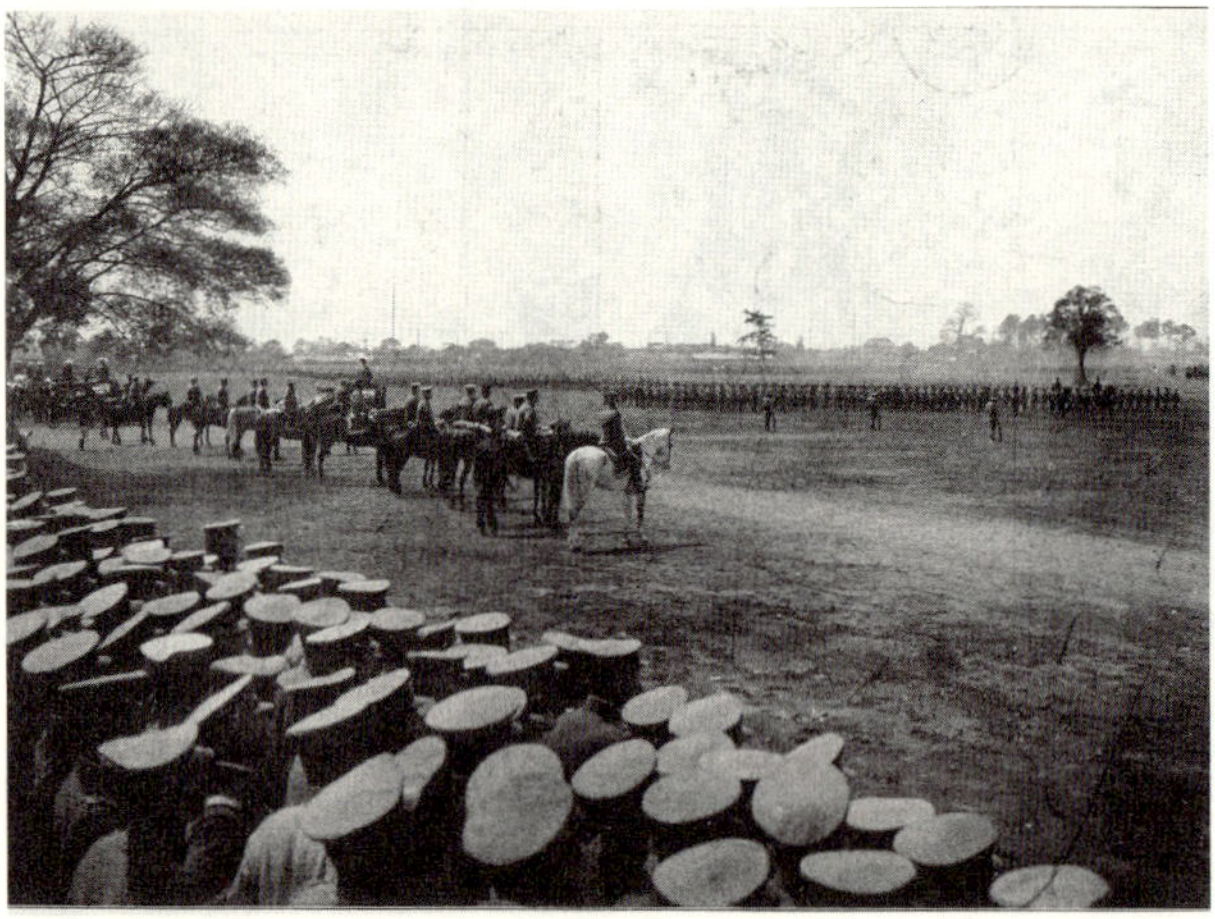

図24　青山練兵場の観兵式

(上)「青山練兵場大観兵式之図」(明治28年，歌川年昌画，三宅半四郎刊行，早稲田大学図書館所蔵）より
(下)『東京風景』(明治44年，小川一真出版部，国立国会図書館所蔵）より

青山の変化

このように明治二〇年代初頭に青山練兵場が開設されると、天皇、皇族の行幸・行啓が頻繁になり、青山一帯は国家的行事がとり行われる「表舞台」になっていった（図24）。青山練兵場に近い大山道を兵卒が行進してゆく姿が描かれている（図25）。

『新撰東京名所図会』の編者山下重民《やましたしげたみ》は、安政四年（一八五七）、焔硝蔵に隣接した千駄ヶ谷十軒町に生まれた。この土地が幕府の焔硝蔵から、青山火薬庫を経て、青山練兵場へと変わっていく様子を見ながら育った。次のような記憶を述べている[39]。

幕府の焔硝蔵の前に、慶応四年まで佐橋という旗本の屋敷があった。佐橋氏は撃剣を教え、竹刀を打ち合う音が外まで響き、自分の幼い頃の記憶に残っている。その後、陸軍の火薬庫に変わり、衛兵が警固する姿がみられるようになった。千駄ヶ谷を流れる渋谷川沿いには、往事の火薬庫の土塀が残っていた。

慶応四年（一八六八）に山下は一一歳である。実際の見聞を記したものであろう。青山練兵場について、次のような情景を記している。

雲晴れ日麗かなる時、原頭に立て眺望すれば、西の方千駄谷の樹林鬱蒼として人家其の間に隠見し、坤位には富士山巍然と

図25　青山一丁目
「新撰東京名所図会」（山本松谷筆）より

して白雪を戴て、箱根、足柄の諸山相連りて。風景甚だ佳なり。殊に雪月の時に至りては其の奇観いふべからず。日々、近衛並に師団の練兵あり。隊伍粛々として縦横に展開行進するさま最も勇しく、喇叭の声高く汽笛の音と相和して、常に壮士の心を鼓舞せり。又毎年一月八日並に天長節には、御臨幸ありて、観兵式を行はせ給ふ。拝観の諸人輻輳し、さすがに広き練兵場も、人を以て埋るが如きを常とす。

演習がない日には、練兵場の原をさえぎるものがなく、富士山が遠望できた。雪月と山容の静かな風景はしみじみと胸にしみ入るものがあり、観兵式の人波とは異なる趣きがあった。

青山軍用停車場

陸軍の兵員数は明治一七年（一八八四）四万六七六七名から、明治二六年（一八九三）七万八九四名に増強された（全国）。明治二七年一月に陸軍省が東京府内に所有していた地所は、近衛師団と第一師団の両方をあわせて二〇〇万坪余におよぶ[40]（表9）。近衛師団は宮城護衛が本務であるため、麹町区に複数の機関をおいていたが、第一師団は外堀の外、すなわち東京西部への移転をほぼ完了させている。

青山練兵場および付近への軍関係者の出入りが増えたことによって浮上してきたのが鉄道の敷設である。事業者は甲武鉄道会社（社長雨宮《あめみや》敬《けい》次郎《じろう》）である。甲武鉄道会社は鉄道局に新宿—八王子間の鉄道敷設を出願していたが、明治二一年三月三一日その許可を得て、翌二二年八月一一日に全線を開通させた[41]。次に新宿から東京市内への乗入れを計画した。許可を得やすいように軍用地をつなぐ路線を申請し、新宿から北東方向へ市ヶ谷へ向かい、小石川砲兵工廠の付近を通り、当時あった神田三崎町の練兵場を終点にした。

二二年七月に内務省から許可を得たが、景気や用地取得見込みに変化が生じて、敷設ルートの変更を余儀なく

表9　明治27年の陸軍省所轄地所(東京府内)

(1)近衛師団　管轄地所

使用機関名	地　　名		坪　数	
	区または郡名	町　名	坪数	勺
陸軍省ほか	麹町区	永田町	233,944	707
陸軍大臣秘書官官舎		同	533	430
旧近衛歩兵第二旅団		外桜田町	24,019	880
近衛騎兵大隊		元衛町	20,222	535
近衛砲兵連隊		代官町	11,133	560
近衛歩兵第一旅団		同	57,739	420
旧憲兵本部付属舎地		富士見町	300	0
陸軍軍医学校ほか		同	7,536	900
憲兵司令部ほか		大手町	8,842	775
物揚場	神田区	錦　町	129	780
物揚場		同	46	920
物揚場		同	17	220
被服廠倉庫	京橋区	明石町	533	600
被服廠倉庫	深川区	西大工町	559	408
陸軍被服工長学舎ほか	本所区	本所横網町	39,495	077
陸軍士官学校ほか	牛込区	市ヶ谷本村町	96,164	970
同　付属地		市ヶ谷加賀町	815	940
同　付属地		市ヶ谷左内坂町	186	436
同　練兵場		若松町 原　町	19,454	425
陸軍砲工学校		若松町	4,685	170
陸軍戸山学校ほか	牛込区 南豊島郡	下戸塚町 大久保村	273,633	080
同　付属地	南豊島郡	戸塚村	23,663	250
近衛作業場	南豊島郡	渋谷村	10,847	310
近衛歩兵第二旅団司令部	赤坂区	赤坂一ツ木町	16,317	340
同　　第三連隊		新　町	4,268	841
近衛歩兵第四連隊	四谷区	四谷霞ヶ丘町	1,249	600
憲兵司令部用地	南足立郡	西新井村	100	0

近衛工兵隊ほか 　同　材料庫敷地 陸軍被服廠	北豊島郡	岩淵町 　同 　同	10,839 1,930 4,564	820 0 400
近衛輜重兵営増敷地	荏原郡	目黒村 世田ヶ谷村	16,463	250
合　　計			890,224	14,887

(2)第一師団　管轄地所

使用機関名	地　名		坪　数	
	区または郡名	町　名	坪数	勺
歩兵第三連隊営 小銃射的場 歩兵第一旅団司令部 憲兵屯所	麻布区	新竜土町 　同 三河台町 飯倉片町	38,017 200 4,528 58	715 590 400 500
第一師団司令部ほか 徒刑人埋葬地 歩兵第一連隊営 憲兵屯所	赤坂区	青山南町 　同 檜　町 表四丁目	44,310 20 32,354 544	851 0 915 375
練兵場 輜重兵営 輜重廠 作業場ほか	赤坂区 四谷区	青山北町 大番町	181,639	576
東京衛戍病院 憲兵屯所 教師館 砲兵工科営舎 乗馬練習所貸地	麹町区	隼　町 麹町一丁目 五番町 飯田町四丁目	24,230 600 484 9,339	740 0 869 365
憲兵屯所	神田区	和泉町	500	0
砲兵第一方面東京砲兵工廠 物揚場 　同 砲兵工廠火除地 　同 　同 　同	小石川区	小石川町 　同 　同 春日町 西富坂町 　同 　同	119,382 2,763 212 1,305 893 611 88	414 685 500 0 115 350 870

砲兵工廠火除地 　同 物揚場 弾薬庫 埋葬地 砲兵工廠火除地 憲兵屯所		下富坂町 　同 新諏訪町 大塚町 大塚坂下町 春日町	6 3,864 161 56,637 10,527 1,774	745 264 250 190 120 720
憲兵屯所	日本橋区	小伝馬上町	545	606
砲兵第一連隊附属箱馬場 旧教師館 物揚場 憲兵屯所	牛込区	市ヶ谷仲ノ町 　同 揚場町 市ヶ谷田町 左内町	1,143 452 452 897	380 942 490 810
憲兵屯所 憲兵屯所	芝区	芝車町 桜田本郷町	461 278	385 050
本郷大隊区司令部 憲兵屯所	本郷区	真砂町 本　郷	2,527 455	507 445
憲兵屯所	浅草区	猿若町	202	030
練兵場　（練兵場としての使用は中止） 憲兵屯所	深川区	越中島町 東大工町	141,504 440	820 300
憲兵屯所	下谷区	車坂町	865	490
火薬庫敷地	芝区 荏原郡	白金台 白金村	86,266	770
騎兵第一大隊 憲兵屯所 憲兵屯所	荏原郡	世田ケ谷村 目黒村 品川町 池上村	84,696 88 859	220 530 0
火薬製造所敷地	荏原郡 南豊島郡	白金村 渋谷村	56,087	506
火薬庫	東多摩郡	和田堀内村	24,012	585
憲兵屯所 東京衛戍監獄	南豊島郡	内藤新宿 渋谷村	577 8,535	060 070
憲兵屯所	南足立郡	千住町	572	670
憲兵屯所	南葛飾郡	小松川村	879	801

憲兵屯所	北豊島郡	王子村	481	340
工兵第一大隊営，練兵場		岩淵町	32,136	550
工兵隊架橋材料庫		同	501	0
工兵衛下水水吐敷地，道路敷地		同	843	790
小銃射的場		同	14,588	370
火薬庫		同	13,502	400
火薬製造所		滝野川村	3,975	955
火薬運搬道路		滝野川村ほか	3,207	500
憲兵屯所		板橋町	727	164
火薬製造所		同	37,604	710
同囲込地		同	5,819	700
火薬試験所		同	7,472	205
棉火薬製造所敷地		板橋町ほか	31,494	620
合　計			1,100,187	28,680

近衛師団＋第一師団　合計	1,990,411	43,567

出典：陸軍所轄地価価格取調ノ件回答案(『東京市史稿』市街篇第87，50-59頁)より，武田作成.

された。甲武鉄道が陸軍参謀次長川上操六《かわかみそうろく》に相談したところ、新宿から南東方向に回りこみ、青山練兵場付近を通過する案を示された。陸軍には青山練兵場付近に軍用停車場がほしいという要望があったのである。[42]教示されたルートを測量したところ、赤坂離宮の下にトンネルを掘らないと実現しないことがわかった。陸軍省が調整に入って、宮内省から御料地拝借願に対する許可がおりた。これによって御料地の下に御所隧道(図26、御料地北隅から学習院の南隅)が貫通することになった。陸軍の圧力で御料地の地下は突破されたのである。

その後、市区改正委員会との調整に若干手間どったが、明治二六年三月に新線敷設の本免状が逓信大臣から下りた。二七年三月に青山練兵場内での工事着工、六月に地震発生、新線敷設の地所に亀裂が生じ、状況確認の最中に日清間の開戦間近という状況になった。

明治二七年七月二七日、工兵方面本署から甲武鉄道に一カ月半の期限で青山軍用停車場を完成させる委嘱が下った。練兵場のなかに支線を引き込んで軍用停車場を設置し、これを出発点とし、甲武鉄道本線を経由、西は広島、東は青森まで鉄道移動を実現する案だった（図27）。九月一七日、青山軍用停車場は完成し、二三日から軍隊輸送が開始した(43)。

日清戦争と練兵場

当時、近隣に住んでいた田山花袋《たやまかたい》は、日清戦争で青山練兵場から出征していく兵士や見送りの声について次のように記している(44)。

出発する軍隊

私の家から青山の練兵場へは、距離がいくらもないので、私は夜など出発の軍隊の光景を見るために、よくひとりで出かけて行った。

外国との最初の戦争、支那は弱いとは言へ、兎に角アジアの大勢力なので、戦争が始ってからの東京の騒ぎは非常であった。号外の鈴の音が絶えず街頭にひびきわたって聞えた。

時には軍隊が軍歌を歌って勇しく列をつくって通って行った。

銃剣が日に光った。

かと思ふと、捷報の号外で、街が日章旗で埋められるやうなこともあった。絵草紙屋——まださういふものが沢山に残ってゐたが、そこには、松崎大尉戦死の状態だの、喇叭を口に当てて斃れた喇叭卒だのの石版画がこてこてと色彩強く並べて見られた。いろいろな軍歌なども出来た。

青山からレールを大崎の方へ連絡させて、出発の軍隊は、皆なそこから立たせることになってゐたので、夜の青山

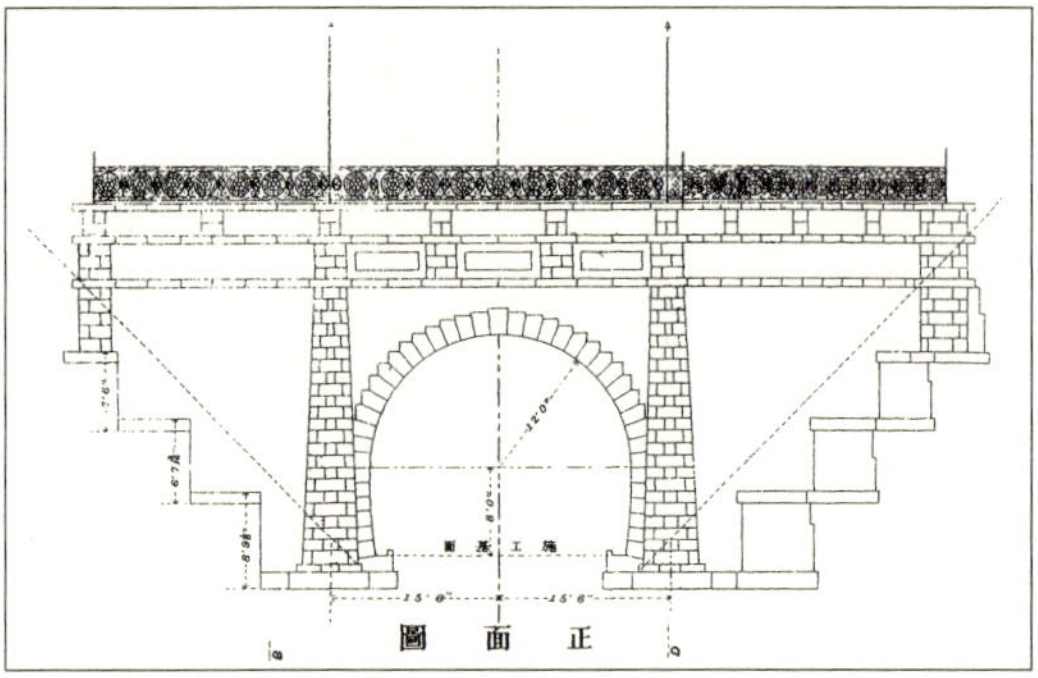

図26　御所隧道　正面図

出典：菅原恒覧，1896，『甲武鉄道市街線紀要』甲武鉄道株式会社

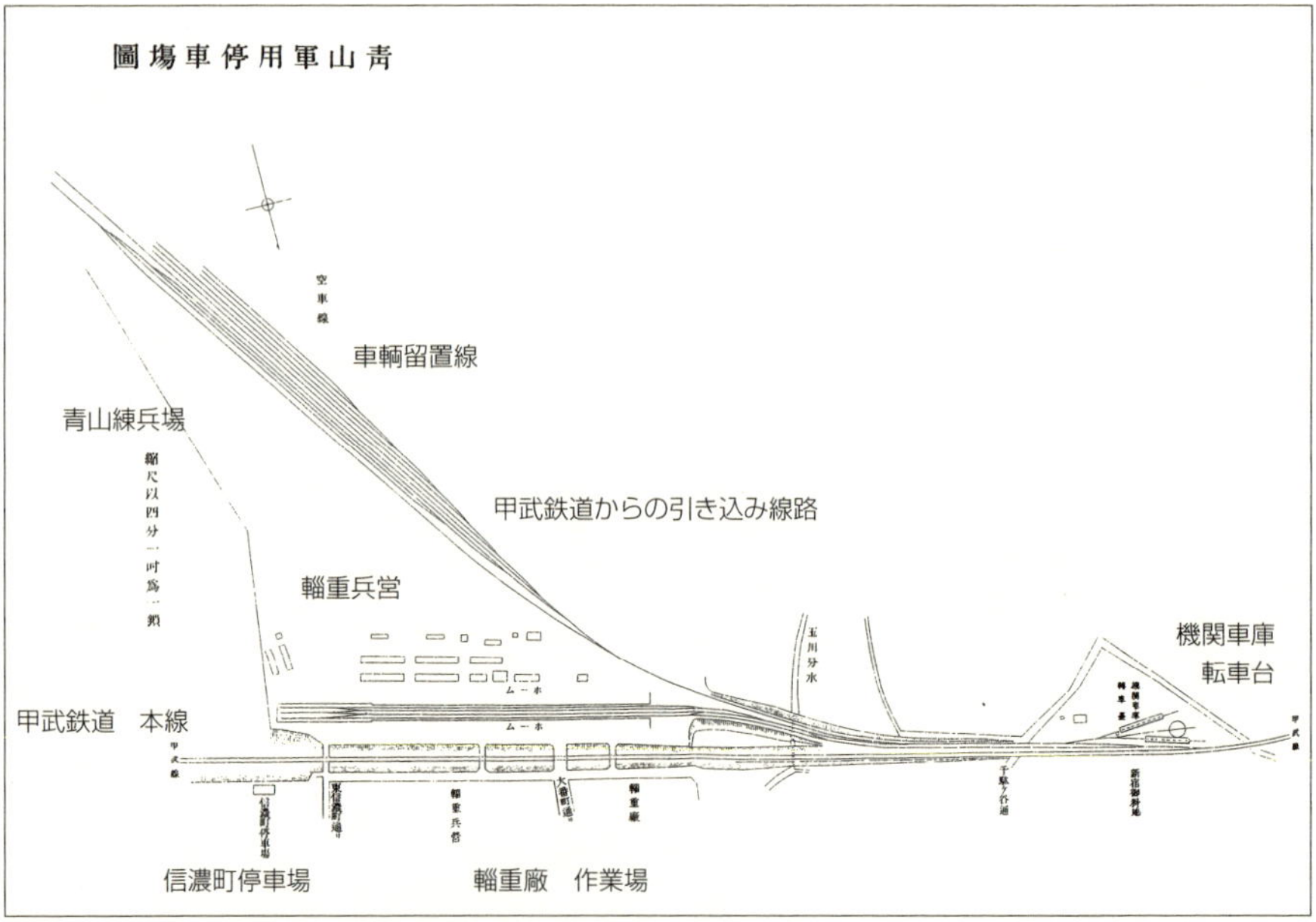

図27　青山軍用停車場図

出典：菅原恒覧，1896，『甲武鉄道市街線紀要』甲武鉄道株式会社

の原の光景は、悽愴の中に別離の悲哀をこめて、何とも言はれない張りつめた感じを人々に与へた。

何でも其頃は別々な方面に上陸する軍隊の輸送が始まったといふ噂で、都会の人々の心は皆な熱心な熱情と好奇心とに駆られて、ソハソハと落附かずに絶えず何物にか奪はれたやうな形になってゐた。成熟した人ですらさうである。まして私のわかい張り詰めた心をや。

私は遠い戦場を思った。故郷にわかれ、親にわかれ、妻子にわかれて、海を越えて、遠く外国に赴く人達のことを思はずには居られなかった。また、さびしいひろい野に死屍になって横たはってゐる同胞を思はずには居られなかった。私は戦争を思ひ、平和を思ひ、砲烟の白く炸裂する野山を思った。自分も行って見たいと思った。牙山の戦、京城仁川の占領、つづいて平壌のあの大きな戦争が戦はれた。月の明るい夜に、十五夜の美い夜に……。青山の原はすべて柵で囲はれて内部は少しもわからなかった。しかし喧燥と混雑とは、軍隊の出発して行くさまを私に想像させるに十分だ。人の歩く音、馬のはねる響、汽車の機関車からは、黒い白い烟が絶えずあがって、昼のやうに明るい瓦斯燈の青白い光を掠めては消え、掠めては消えた。

軍歌の声が遠くできこえる……。

それは悲壮な声だ、人の腸を断たずには置かないやうな、又は悲しく死に面して進んで行く人の為に挽歌をうたってゐるやうな声だ。

烟は絶えず瓦斯の光を掠めた。

やがて汽車の動く音がする。ゴオといふ音、ゴトンゴトンと動く音、続いて「万歳!」といふ声が夜陰を破ってきこえた。〔場の北西に臨時軍用鉄道を敷設した〕

私は淋しい悲しい思ひに包まれて家に帰って来た。

これに限らず、すべて、都会も田舎もすべて興奮と感激と壮烈とで満されてゐた。万歳の声は其処此処できこえた。このように東京では大規模な外征の不安が、悲壮感や興奮と混じり合って、落ち着かない雰囲気を醸し出していた。

翌二八年、戦争終結で兵卒が帰還しはじめると、今度は鉄道沿線、停車駅、終着駅はコレラの脅威でおびえるようになった。明治二八年四月一〇日、内務大臣訓令が発せられ、日本軍が駐屯している遼東半島の金州、台湾の澎湖島でコレラが発生したため、国内の患者発生をくいとめる方策として、帰還兵が帰郷で通過する港、鉄道、停車場での検疫を強化するように指示が出された。

さらに翌日、またもや内務大臣訓令が発せられ、「伝染病ノ戦争ニ随伴スルハ歴史ニ徴スルモ明瞭ナリ。（中略）今ヤ占領地其他ニ於テ虎列刺《コレラ》病ヲ発生シ、漸《しばら》ク蔓延セントスルノ景況アリ、若シ他日征清軍凱旋ニ際シ、之レガ為メ病毒ヲ媒介散布シ（中略）此際予防ノ施行最モ厳重ナラザルベカラズ」と厳重警戒を促した。戦争の年には伝染病が蔓延すると警戒したが、その甲斐なくコレラ患者は徐々に増えていった。

日本へ帰着した兵卒は広島県の宇品《うじな》港に上陸し、汽車に乗って横浜停車場まで来ると汽車検疫が行われた。警察官と検疫医が汽車に乗り込み、下車駅に着くまでの間に健康状態を確認して回った。厳重検疫体制を経て、兵卒は新橋停車場、または青山軍用停車場で下車したのである。(45)

第五章　軍用地と渋谷

1　軍事都市東京

軍備拡張

明治二〇年代に在京軍事施設の西部移転が進み、大山道沿いに軍事施設が増加していった。この経過は、近代日本における軍備拡張、軍隊増強と連動している。日清戦争後の軍備増強の過程を陸軍に即して概観しておこう。[1]明治二九年（一八九六）、六個師団等が新設されて師団体制すなわち陸軍管区表の骨格が固まった。明治三一年までに、平時における陸軍の一三個師団の編制（近衛師団、一二師団）がほぼ完成した。

日露戦争後、明治四〇年（一九〇七）に「帝国国防方針」が発表され、大陸における権益を主張し、陸軍参謀本部による基本案の策定が既成事実化していった。大正元年（一九一二）、山県有朋は後任の陸軍大臣の推薦を拒否して、第二次西園寺内閣は総辞職、軍の発言力が強まった。大正七年、第一次世界大戦中に参謀本部はシベリア出兵を強行した。

陸軍は全国主要都市に二一個の師団を配置するまでに拡大し、大正一二年の兵員数は二四万一一一人[2]、一個師

現　住　所	江戸末期の土地用途
千代田区永田町	近江彦根藩上屋敷
同	同
千代田区北の丸	江　戸　城
千代田区北の丸	江　戸　城
同	同
同	同
同	同
港区六本木	安芸広島藩中屋敷
同	同
渋谷区神宮前	
新宿区戸山	尾張名古屋藩泡屋敷
世田谷区池尻	
同	
同	
北区赤羽台	
中野区中野	
立川市	
目黒区大橋	
立川市	
港区六本木	美濃郡上藩下屋敷
同	同
文京区本郷	
港区六本木	美濃郡上藩下屋敷
港区赤坂	長門萩藩下屋敷
港区六本木	美濃郡上藩下屋敷
同	伊予宇和島藩上屋敷
世田谷区池尻	
同	
北区赤羽台	
目黒区大橋	
世田谷区桜	
千代田区隼町	播磨明石藩上屋敷・三河田原藩上屋敷
世田谷区太子堂	
豊島区巣鴨	
渋谷区宇田川町	
千代田区大手町	
同	
同	

表10　在京軍事施設(1923年)

	施設名			設置年	所在地
中央	陸軍省				麹町区永田町1丁目
	参謀本部				同
	教育総監部				麹町区代官町
近衛師団	近衛師団司令部				麹町区代官町
		近衛歩兵第一旅団司令部		1874	同
			近衛歩兵第一連隊	1874	同
			近衛歩兵第二連隊	1874	同
		近衛歩兵第二旅団司令部			赤坂区一ツ木町
			近衛歩兵第三連隊	1891	同
			近衛歩兵第四連隊	1891	赤坂区青山北町
		騎兵第一旅団	近衛騎兵連隊	1913	牛込区戸塚町
		野戦重砲兵第四旅団司令部			荏原郡駒沢村
			近衛野砲兵連隊	1898	同
			野戦重砲兵第八連隊	1899	同
			近衛工兵大隊	1887	北豊島郡岩淵町
			電信第一連隊	1907	豊多摩郡中野町
			飛行第五大隊		北多摩郡立川町
			近衛輜重兵大隊	1892	荏原郡目黒町
			立川衛戍病院		北多摩郡立川町
第一師団	第一師団司令部				赤坂区青山南町
		麻布連隊区司令部			同
		本郷連隊区司令部			本郷区真砂町
		歩兵第一旅団司令部			赤坂区青山南町
			歩兵第一連隊	1873	赤坂区檜町
		歩兵第二旅団司令部			赤坂区青山南町
			歩兵第三連隊	1884	麻布区新竜土町
		騎兵第二旅団	騎兵第一連隊	1891	荏原郡世田谷村
		野戦重砲兵第三旅団	野砲兵第一連隊	1898	荏原郡駒沢村
		工兵第一大隊			北豊島郡岩淵町
		輜重兵第一大隊			荏原郡目黒村
		自動車隊			荏原郡世田谷村
		東京第一衛戍病院			麹町区隼町
		東京第二衛戍病院		1900	荏原郡世田谷村
		東京廃兵院			北豊島郡巣鴨町
		東京衛戍監獄			豊多摩郡渋谷町
憲兵	憲兵司令部				麹町区大手町1丁目
		憲兵練習所		1899	同
		東京憲兵隊			同

港区北青山1丁目	丹後篠山藩中屋敷
新宿区若松町	
千代田区富士見町	
世田谷区代沢	
文京区後楽	常陸水戸藩上屋敷
同	同
新宿区若松町	
新宿区戸山	尾張名古屋藩泡屋敷
同	同
新宿区市谷本村町	尾張徳川藩上屋敷
同	同
同	同
同	同
文京区後楽	常陸水戸藩上屋敷
同	同
北区十条台	
千代田区隼町	播磨明石藩上屋敷・三河田原藩上屋敷
文京区大塚	
品川区上大崎	
荒川区南千住	
江東区越中島	入会地
北区赤羽台	
渋谷区代々木神園町	
新宿区大久保	尾張名古屋藩泡屋敷
世田谷区池尻	

団の編制は平時は約一万人である。一個師団は基本的に二個の歩兵旅団（二個歩兵旅団＝二個歩兵連隊）、騎兵・砲兵の連隊、工兵・輜重《しちょう》兵の大隊という構成であった。

軍用空間の枢軸

全国の陸軍の布置のなかで、東京府は特異な位置を占める。表10に示したように、東京には二個師団が配置されていたほか、陸軍全体を統括する中央機関（参謀本部）、諸教育機関（陸軍大学校など）があった。砲兵工廠、火薬庫など軍施設も多数あり、兵員・憲兵のほか軍施設の労働者の数もふくめると、軍需で働く人員数は多く、軍需は近代東京の主要産業の一つであった。

教育機関	参謀本部	陸軍大学校		1891	赤坂区青山北町１丁目
	陸軍省	陸軍経理学校		1900	牛込区若松町
		陸軍軍医学校		1888	麹町区富士見町
		陸軍獣医学校		1909	荏原郡世田谷村
		陸軍工科学校		1885	小石川区小石川町
			生徒隊		同
	教育総監部	陸軍砲工学校		1898	牛込区若松町
		陸軍戸山学校		1874	牛込区下戸塚町
			学生隊		同
		陸軍士官学校		1874	牛込区市谷本村町
			本科生徒隊		同
			予科生徒隊		同
		東京陸軍幼年学校		1872	同
工廠	陸軍省	陸軍造兵廠		1923	小石川区小石川町
			東京工廠	1905	同
			火工廠		北豊島郡王子町
		陸軍兵器本廠		1897	麹町区隼町
			東京陸軍兵器支廠		小石川区大塚町
		医務局工	陸軍衛生材料廠	1896	荏原郡大崎町大字上大崎
		千住製絨所		1879	北豊島郡南千住
		陸軍糧秣本廠		1897	深川区越中島
		陸軍被服本廠		1891	北豊島郡岩淵町
演習場	代々木練兵場			1909	豊多摩郡代々幡町
	大久保射撃場				豊多摩郡大久保町
	駒沢練兵場			1897	荏原郡世田谷村池尻

出典：[吉田 2009，80-81頁][上山編 2002，371-376頁][佐藤 2006，124-125頁]

在京の二個師団とは、近衛師団と第一師団である。近衛師団は、皇室警護を主務とし、四歩兵連隊、一騎兵連隊、一砲兵連隊、鉄道連隊、電信連隊、飛行大隊で構成されていた。第一師団は、東京・千葉・埼玉・神奈川・山梨を師管し、二歩兵連隊、一騎兵連隊、一砲兵連隊の構成である。多数の兵員は、兵科ごとに設置された兵営に駐屯した。また、治安維持を任務とする憲兵隊の屯所は東京府内に四八カ所あった。図28に示したように、軍事施設は皇居周辺(麹町区)、大山道沿道(赤坂区・麻布区・豊多摩郡、荏原郡)、北豊島郡岩淵町(現・北区赤羽)周辺に多く配置されていた。

このように東京には陸軍関連機関

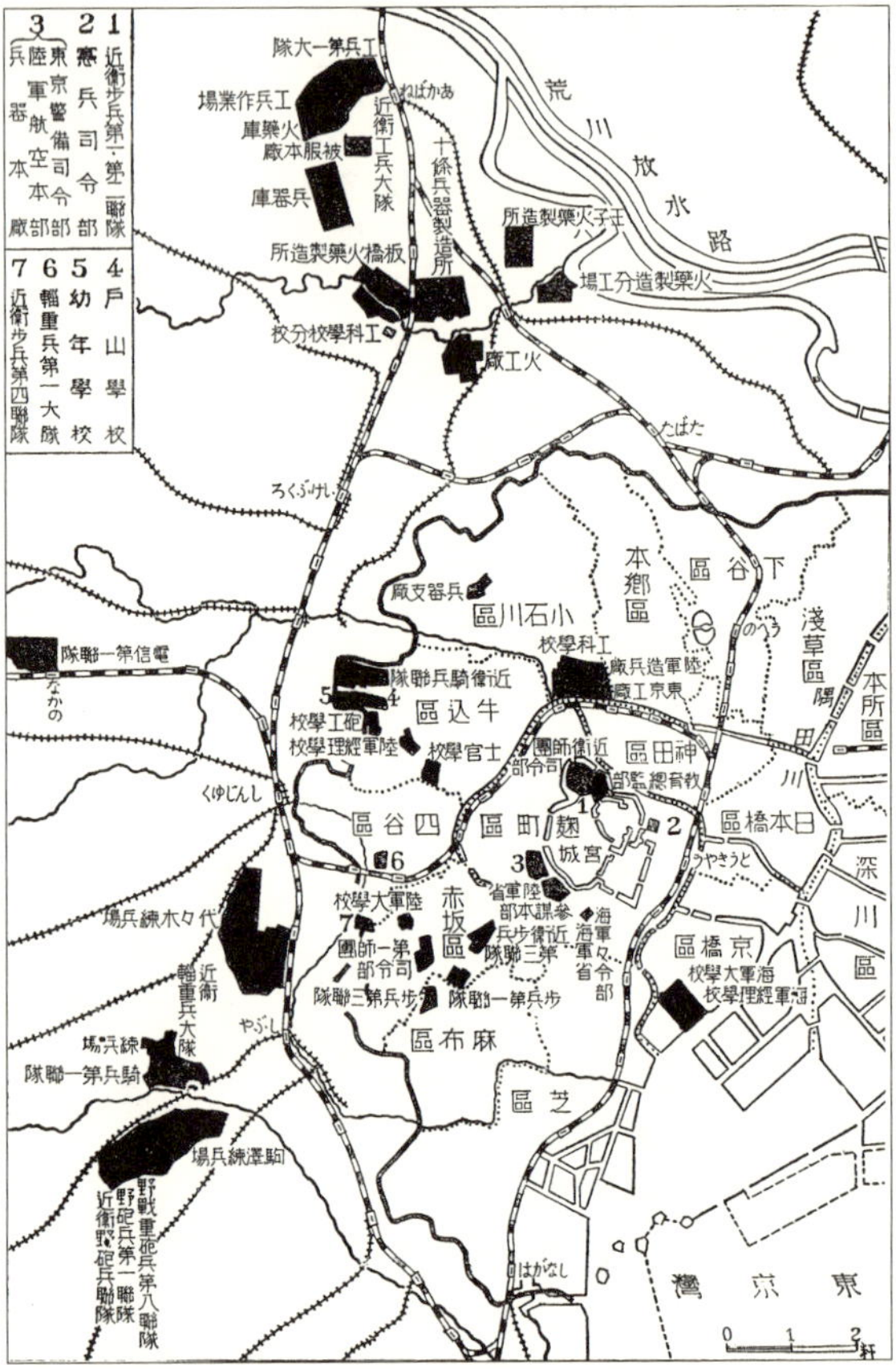

図28　在京軍事施設の分布（昭和5年）

出典：[山本編 1929] に，武田加筆・修正．

が多数あったため、横の連係を強化すべく、明治三七年（一九〇四）に東京衛戍《えいじゅ》総督部が設置された。東京衛戍服務規則が制定され、在京部隊を一元的に指揮する権限を有していた。

東京西南部への展開

大山道の出発点である赤坂区には第一師団の歩兵連隊が駐屯していた。明治三〇年（一八九七）に大山道の世田谷村池尻に駒沢練兵場が設置された。従前からここに騎兵隊や騎馬実施学校があり、さらに周辺（世田谷村、駒沢村、上目黒村）に両師団の砲兵隊の兵営が建設され、世田谷は在京陸軍の一大拠点になった（表11）。大山道は兵

表11 大山道の軍事施設

施設名		設置年	所在地（荏原郡内）	現住所（世田谷区内）
陸軍省	駒沢練兵場	明治30(1897)	世田谷村	池尻
第一師団	騎兵第二旅団騎兵第一連隊	明治24(1891)	世田谷村	池尻
	野戦重砲兵第三旅団野砲兵第一連隊	明治31(1898)	駒沢村	同
	自動車隊		世田谷村	桜
近衛師団	野戦重砲兵第四旅団司令部近衛野砲兵連隊	明治31(1898)	駒沢村	池尻
	同 野戦重砲兵第八連隊	明治32(1899)	同	同
	東京第二衛戍病院	明治33(1900)	世田谷村	太子堂
陸軍省	陸軍獣医学校	明治42(1909)	世田谷村	代沢

出典：[武田 2012, 50-51頁]

卒、軍馬、大砲搭載車輌（荷車）が頻繁に行き来する道になった。

道玄坂は明治三三年に拡幅工事が実施され、四間（約七・二メートル）幅[3]から九間幅（一六・二メートル）に広がっていた。勾配もゆるやかになって、搬入される近郊の物産が増えた[4]。それに比べると、宮益坂の改修は進まず、道幅は狭く、勾配は急だった。行き来が楽な道玄坂のほうに店や人が集まるようになり、兵卒が飲食する料理屋などができた。地方から入営した兵卒は休日があっても帰郷する余裕はない。道玄坂周辺に「日曜下宿」と称して一日だけ部屋を貸す家ができて、そこで暇をつぶす兵卒もいた[5]。

2 代々木村の強制移転

渋谷憲兵分遣所の新設

道玄坂を通行する兵員が増えて、軍人と一般人の間に揉めごとが増えた[6]。

> 豊多摩郡中渋谷村一五四番地薪炭商平松寅次郎の雇人伊藤源蔵（一八）は一昨日午後五時ごろ、荷車を曳きて道玄坂を下るとき、荏原郡目黒村陸軍（騎兵）実施学校の馬丁北原円蔵（二五）が乗馬して馳せ来たるに衝突

せし機会に、源蔵が倒れると、其上に馬が倒れ、また円蔵も落馬して、人間は二人とも頭部面部に傷を受ける、馬は前足の関節を脱臼したる騒ぎに、新宿署より係官が出張し、応急手当の上、源蔵は赤十字病院へ入院させ、治療中なるが、中々重傷なり。又、円蔵と馬は実施学校に引き渡さる。

農民は野菜満載の荷車を曳いて市中心部に向かい、帰りは肥料用の金肥を集めて村へ帰った。[7] 往復とも重い荷を曳いた道中である。急坂で突進して来る軍馬をとっさに避けるのは難しかったのだろう。

事故が頻発する状況を放置するわけにはゆかず、明治三九年（一九〇六）一一月、道玄坂入口に憲兵分遣所を新設する計画が立案された。

府下豊多摩郡中渋谷村ハ、近衛砲兵旅団、及騎兵実施学校、並ニ騎兵第一聯隊、近衛輜重兵大隊等、其付近ニアリ、常々、軍人ノ徘徊往来、頻繁ニシテ、従ツテ、逐日、事故増加ノ景況アリ。[8]（後略）

これまで赤坂の憲兵分遣所から巡回に来ていたが、道玄坂付近での事故が増えて、取締に手が回らないようになった。巡回を強化するため道玄坂に分遣所を新設したいという趣旨である。明治四一年三月から坂下の分遣所に憲兵が常駐するようになった。

青山練兵場の移転

在京兵員数が増加し、日露戦争後、青山練兵場は手狭になっていた。そこへ持ち上がったのが博覧会の計画である。明治三九年（一九〇六）三月、開催案が帝国議会に提出された。明治四五年に開催することが決定し、博覧会開設臨時調査会が設置された。七月に「日本大博覧会」という名称が決定し、一〇〇〇万円規模の予算が投入されることになった（表12）。

表12　東京市西南部の変化

年	月	日	事　　項
明治39(1906)	3	3	第22議会に，万国博覧会開設の建議案提出.
	3	13	可決．博覧会開設臨時調査会が設置される.（政府主催で日本大博覧会が開催されることが決定）
	7	23	日本大博覧会の名称決定．明治45年に東京で開催．予算1000万円.
明治40(1907)	9	27	青山練兵場の移転決定：陸軍省，農商務省の両大臣の協議．日本大博覧会費用から，陸軍省に土地代金250万円を支払い（青山練兵場15万4462坪余のうち，陸軍大学校馬場1万2174坪は移転対象から除外）.
明治41(1908)	6		日本大博の諸規則類の発布．開催地は青山，面積は35万坪.
	8		日本大博の開催は「明治50年まで延期」と決定.
明治44(1911)	11		西園寺内閣，日本大博を「不急の事業」として中止.
大正元(1912)	7	30	明治天皇崩御,大正天皇即位.
大正２(1913)	8	15	神社創設が閣議決定，内務大臣公示.
	12	20	神社奉祀調査会官制公布.
大正３(1914)	4	2	内苑造営地が代々木御料地に内定.
	4	11	昭憲皇太后崩御.
	4	29	第5回神社奉祀調査会：昭憲皇太后の合祀提案．渋沢,外苑創建に言及.
	6	10	神社奉祀調査会は表参道，裏参道の建造を東京府知事に依頼．府知事は東京市長と合議開始.
	7	6	第7回神社奉祀調査会：旧青山練兵場に外苑造営決定．経費分担についての原案提示.
大正４(1915)	5	1	明治神宮社殿創立を内務省告示（内苑造営の告示）．内務省明治神宮造営局の設置.
	5		外苑造営の献金募集のため,「明治神宮奉賛会趣意書」「明治神宮外苑計画考案」作成.
	10		内苑：地鎮祭.
	12		外苑造営の「明治神宮奉賛会第1回献金報告」73万3538円49銭.
大正５(1916)			東京市，表参道の築造計画を市区改正委員会に提出.
大正７(1918)	6		外苑：地鎮祭.
大正９(1920)	5		表参道造営開始.
	9		表参道完成.
			内苑完成.
	11	1	内苑：鎮座祭.
			鎮座祭で，表参道の中央道路陥没→「瓦斯・砂利」疑獄事件に発展.
	11	26	臨時市参事会招集，田尻稲次郎東京市長，東京市道路不正事件の責任をとって辞職.
	12	16	後藤新平，東京市長に就任.

出典：外務省外交史料館所蔵資料：I-2-2「本邦神社関係雑件，明治神宮関係，明治神宮奉建予算等ニ関スル件 大正4年2月」神社奉祀調査会「神社奉祀調査会経過要領ノ一」,［明治神宮造営局編 1923］より，武田作成.

図29　代々木八幡社の奉納燈籠「訣別の碑文」（武田撮影）

調査会は博覧会に適した会場を探し、青山練兵場を転用して使う案を立て、農商務省を通して陸軍省に打診してきた。両省の間で転用をめぐる条件や売却代金の交渉が進められ、最終的に青山練兵場の転用が決まった（陸軍大学校の馬場一万二二七四坪は除く）。それと引き換えに、陸軍省は代々木に練兵場を新設することが認められた[9]。

陸軍省ハ現下ノ兵員ニ対シ、曽テ青山練兵場ノ狭隘ヲ感ジ、観兵式ハ勿論、其他教育上甚ダ差支有之ニ付、其地積ハ凡ソ之ヲ二倍ニスルノ必要アルヲ認メ、右練兵場ヲ新設セントスルノ腹案ナリ。（後略）

青山練兵場の狭隘問題を解決したかった陸軍省にとって格好の提案だった。二五〇万円で売り渡すことが決まり、その代金は博覧会予算で支払うことになった。予算不足の場合は、内閣が議会に補正予算を提案する段取りも確認された。陸軍省、農商務省、内閣の三位一体で、博覧会、新練兵場の実現へむけて大きく舵がきられていった。

代々木村の「訣別の碑」

陸軍省は新練兵場の面積について、青山練兵場の二倍を要望し、代々木村、上渋谷村、穏田村の一部も用地にとりこむ計画を立てた。

明治四〇年（一九〇八）一一月八日、陸軍省は内務大臣に土地収用法の発動を願い出た[10]。三日後の一一月一一日、土地収用法による強制移転が決定した。

民有地の収用は対象者の生活を大きく変えた。図29は、先祖代々の土地を失うことになった人々が、強制移転によって村落共同体の崩壊に直面した無念を刻んだ灯籠である。いまも代々木八幡神社の境内に現存している。明治四二年に建立した燈籠の竿石に理不尽な運命に翻弄された人々の思いが次のように書き遺されている。

大字代々木深町ハ明治四十年十一月十一日、陸軍練兵場ニセラレタリ、常ニ一家ノ如クナル温情深キ住民ハ区々ニ移転スルノ際、各々其ノ別ルルヲ惜ミ、又、字ノ消サラン事ヲ想ヒ、茲ニ燈ヲ納メテ、之ヲ紀念トス

この地に生きてきたあかしとして、一七家族は氏神の村社にこのような痕跡を遺した。

それから百年を経た平成一九年（二〇〇七）、六家族がふたたび集まり、共同で「訣別の碑」を修復した。子孫たちは銘文に「強制移転より百年」と記した。無念の思いが脈々と受け継がれてきたことが行間に満ちている。

練兵場開設による土地買い上げの影響で、代々木周辺の地価は上昇した。土地売却をあてこんで、農民の土地改良や農業生産意欲は低下した。次世代は手間がかかる農作物ではなく、植木業や搾乳業（飼料栽培）など扱いやすい品目に移行した[11]。練兵場新設によって、地付農民層の分解が進行したのである。

日本大博覧会を理由に、青山練兵場用地を買い上げ、代々木練兵場の新設へ誘導したにもかかわらず、財政難を理由に、明治四一年、日本大博覧会は「明治五〇年」まで延期された[12]。さらに明治四四年、政府は「不急の事業」として開催中止を決定した。このときすでに代々木練兵場は開設されていた。

3　天皇の行幸路

大山道の踏切

代々木練兵場が使用されるようになると、赤坂区、麻布区に駐屯していた第一師団の兵隊は大山道を南下して、渋谷川にかかる宮益橋を渡り、代々木練兵場に行く経路をとるようになった。大山道はますます混雑した。これに拍車をかけたのが鉄道の踏切である。

渋谷を通る鉄道は、明治一八年（一八八五）に日本鉄道会社の品川線（のち山手線に路線名変更）が開通し、渋谷川沿いに線路や渋谷停車場があった。大山道を南下してくると、宮益橋を渡り、次に山手線の踏切を渡る。山手線の汽車が通過する時は踏切がおりて、混雑が一層ひどくなった。

明治四一年に陸軍省が調べたところ、ある日の午前五時から午後一二時までの間に、踏切で遮断された回数は七〇回をこえた。そのたびに路上には人馬や車があふれ、宮益橋まで混み合った。

陸軍省は内務省宛の文書に、代々木練兵場で観兵式が行われる際に、大山道は天皇の行幸路となるので、交通基盤を改善するように要望した。

> 本街道上ハ渋谷練兵場使用以来、軍隊ノ往来、著シク増加セルノミナラズ、今後観兵式挙行ノ際ハ、行幸路トナルヲ以テ、交通上ノ設備モ亦《また》、之ニ応ゼザルベカラズ。(13)

当時、大山道の拡幅工事は青山七丁目と宮益橋の間が未着工だった。大山道の起点から宮益橋までの区間は、市区改正計画の第二等道路に指定されており、市区改正委員会が工事計画の立案、予算案作成を所管していた。

しかし、予算不足で着工のめどがたたず、宮益坂一帯は勾配が急なまま古い家並みが残っていた。
明治三九年、陸軍省は市区改正委員会を所管する内務省に、軍隊の通行に支障があるため、大山道の拡幅工事を要望し、督促した(14)。

天皇行幸と道路

陸軍省のねらいは踏切に跨線橋をかけることである。渋谷川には宮益橋が架かっており、川に橋が必要であることは当たり前である。しかし、跨線橋については、不要という反対が出るであろう。跨線橋を必要としているのは、軍隊の速やかな移動を望む陸軍省である。市区改正委員会は予算不足と、跨線橋建設について鉄道院の了承が必要であるという理由で消極的であることが予想される。

これを説き伏せるには強力かつ正当な理由が必要である。陸軍省は「天皇行幸《ぎょうこう》」を持ち出してきた(15)。陸軍省は説得のため博覧会開催ということでやむを得ず青山練兵場を手放し、代々木練兵場への移転を余儀なくされ、跨線橋が必要になったという論理で次のように迫った。

本街道上ヲ往復スル軍隊、著シク増加シ、(中略)宮益橋西方踏切ノ閉鎖回数頗《すこぶ》ル多ク、山手線ニ電車ヲ併用セラルルニ至ラバ、踏ミ切ノ侭《まま》ニテハ到底完全ナル交通ヲ期スルコト能ハザルニ至ルナリ。殊ニ、観兵式挙行ノ際ハ、本街道上ヲ行幸セラルベキヲ以テ、踏切ヲ跨線道路橋ニ改築シ、軍事交通上ノミナラズ、公衆交通上至便ナラシムル様致《いたし》度《たく》、(後略)

観兵式へ赴く天皇・皇族に、踏切による頻繁な遮断は失礼になる、内務省の主導で市区改正委員会、東京府、鉄道院と協議を進め、跨線橋案を具体化してほしいと強く要望した。

軍用道路の布石

陸軍省が都市計画に圧力をかけたのはこれにとどまらない。「行幸」を持ち出して、東京西部の主要道路が軍用に機能するように関係官庁に要請していった。軍と行幸の関係について先行研究は次のように述べている。

原武史は、明治後半から大正期にかけて、天皇・皇族による軍事的な行幸の制度が確立されたことを指摘する。天皇・皇族が陸海軍の演習を統監し、観兵式へ列席することが慣例化した。天皇は演習地で馬上にまたがり、陸海軍を統帥する大元帥として行動した(16)。

藤原彰も、日本の軍隊は天皇の軍隊であることを強調した点に特徴があると指摘する。天皇親率の軍隊であることを示すために、大小諸行事への臨席が平均月一回におよぶ時期もあった(17)。とくに近衛師団の諸行事への臨席が最も頻繁で、近衛師団では天皇近侍の軍務に特別給が加算されることもあった(18)。これは他師団にはない特徴であるという。

頻繁な行幸を都市基盤整備の視点からみると次のように言える。東京西南部に軍用地が展開することによって、起伏の多い山の手の台地を軍隊・車輌がスムーズに移動することが課題になった。急坂や川、線路など交通上の障害を除くため工事する必要があった。予算不足を突破するため、陸軍省は「行幸」を理由に、関係官庁に工事を進める圧力をかけていたといえよう。

4　渋谷の人口急増

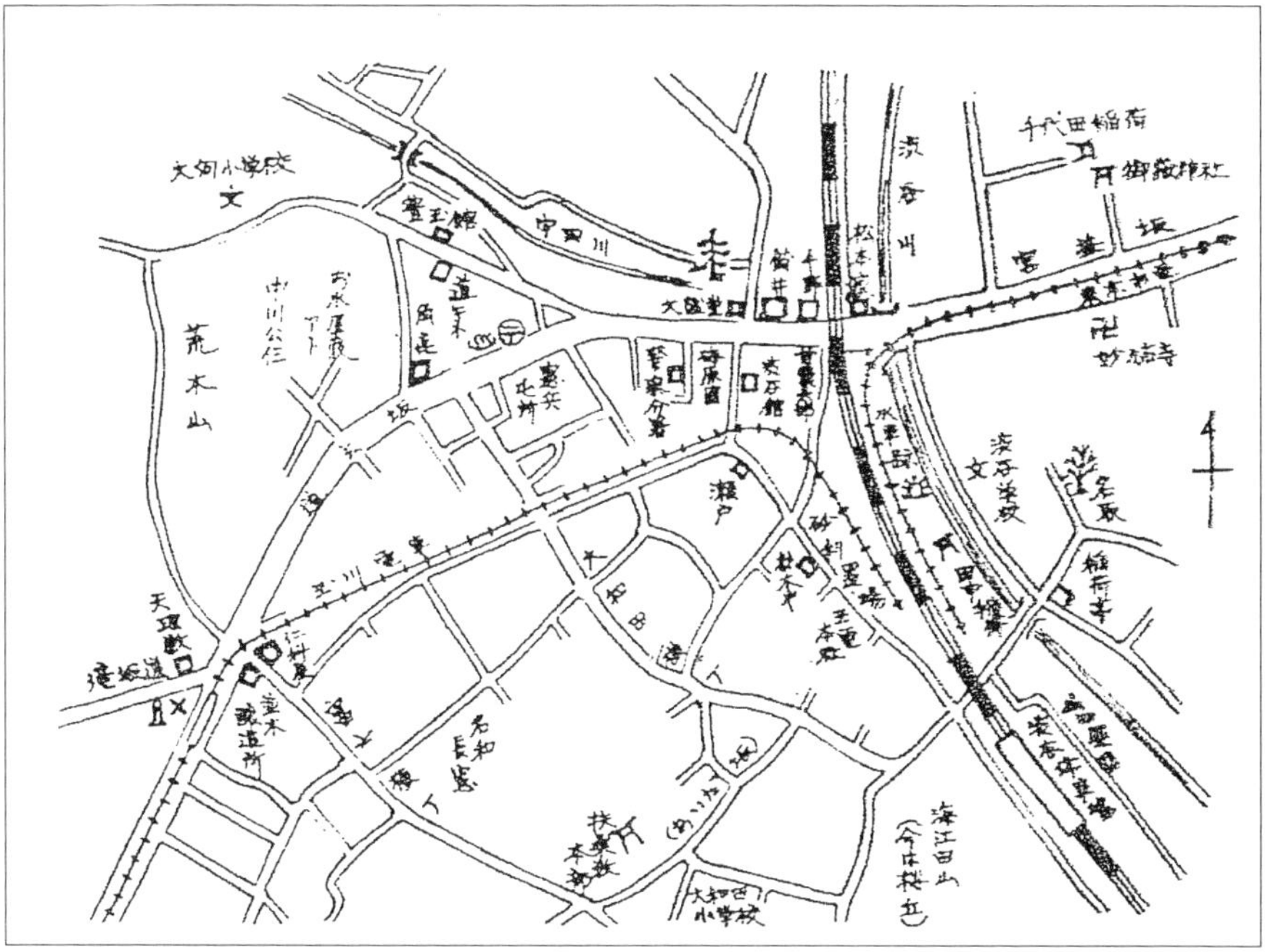

図30 渋谷停車場周辺（大正初期）
出典：［加藤 1967：339］

鉄道の結節点

東京市電の軌道が市中心部から宮益橋まで延び、渋谷川の川べりに停車場が完成した（図30）。同時期、玉川電気鉄道の軌道が東京西郊の多摩川から市中心部に向かって延びた。明治四〇年（一九〇七）に、道玄坂上に停車場が設けられた。

玉川電気鉄道はもとは玉川砂利電気鉄道という名前で、東京市中の建設工事に使う砂利を多摩川から運ぶことを目的に開業した会社である。道玄坂上から渋谷川までは、混み合う道玄坂を避けて、坂の裏手に専用軌道を通し、渋谷川べりに砂利置場を設けた。

砂利輸送が中心業務であったが、旅客輸送も行い、道玄坂上の停車場を始点に郊外へ電車を走らせた。道玄坂から三軒茶屋へは七〇人乗りの電車が一〇分間隔

表13　渋谷村・渋谷町人口・世帯数の推移(明治38(1905)-42(1909)年)

年	世帯数	人口
明治38(1905)	3,430	15,004
明治39(1906)	4,797	24,485
明治40(1907)	6,204	28,228
明治41(1908)	7,568	28,822
明治42(1909)	8,954	35,192

※明治42年1月，町制移行.
出典：「吉田家資料」(渋谷区所蔵資料)より武田作成.

で発車し、便利なので乗降客が増えていった。三軒茶屋には軍の兵営があったので、休日に都心へ出る兵卒や面会に上京した家族も玉川電気鉄道を利用した。

このように渋谷川の両岸まで、東側から東京市電の軌道、西側から玉電の軌道が完成し、市中心部と郊外が鉄道で接続するようになり、輸送力が増えた。このほか渋谷を南北に貫く線路として「山手線」が通っていた。

明治末期に渋谷は南北と東西の鉄道が交差する交通の結節点になった。乗降客は山手線、玉川電気鉄道、東京市電の三つの停車場を行き来した。客足の増加で道玄坂に店舗が増え、商業の中心が宮益坂から道玄坂のほうへ移っていった。

交通基盤が充実し、渋谷周辺の居住人口は増加した。人口動態を統計で確認できるのは、日露戦争後である。渋谷村の人口・世帯数が急増したのは明治三九年（一九〇六）で（表13）、明治四二年に渋谷村は町制に移行して、渋谷町になった。明治四二年、渋谷町の本籍戸数三一八六、寄留戸数五七六八で、寄留者すなわち流入者が相当数いた（表14）。世帯と人口の割合から推すと、単身の流入者が多かったようである。

就学児童数も急増し、四二年度に既存の三つの小学校の収容人員を超える事態になった。明治四三年度の予算で、小学校を新築する計画になっていたが間に合わないので、明治四二年度の補正予算で仮校舎を増築し、応急措置をすることになった(19)。

地付層の没落

日露戦争後、このように新規流入層が増大した渋谷町であるが、地域社会は地付層中心の部落会が以前からやっていたように、道路や下水の修繕、公衆衛生、祭礼の運営にあたっていた[20]。渋谷村当時、二二の部落会があったが、発展的に再編成され、大正五年（一九一六）に渋谷町内は一四区となり、各区会が地域社会の管理を担うようになった[21]。

人口増加は地域政治にも影響を及ぼした。明治三七年（一九〇四）に渋谷村の村会議員定数は一挙に八名増えて定数二四名になった。このとき地付層で富士講講元の吉田平左衛門も村会議員になった。人口は増えていたものの、この頃はまだ地域社会の構造が大きく変わっていたわけではなく、旧来の地付層が票を集めて地域政治を担っていた。吉田平左衛門は町制移行後の明治四三年二月まで渋谷町会議員を務めた[22]。

幕政期から吉田家は道玄坂に土地・家屋を所有し、維新後も「御水長屋」とよばれて、二〇戸余に貸して家賃収入を得ていた[23]（図31）。しかし、吉田家にも変化の時が訪れた。

表15が示すように、吉田家が所有地を手放していくのは一九二〇年代、すなわち大正期後半〜昭和初期である。一九三〇年代には本宅だけが道玄坂に残っている。土地の売却相手は以前からの借家人の零細自営業主や事業所（株式会社、銀行）である。吉田家は徐々に土地を手放して

表14　渋谷町の人口・世帯数
明治42年（1909）

(1)人　口

			男性	女性
本籍人口	戸主	華族	12	0
		士族	333	28
		平民	2,487	326
	家族	華族	31	37
		士族	1,364	1,546
		平民	2,692	4,742
	小　計		13,598	
寄留人口			21,594	
合　計			35,192	

(2)世帯数

本籍戸数	3,186
寄留戸数	5,768
合　計	8,954

出典：「吉田家資料」（渋谷区所蔵資料）より武田作成.

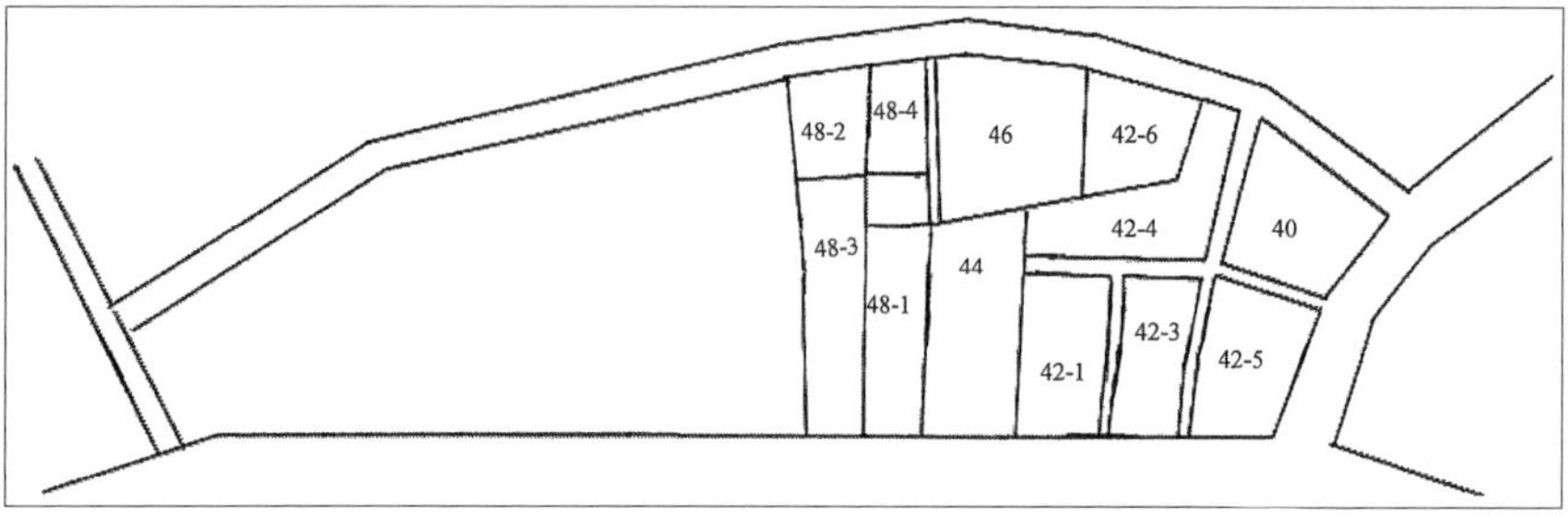

図31　渋谷道玄坂　吉田家所有地

渋谷区土地台帳より，武田作成．地図中の数字は番地を示す．表15も参照．

没落していった。売却した土地は頻繁に所有者が変わり、土地所有の流動性が高まった。

以上のように明治期は旧来からの地付層に大きな変化はみられないが、大正期になると、道玄坂周辺の土地は売買が活発になった。新規流入者が参入しやすい地域社会構造に変わっていったのである。やがて吉田平左衛門家は本宅を売り払って代々木に転出し、道玄坂から消えていった。

新規流入層との調整

渋谷の社会的環境は大きく変わりつつあった。町制移行期、変化の兆候について「公民懇親会」という見出しで次のように報じられている。

渋谷は字・宮益町を初めとして二十二部落に分かれて居るが、各部落部落には矢張、土着の支配者が居って、各自意見が一致せぬため、此際、各部落の融和を計り、今後の方針をも協議する好機会として村会議員や各部落の有志者は近々会合して、公民懇親会を開き、新渋谷町の発展策を講ずる筈である。(24)

公民とは地租または直接国税二円以上を納める満二五歳以上の男性で、選挙権を有する者のことである。有権者のなかには地付層もいるし、新規流入層もいた。

当時の町会・村会の議員選挙は「等級選挙」であった。納税額にしたがっ

表15　吉田平左衛門家　土地所有の変遷(上通3丁目)

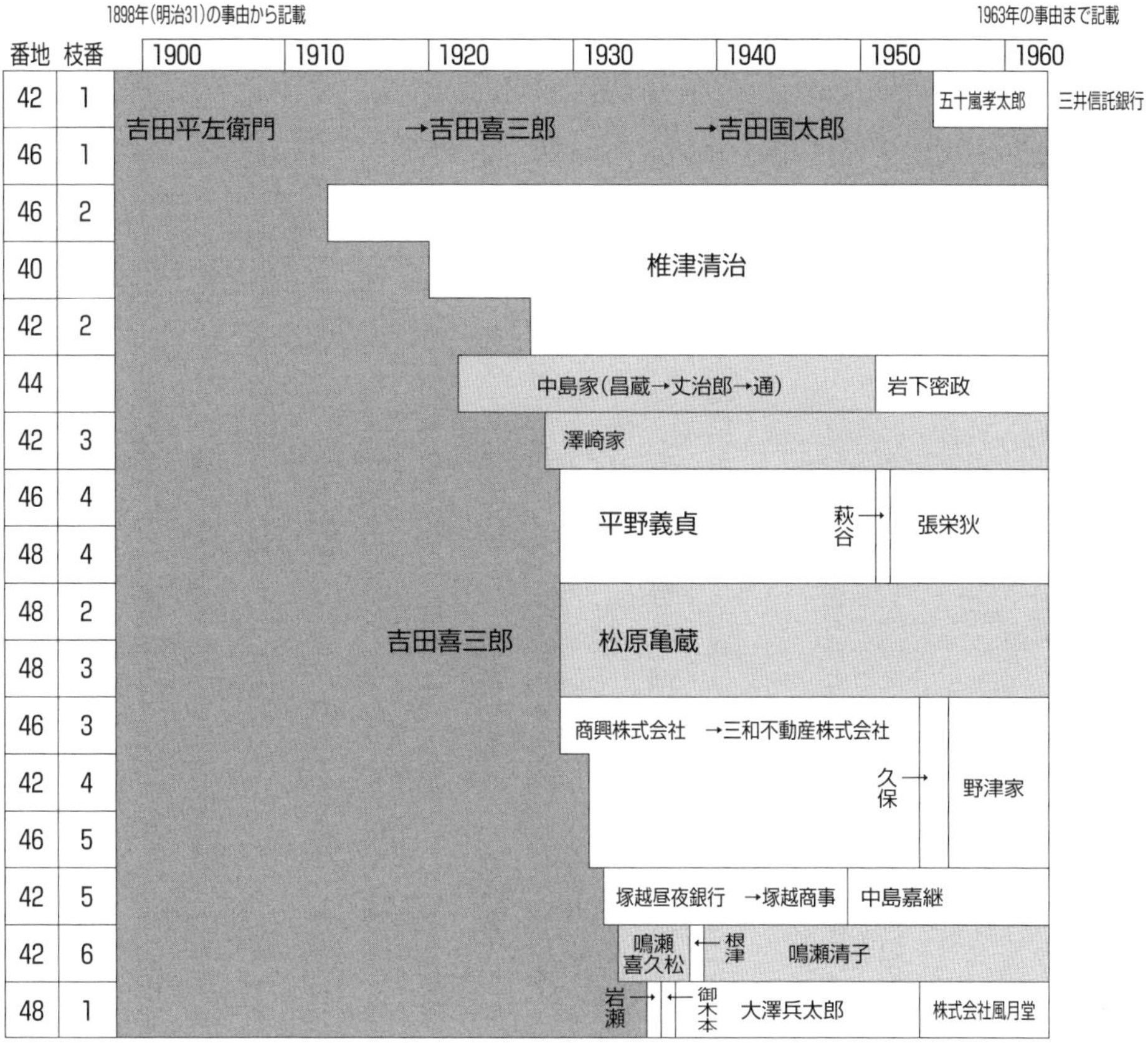

出典：渋谷区土地台帳より武田作成.

て、納税者を順位付けし、「一級選挙人」と「二級選挙人」に分けた。それぞれが議員の半数を選挙する。町村全体の納税額の半分を担う上位納税者が「一級選挙人」で、それ以外の公民が「二級選挙人」である。納税額が大きいほど、少ない人数で議員の半数を決定できる。高額納税者が政治的権力を握る構造である(25)。新規流入の高額納税者が政治力で圧倒する可能性もあった。

それまで地付層が大半を占めていた地域社会では、地付有力者を名誉職村長として選任してきた。しかし、高額納税の新規流入層が増えると、合意形成が難しくなる。渋谷村では実際に村長選任問題でもめた。利害がもつれて、対立が激化すると収拾がつかなくなる。地域社会の亀裂が大きくなる前に、調整をはかる動きが生じた。

これは「公友会」という団体として実現した。高額納税者の有権者有志が加入する任意の組織である。当時、このような団体が東京各地で叢生していた。これを予選団体という。「予選」とは各種選挙の議員候補者をあらかじめ決めておくことである。そのねらいは、事前に調整して地域内の政治的摩擦を激化させないことである(26)。

渋谷町の課題の一つは道路改修であった。幅員の拡張には地主の同意を必要とした。地主の同意を得ることができないと工事が遅れ、地域の発展が遅れる。地域社会が分裂していては事は進まない。そこで地主層を取りこんだ調整団体が必要とされた(27)。

公友会会長には華族が就任し、副会長二名は華族と軍人であった。創立年の会員名簿には五五名（民間人三五名、軍人二〇名）が記載されている。このように町制移行後、大正期に渋谷町の地域社会構造は大きく変わっていった。

第六章 大正の表参道と明治神宮

1 東京西南の地政的シンボル

緊縮の国家財政

大正期に東京西部の空間が大きく変わる契機になったのが明治神宮の造営である。明治神宮には内苑と外苑がある（図32）。内苑は現在の住所表記で渋谷区代々木神園町、外苑は新宿区霞ケ丘町である。内苑と外苑は異なる区に属しており、若干距離が離れている。造営以前は、内苑は代々木御料地（南豊島第七御料地）、外苑は旧青山練兵場であった（内苑・外苑の造営の経過は表12参照）。

青山練兵場は日本大博覧会の会場予定地であったが、大博覧会が中止になったことは既述した通りである。博覧会中止に端的に示されているように、当時の国家財政は厳しかった。日露戦争遂行で生じた巨額債務、明治四〇年代に起きた貿易収支の悪化、世界恐慌、金融不安等、難局が続いて国家財政に余力はなかった。神宮造営には多額の経費を必要とした。いったいどのように費用を捻出したのだろうか。

内苑は代々木練兵場と隣接していた。外苑は青山練兵場の跡地利用である。いずれも陸軍省と関連が深い。東

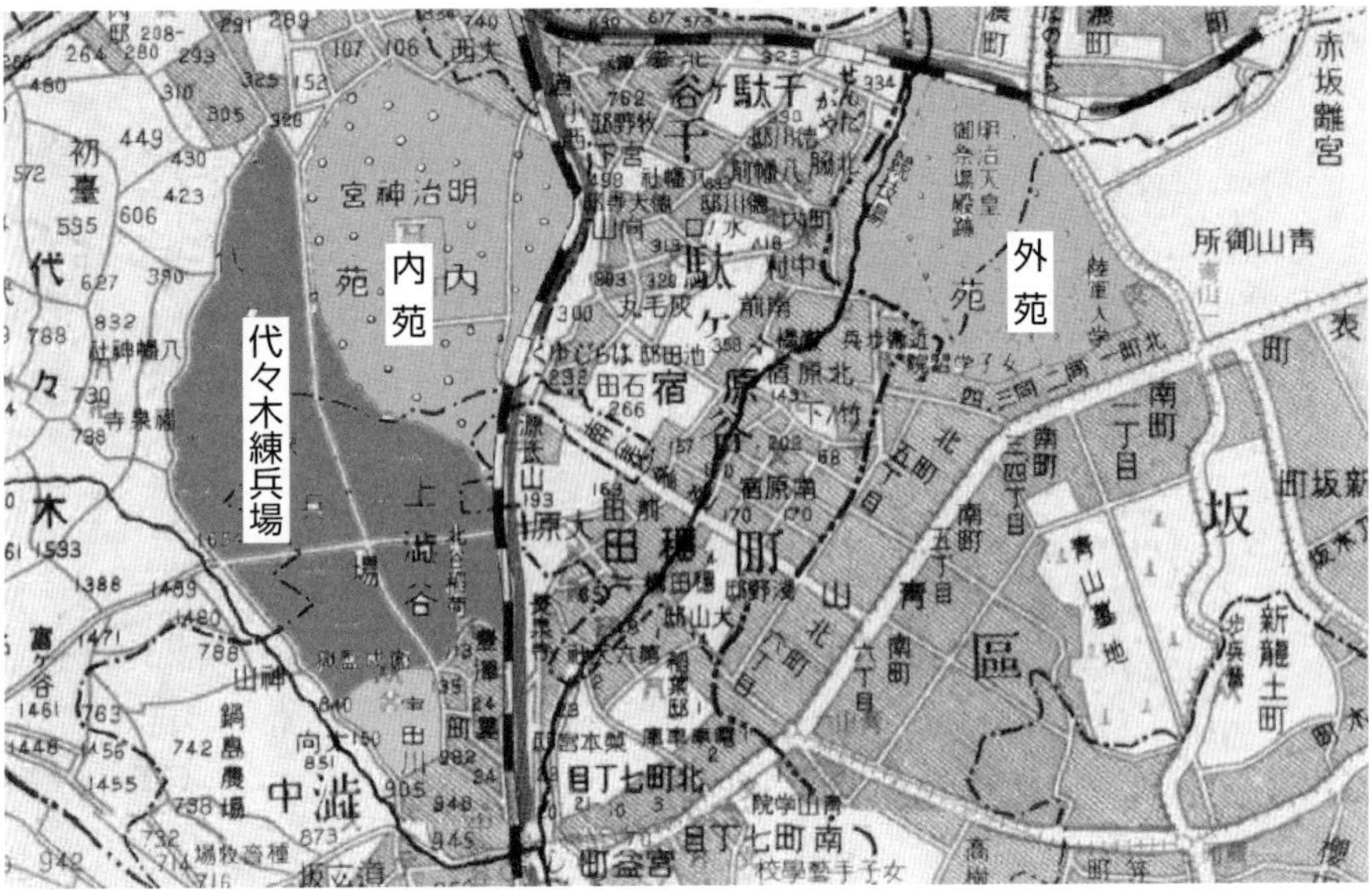

図32　明治神宮内苑・外苑と代々木練兵場
「最新調査番地入交通明細大東京市郊外地圖」（大正14年，雄文館，国際日本文化研究センター所蔵）より

京西南部に軍用地が展開していく動きと、神宮の造営、周辺の整備は密接に関連している。明治神宮は神道におけるシンボリックな存在になっただけではなく、近代都市に軍施設が布置する正統性を感受させる政治的、軍事的な核になった。大正期における明治神宮造営のプロセスは、東京西南部の変化を地政学的に理解する格好のポイントである。

明治天皇の崩御

明治四五年（一九一二）七月三〇日、明治天皇が崩御した。青山練兵場に葬場殿が設けられ、宮城に安置されていた霊柩を大喪当日に青山へ移送することになった。ここで問題になったのが特製の轜車《じしゃ》にのせて霊柩を運ぶのだが、その全重量が七五〇貫（約二・八トン）に達することである。宮城二重橋がその重みに耐えられるかどうか懸念された。宮内省は橋梁の構造に詳しい鉄道院に指示を出し、鉄道院技師らに二重橋の鉄製アーチの腐蝕状態や強度を調査させ、鉄製支柱で補強する工事の準備をした。

また、葬列の通行路に当たっている道路の強度も危惧された。道路管理に当たっている東京市道路課は、事前に一六〇〇貫分の大石を載せた大八車を実験台にして、馬一頭と牛四頭に曳かせて強度を試した。赤坂の溜池付近の地盤が弱く、道路表面は一尺近くものめりこみ、車輌の前進は不可能になった。東京市は道路を補修せざるを得なくなった(1)。このように大正初期、道路基盤は依然として脆弱で、たとえアスファルトで舗装されていたとしても改修の必要があった。

九月一三日、青山練兵場で無事に大喪の儀がとり行われた。その後、霊柩は京都に運ばれ、伏見桃山陵に埋葬された。ここが陵墓になることは生前から定められていたことである。

神宮造営の請願

崩御直後から、神社創建の請願運動が起きた(2)。中心になったのは財界の巨頭、渋沢栄一である。当初は東京に陵墓を設ける請願だったが、すでに京都に定まっていたこともあり、神社創建の請願に切り替わっていった。渋沢、東京市長阪谷芳郎《さかたによしろう》、東京商業会議所会頭中野武営《なかのぶえい》が協議し、八月九日、実業界を中心に一一四名が集まって有志委員会を立ち上げ、八月中に請願内容を「覚書」にまとめた。その趣旨は神宮に内苑、外苑の両方を設け、内苑は国費、外苑は民間の寄付金で造営する提案である。内苑として代々木御料地、外苑として旧青山練兵場が候補にあがっていた(3)。

提案当初から「外苑は青山練兵場」が折り込みずみであったことに注目しておきたい。渋沢は日本大博覧会評議員（明治四一年）でもあった。宙に浮いていた青山練兵場の用地活用が博覧会関係者に大きな課題として残っていたことが推察される。

代々木御料地（南豊島第七御料地）はもと井伊家（彦根藩）下屋敷である。広大な面積に着眼して、各省が入手を望んだことは既述した通りである。明治二三年には宮内省が所管する御料地になっていた。その御料地に内苑が創建されるのは自然な成り行きである。しかし、青山練兵場は代々木御料地と距離があって隣接しているわけではない。「覚書」は外苑を必要とする理由について、大喪の実施場所を清浄に保ち参拝に供するためと、簡単な説明にとどまっている。

外苑がなぜ必要か

旧青山練兵場を活用する陳情は赤坂区の公民団体（赤坂倶楽部）からも提出された。公民とは納税額が一定以上の選挙権を有する者のことで、赤坂倶楽部は華族、実業家、東京市会議員等、地域有力者からなる団体であった。九月に赤坂倶楽部が関係各省に提出した「明治神宮建設に関する意見書」には、外苑提案の理由、旧青山練兵場が適切である理由が縷々説明されている。(4)

その冒頭で「東京青山旧練兵場より代々木御料地に亘る一区域の地こそ、神宮建設地として最も適当なり」と述べ、旧青山練兵場について、明治天皇が観兵式などでたびたび行幸した等々、外苑にふさわしい理由を八つ列挙している。明治天皇にゆかりが深いという漠然とした理由で、説得性があるとはいえないが、旧青山練兵場を何とかしたいという意図は伝わってくる。

このように旧青山練兵場の行方にめどをつけることは関係者の懸念になっており、明治天皇崩御の機会に際して、実業界を中心に外苑として活用する道筋が開かれていった。もともと博覧会の計画では青山練兵場に「学芸館、美術館、工業館、動物館、水族館、園芸館、式場、奏楽堂」等の文化的施設を設け、閉会後は東京市公園に転用することが検討されていた(5)。外苑には実際に絵画館、野球場、相撲場などの文化的施設や体育施設が建造されたので、結果的に博覧会当時の構想が実現されたといえる。

実業界が推進勢力となり、翌大正二年（一九一三）八月に神社創設は閣議決定した（第五章、表12参照）。このとき造営地はまだ未定の状態で一二月に官制公布されて神社奉祀調査会が検討機関として発足した。会長は内務大臣大隈重信で、渋沢も委員の一人である。翌三年四月二日、内苑造営地として代々木御料地が内定した。四月一一日に昭憲《しようけん》皇太后が崩御した。その月末四月二九日に開かれた第五回神社奉祀調査会で、渋沢は外苑建設に言及し、実業界有志にとっては外苑建設こそが念願であることを強く主張した(6)。

昭憲皇太后の葬列のルート

このように神宮造営の計画が進んでいたさなか、昭憲皇太后が崩御した。霊柩は皇太后が起居していた青山御所に安置され、代々木練兵場に葬場殿が設けられることになった。代々木練兵場は代々木御料地と隣接している。本来であれば宮内省が管理している代々木御料地のほうに葬場殿が設けられることが自然な成り行きであるが、大喪の式場として選ばれたのは練兵場のほうである。多数の参列者が集結する式典には、接続道路が整っている代々木練兵場のほうが、御料地よりも便利と判断されたのであろう。参列者は人力車などに乗ってくるので、多数の車輌が行き交うことができる道路が必要だった。準備作業を含めた大喪の期間、陸軍省は代々木練兵場の一部を式場として提供し、その替わりに隣接している御料地を演習の代替地として使った(7)。

五月二四日、青山御所から代々木練兵場の葬場殿へ霊柩を移送する大喪の儀が執り行われた。当日、葬列が移動する経路を図示したものが図33である。大山道を南下し、宮益坂を下って渋谷川にかかる宮益橋を渡ったのち、宇田川橋を越えて北上し、代々木練兵場の葬場殿へ至る(8)。つまり、軍隊が日常的に利用する青山から代々木練兵場への移動経路が使われた。

2　神宮造営の資源動員

造営予算の分担

造営予定の神宮に昭憲皇太后も合祀《ごうし》されることになった。大正三年（一九一四）七月六日、第七回神社奉祀調査会で、外苑造営が決定した。外苑用地になったのは旧青山練兵場である。内苑・外苑の基本骨格が定まり、次に神宮造営の経費について調査会原案が示された。「内苑」、「内苑境外道路」、「外苑」の三つに分けて経費を調達する案である。

内苑は「国費」である。造営および竣工後の維持費をふくめて負担する。ただし、内苑に築造予定の苑庭について、植栽する樹木を献納する申し出があった場合は受け入れることにした。結果的に全国からおよそ一〇万本、三〇〇余種の献木があった。

「内苑境外道路」すなわち「周辺道路」の費用負担は「地方団体」である。すでに調査会から東京府知事に打診済みで、府知事と東京市長による合議を経て、市会・参事会にも連絡されていた(9)。のち東京市予算で道路新設が了承された。新設の路線は二つあり、「表参道（青山四丁目から南原宿、水無橋を経て代々木練兵場入口かつ内苑南側へ

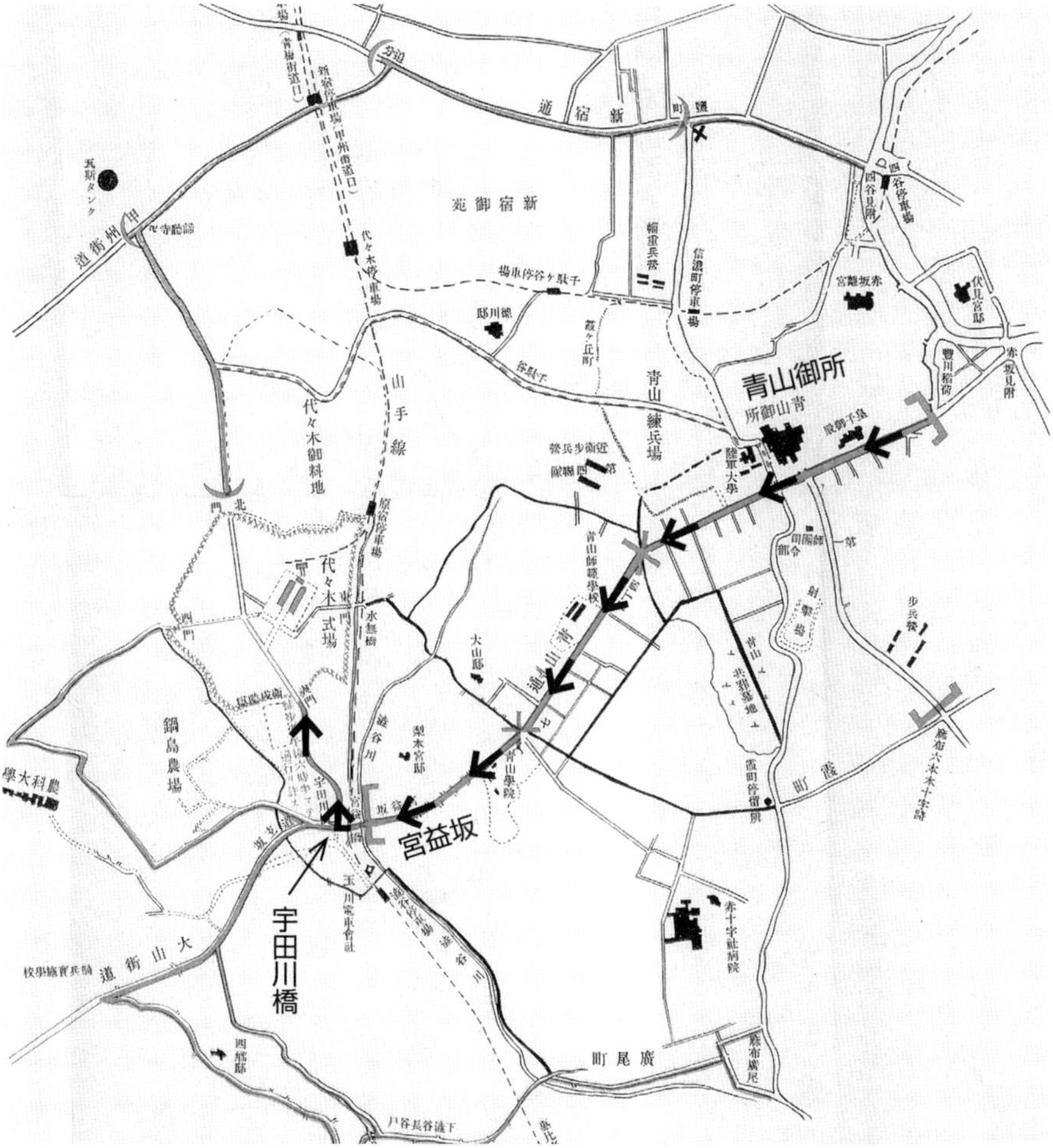

図33　昭憲皇太后大葬の道順

出典：「大喪儀参列諸員心得，代々木式場車馬置場」（陸軍大日記「大正3年昭憲皇太后御大葬に関する書類」，防衛省防衛研究所所蔵，JACAR：C10050059600）に，武田加筆修正.
この当時，表参道はまだ造営されていないので，葬列は大山道を南下し，渋谷まで至り，宮益橋，宇田川橋を渡って，北上して代々木練兵場へ向かった.

至る）」と「裏参道（青山権田原町から千駄ヶ谷を経て内苑北側へ至る）」である。

これ以前すでに、陸軍省と東京府の間で、代々木練兵場での観兵式挙行の際に、行幸路として適切な通行路を新設することが協議されていた。短距離で青山から代々木練兵場へ直行できる道路を設けて、渋谷川・宮益橋の交通混雑地帯を避けようとしたのである。協議中の案がそのまま神宮内苑への表参道として浮上した。

青山四丁目より水無橋まで一線を引かば、表参道として適当なる道路を得。加ふるに、陸軍省と東京府との間には既に代々木練兵場に挙行せらるる観兵式行幸の道路に関し、調査に着手せられたるあり。若し此の方面に道路を築造するに於ては、御参拝及び練兵場行幸の両者を兼たる一挙両得の利益あるを以て(10)（後略）

このように表参道の造営は「参拝」と「行幸」、すなわち宗教と軍事の両面で「一挙両得」であった。東京府と合意済みの項目として原案が提示されたのである。

民間からの資源動員

外苑の建設費用は民間からの寄付金である(11)。寄付金をとりまとめる取扱「当事者」は「明治神宮奉賛会」で、すでに渋沢を中心に奉賛会を立ち上げる準備が進んでいた。この原案提示をうけて、大正四年（一九一五）五月付で「明治神宮奉賛会趣意書」「明治神宮外苑計画考案」が作成され(12)、奉賛会総裁に伏見宮貞愛親王《ふしみのみやさだなる》が就任した。大正四年一二月末に「明治神宮奉賛会第一回献金報告」七三万三五三八円四九銭が公表されており(13)、献金募集が本格化している。

以上のように、明治天皇没後、大正元年に請願運動、大正二年に神宮造営検討の基本骨格の公布、大正三年に造営地決定、経費分担の原案発表と進んだ。ようやく予算申請の体制が整い、大正四年度から予算措置という運びになった。

造営と大正の経済変動

大正四年度から予算がついて、五月に内務省は内苑造営を告示し、省内に担当部局として明治神宮造営局が発足した。内苑造営の地鎮祭は大正四年（一九一五）一〇月に執り行われ、鎮座祭は大正九年一一月である。内苑造営のための国費支出は大正四年度から一〇年度までの七年間に及び、最終的に総支出額五二一万九五六四円の事業になった（表16）。この間、経済変動による物価騰貴などがあり、造営に影響した。

内苑造営は七年間でおさまりがついたが、外苑造営は大正七年六月に地鎮祭が行われたのち、工事は長引いた。造営中、関東大震災にみまわれ、外苑は一時、被災者用の公設バラックが建設されて、救護活動の一大拠点になった。

その後、大正一三年、外苑に神宮競技場が竣功、一五年に聖徳記念絵画館竣功となり、大正一五年一〇月二二日、外苑竣功奉献式が挙行された。翌日には野球場開きが行われた。大正から昭和に代替わりする二カ月余前にようやく外苑は完成したのである。

表16 内苑造営の国費支出額

年度	支出額(円)
大正4年度	565,424
大正5年度	854,342
大正6年度	741,703
大正7年度	905,887
大正8年度	1,099,696
大正9年度	789,273
大正10年度	263,239
合計	5,219,564

出典：[明治神宮造営局編 1923, 99]より，武田作成.

3 大正青年と造営作業

自発性と労働力の調達

内苑造営時に話をもどそう。造営中、第一次大戦の影響で輸

表17　明治神宮造営　参加青年数

県　名	参加青年団数	参加人員	県　名	参加青年団数	参加人員
北海道	3	173	青　森	1	60
東　京	2	140	山　形	4	236
京　都	4	241	秋　田	8	484
大　阪	3	175	福　井	2	126
神奈川	1	55	石　川	6	333
兵　庫	7	430	富　山	1	60
長　崎	5	283	鳥　取	3	180
新　潟	3	162	島　根	2	124
埼　玉	2	119	岡　山	10	596
群　馬	3	150	広　島	8	459
千　葉	5	307	山　口	8	472
茨　城	4	230	和歌山	5	179
栃　木	3	203	徳　島	2	120
奈　良	2	112	香　川	3	180
三　重	2	129	愛　媛	4	231
愛　知	8	459	高　知	1	60
静　岡	18	1,120	福　岡	2	126
山　梨	4	247	大　分	7	414
滋　賀	2	120	佐　賀	1	60
岐　阜	10	592	熊　本	1	60
長　野	1	60	宮　崎	1	60
宮　城	13	774	鹿児島	1	60
福　島	1	56	沖　縄	1	52
岩　手	1	60	合　計	189	11,129

出典：[内務省神社局 1931，429-432頁]より武田作成.

出は好調、産業構造の転換が進み、国内市場の拡大という経済環境になった。物資が不足気味となり、大正六年（一九一七）頃から物価が騰貴した。また、各種の事業好調のため労働力が不足し、労賃が上昇した。その結果、大戦後の大正八年、造営事業に必要な作業員の不足が深刻化した。

当時、明治神宮造営局書記官は田沢義鋪《よしはる》という人物であった。東京帝国大学を卒業し、内務省に入省、造営局に着任する直前は、静岡県安倍郡の郡長だった。郡長時代に青年団・修養団活動の指導で実績をあげた。都会を模倣するのではなく、農村生活の独自性を自覚し、農業に励む青年の育成を目標にした。具体的には天幕講習会などの団体活動を通して、農村の生活を尊重する姿勢を涵養した。

内苑造営事業の労働力不足を補うため、田沢は造営奉仕として青年に呼びかけることを提案した。大正八年一〇月、まず最初に安倍郡の青年団五〇人を一〇日間の作業に従事させたところ好調だった。そこで自発的に奉仕活動を申し出てきた地方青年団を受け入れる体制を整えた。

基本的な団構成は、指導者が率いた五〇～六〇名の一八歳以上二五歳の男子とした。経費は自己負担、千駄ヶ谷の仮設宿舎で寝起きし、一〇～一五日間の作業に従事するものとした。夜は名士の講演を聞く機会を作り、修養に励むように誘った。造営作業を終えたねぎらいに、宮城、新宿御苑、後楽園を拝観する許可を与えた。このような動員体制で、大正八年一〇月～一一年一二月の間に、一八九団体、合計一万一一二九名の地方青年が奉仕作業に従事した(14)（表17）。

地方青年の経験

奉仕活動に参加した青年が残した記録がある。広島県沼隈《ぬまくま》郡の奉仕団の一員だった中村政一という青年である。沼隈郡は青年団運動の指導者として有名な山本滝之助の出身地である。山本は『田舎青年』という書物を著し、地方青年の矜持を示した。沼隈郡の青年たちは山本の薫陶を受け、中村もその一人で、造営経験をこまめに記録した。

「明治神宮　御造営工事　顚末(15)」

一、大正八年十二月十三日、青年団調査委員会席上ニ於テ、本郡青年団員、明治神宮御造営工事ノ儀ニ付キ協議ス

二、九年一月十日、本郡青年団長ヨリ青年団員七十名、十日間奉仕ノ儀、明治神宮造営局長ニ出願ス
三、同月三十日付ヲ以テ本県内務部長ヨリ、本郡長ニ対シ、右奉仕許可相成リタル旨伝達アリ
四、二月二十三日、本郡青年団代議員会ヲ開キ、奉仕人員配当選定等ニ就キ協定ス
五、四月十九日、一行松永駅ヲ出発ス
六、四月二十日、東京着、翌二十一日ヨリ奉仕ノ業ニ服ス、日程左ノ如シ
起床　午前四時三十分、（中略）就寝　十時
七、四月三十日、予定ノ奉仕ヲ終ル、日暮、石黒男爵邸ニ詣リ男爵ヨリ明治天皇御倹徳ノ一端ヲ拝聴ス
八、五月一日、新宿御苑拝観、内務省ニテ田沢総務課長ヨリ謝辞アリ、夜沼隈会主催歓迎会ニ臨ム
九、五月二日、陸軍大臣官邸ニ於テ、田中陸軍大臣ヨリ、親シクソノ説話ヲ聞ク
十、五月三日、市内各所ノ見学ヲ終エ、午後八時二十分東京ヲ発シ伏見桃山御陵、橿原神宮、伊勢皇太神宮ニ奉告参拝ヲ了シ、七日午前八時四十分、松永駅ニ帰着ス
十一、此ノ行、神明ノ加護ノ下ニ全ク無事ニシテ、能ク此ノ大任ヲ決了スルコトヲ得タリ
当局並西松京都駅長、時事新報社、本郡出身ノ在京者各位ノ厚意ニ対シテハ深ク感謝スル所ナリ

このように大正九年（一九二〇）四月、七〇名の沼隈郡青年が上京し造営事業に参加した。終了後、陸軍大臣にも拝謁している。

中村は沼隈郡の離島に暮らす青年であった。瀬戸内海にうかぶ田島の漁業村落である。当時、田島の青年たちの多くは、漁業移民としてフィリピンのマニラへ渡っていた(16)。中村は地元の郵便局に勤め、母村に残留した数少ない青年の一人であった。当時、このような青年たちが移民送出母村の青年団活動を担っていたのである。

都市と地方の間には格差があり、在村して生計を立てるか、村外で仕事を探すか、地方青年が直面する重要な選択だった。村外へ出て立身出世をめざす同世代が多いなか、在村者はアイデンティティの拠りどころに悩んだ。そのような青年にとって、上京して造営作業に参加することは母村の青年団で活動していたからこそ得られた貴重な機会であり、自分の選択に自信を持つ拠りどころとなった。造営参加は生涯にわたって心の支えになっていたことを中村青年の記録から知ることができる。

青年労働者の教化

地方青年を動員して、内苑造営事業の活路を開いた田沢義鏞《よしはる》は財団法人協調会理事の一人であった。協調会は大正八年（一九一九）に渋沢栄一が設立した労使協調をめざす民間機関である。第一次大戦後に頻発した労働争議に積極的に関与し、労使間の調停・仲介役を果たした。

争議頻発の世相に鑑み、渋沢、田沢は日本における都市労働者の将来像に強い関心を抱いた。青年労働者をどのような方向へ導くべきか方向性を探る基盤としたのが協調会である。田沢は労使対立を緩和させる方法として、地方で成功した修養団活動を都市部の労働者層に浸透させることを試みた。

協調会で労務者講習会を主催し、修養団活動を通して勤労の価値や、堅実に努力する姿勢を教えた。(17) 克己心に富み、勤労のエートスを内面化した人間の育成をめざしたのである。それは自発的に「産業振興」に協力する「国民教化」につながるものであった。(18) 自発的意志に基づき神宮造営に協力する青年の動員と、都市労働者に勤勉の精神を涵養する活動には、このような青年教化の思想が通底していた。

4　表参道の陥没と疑獄事件

東京市の道路問題

表参道の造営主体は東京市だったが、工事着工は遅れた。大正四年に内苑造営が始まっていたが、表参道の幅員をめぐって東京市と市区改正委員会の間で計画提出・差し戻しが繰り返された。幅員が決定しないまま、大正八年（一九一九）になった。(19)

この時期、東京市は道路不全で世間の批判を浴びていた。交通基盤が未整備であるところに自動車の通行量が増え、歩行者の動線をさらに混乱させる状態が生じていた。(20)

悪道路の為に、市民の蒙る不便や損害も、最早《もはや》忍ぶ事の出来ない程度に達して居る。昨今、東京の道路は如何、全都只此れ洋々たる泥海、長靴の外、安全に歩行出来ぬ惨状を呈し、従って電車は雑踏し、泥海の中に佇立して電車を待てば、来る車いつも満員と云《い》ふ不自由極まる憐な境遇に立つのも、要するに雨雪の日に泥濘、脚を没する現状、到底歩行に堪へざるが為である。電車には乗れず、致方《いたしかた》なく歩行を決すれば、自動車は遠慮なく迅走して四辺に泥水を跳飛ばし、狭き道路では泥水を浴る外《ほか》、如何ともするを出来ないのは昨今の悪道路で、日々我々の経験する所である。

一体我《わが》道路では自動車は無理である。道路の準備が出来ない中に自動車が流行してきたのである。

東京市の予算では道路改修に充分に対応できず、社会的混乱が増している現状を鑑み、国から補助金が交付されることになった。(21)しかし、東京市に道路専門の部局はなく、土木課が一括して道路を含む土木工事を所管しており、体制が整っているとはいえなかった。

突貫工事の表参道

内苑鎮座祭の日取りが決定しているにも関わらず、表参道の幅員が決まらず、工期の予定も立っていない状況に業を煮やした神宮造営局は、大正八年（一九一九）四月、東京市区改正委員会に着工を督促した。七月になってようやく表参道の幅員二〇間（道路中央一二間、左右両側は各四間）の案が総理大臣の認可を得て、一二月に用地買収が始まった。新設の表参道は、起点が大山道の「青山六丁目」、終点が山手線をまたぐ陸橋「神宮橋」、総距離五六五間（一キロ余）の計画である。神宮橋をこえると境内の参道に接続する。

「青山六丁目」から一直線に原宿村を貫いて、「神宮橋」にいたる道路用地の中ほどの、原宿村隠田に旧広島藩主浅野長勲《あさのながこと》所有の別邸（もと広島藩下屋敷）があった（図34）。別邸庭園の小山を切り崩し、池は埋め立て、勾配がある斜面は盛り土でならし、土留めの石垣を築くことが計画された。また、参道全体にわたって、中央の車道部分を砂利敷とし、両側の歩道は砂利とコンクリートで基礎を固め、アスファルト舗装である(22)。大正九年五月に着工、九月に表参道は完成した（図35）。鎮座祭の二カ月前である。車道一二間、両側歩道各四間の道路になったはずであった。

工事実施中の五月、皇室から御内帑《ないど》金三〇〇万円が東京市全体の路面改修の道路費補助として下賜された。これを契機に、東京市は路面改修事業に本格的に着手することにし、臨時路面改良委員会を発足させた(23)。

東京市が担当していた表参道の着工が遅れたが、このように東京市全体の道路状況が不全で、改修の動きも鈍かった。路面不良に対し厳しい批判が渦巻き、東京市が道路問題への対応で動揺していた時期に、期限間際に突貫工事で表参道の造営が進められた。

鎮座祭が間近に迫った一〇月下旬、出来上がった表参道が内務省の内示案通りではなく、違反していることが明らかになった。両側の歩道はそれぞれ四間あるべきところ、三間しかなかった。施工業者に対する監督不行き届きである。鎮座祭の前々日一〇月三〇日、田尻東京市長は内務省に出頭して善後策を協議したが、内示通りに改築する以外に選択肢はなかった。[24] しかし直す余裕もないまま、時間切れで鎮座祭当日を迎えた。

晴れの日の表参道陥没

大正九年（一九二〇）一一月一日、めでたいはずの内苑鎮座祭当日、表参道の路面が陥没した。内苑の式典は午前八時一〇分から皇族、政府関係者が着席して始まる予定だった。[25] 参列の関係者が乗った自動車が続々内苑へ向かっていた午前七時半、山手線陸橋「神宮橋」手前で、表参道の路面が陥没した。「参宮道路が崩れて又もや大問題、大木法相の自動車が半埋、道路工事に批難の声起る」という見出しで、問題つづきの表参道建設で、また不始末が生じたことが次のように報道された。[26]

明治神宮鎮座祭式典に参列するため、昨一日、午前七時半、表参宮道路は非常に雑沓を極めていたが、大木法相の自動車は神宮橋前で、突然道路砂利の中に車輌が半埋めになって容易に動かない。付近の道路人足共は駆付けで引揚げやうとしたが、仲々動かない。続いて来た多数の自動車も同様な埋れ方をした。何分開式間際のことではあるし、其混雑は一方ではなかったが、多数の工夫人夫等に依って、やっと引き揚げられた。

法務大臣をはじめとする参列者の車が砂利で固めたはずの路面にのめりこみ、動かなくなった。道巾を間違えた違法工事であるうえに、道路陥没まで引き起こし、晴れ舞台で東京市の失態が露呈した。

鎮座祭のあと、境内が開放されて一般の参拝が可能になる予定で、この日は大変な人出だった。午後一時の参

図34 表参道の造営前
「実地踏測番地入東京市街全図」（大正五年、和楽路屋、国際日本文化研究センター所蔵）より

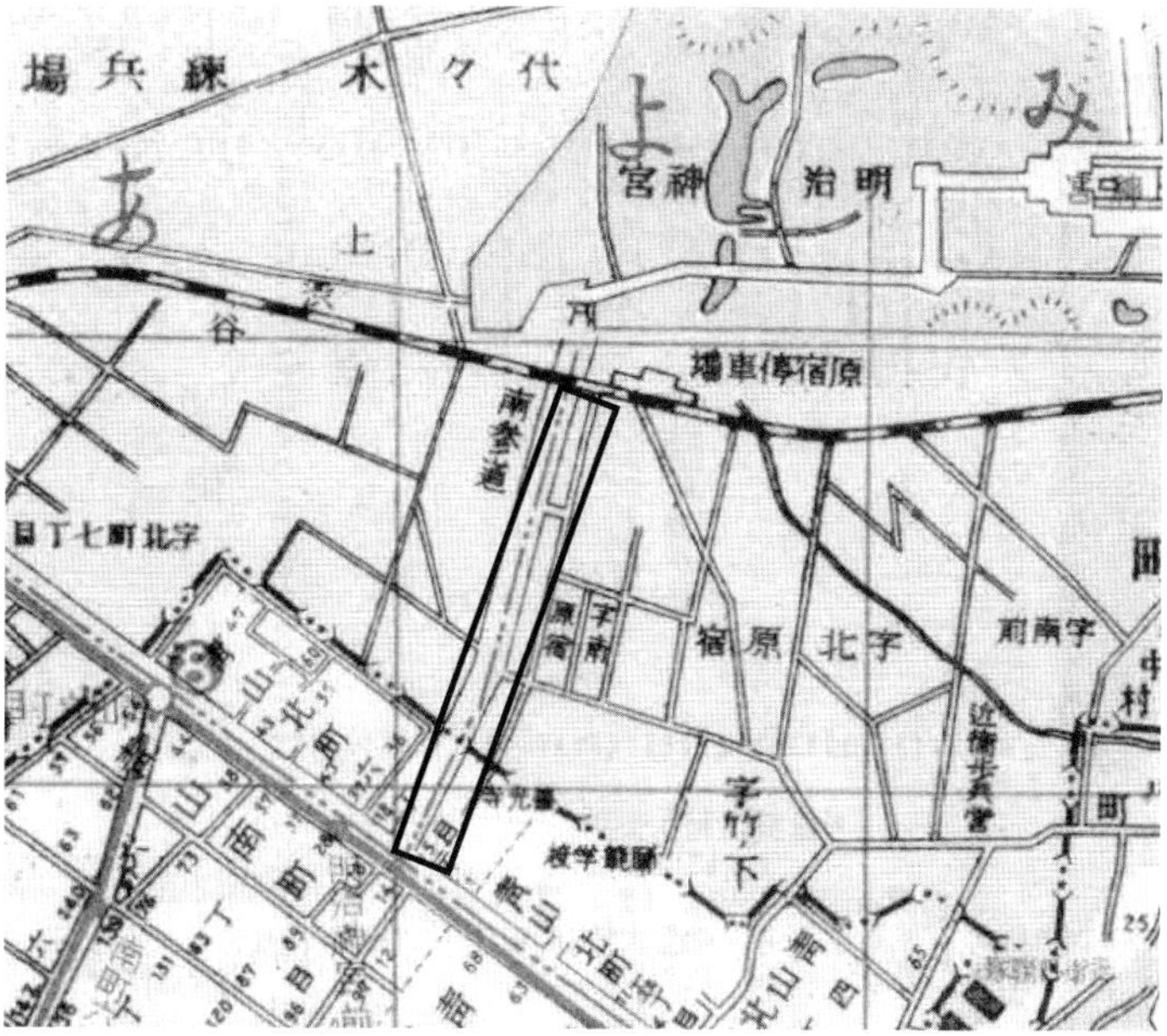

図35 表参道の造営後
「万朝報附録実用東京案内大地図附明治神宮参拝及平和博覧会場図」（大正一一年、万朝報社、早稲田大学図書館所蔵）より

拝解禁で群衆が押し寄せ、圧死者も出た。境内は人込みで動かず、やっと拝殿まで至ると、賽銭が雨のように降った。夕方は天気が崩れて大雨になり、混乱に拍車をかけた。

当日午後六時までの最寄り駅（原宿、代々木、千駄ヶ谷、新宿、渋谷、信濃町）の乗降客は一二万七五〇〇人、遺失物として拾得された下駄は四〇〇〇足、圧死など死傷者三八名、救護の対象者は一三八名であった。(27)

東京市の大疑獄事件

表参道の手抜き工事、監督不行き届きが明らかになり、警視庁の捜索により一一月九日、東京市土木課職員が検挙され、工事請負業者も召喚されて取調べを受けた。(28) 捜査が進むと、土木不正の検挙者は拡大し、市職員、請負業者のほか、市会議員、市参事会員にも及んだ。土木利権を食い物に贈収賄が横行していた腐敗の構造が明るみになり、複数の汚職事件が絡む大疑獄事件に展開していった。(29)

発端になった表参道の汚職は次のようであった。表参道工事の請負業者の選定は実質的に随意契約に近いものだった。市職員すなわち道路課の技師・技手は贈賄をうけて業者を選定していた。表参道の車道は路面を三寸掘り返して砂利を敷きつめる工事が必要だったが、指示通りに施工したのは表参道の六分の一程度に過ぎなかった。あとは路面に砂利を撒いただけであった。道路基盤を砂利で固めていない手抜き工事で、路面が脆弱なため、自動車の通行であっけなく陥没したのである。

表参道の歩道のほうは舗装が予定されていた。これについても次のような汚職があった。舗装の請負業者は東洋道路工業株式会社といい、アスファルト舗装より廉価なタークレー舗装という工法を売り物にした業者だった。台北市内でこの工法を知った業者は、日本で特許を取得して稼ぐことを企てた。この工法の受注を拡大させるには、既存工事の効果を宣伝することが肝腎と考え、東京市の工事を受注し、宣伝上の協力も要請して道路課の技師・技手に贈賄したのである。工事受注に当たっては、市会議員、参事会員にも贈賄していた。

表参道の汚職から芋づる式に土木工事に絡む不正が次々と発覚した。長年の懸念になっていたガス会社のガス料金値上げ案をめぐる汚職も露呈した。一連の事件で衆議院議員、市会議員、市参事会員、東京瓦斯《ガス》会社重役なども含めて逮捕者七〇名におよび、結審まで六年余に及ぶ大疑獄事件になった(30)。

後藤新平の市長就任

疑獄事件は東京市政を揺るがした。市会議員が起訴され、市役所も捜索を受けた。大正九年（一九二〇）一一月二六日、田尻稲次郎市長は混乱の責任をとって辞表を提出、内務大臣に受理された。後任の市長は東京市会が選挙し、本人の了承を得ないまま新市長に選出したのは後藤新平である。後藤は寺内内閣で内務大臣、外務大臣を務め、大正八年に外遊から帰国していた。

渋沢栄一らの説得で、後藤は市長就任を了承し、一二月一六日に着任した。東京市政の刷新を期待された後藤は、大正一二年四月二七日までの二年四カ月の市長在職中に、技術官僚出身者らしく実態調査に基づいた改革を志向し、東京市政調査会を発足させた。市長を辞めて四カ月後に関東大震災が発生し、後藤は帝都復興院総裁を任され、被災地東京の復興に全力を傾けることになった。

表参道が汚職の舞台になったことは、震災を経ても人々の記憶から消えたわけではない。昭和初期の小説のなかで次のように描かれている。地方から上京し、明治神宮の見物に来た人々の会話である。

（原宿）ステーション前の広い路は、見渡す限り、ボタ餅大の石ころが敷き詰められ、歩きにくいのなんのって、とてもお話に成らない。（中略）甥「伯父さん、これが例の南参道です。この広い道がずっと青山まで続いています。」「何しろ、大した道だな。うん、豪い道をつけたもんだ。」甥「この道ですよ。市会議員と市の道路課の小役人とが砂利屋と馴れ合って大金を胡麻化したのは。その罰で、今、皆なもっそう飯を食っていますがね。」「さうとも、神さまの道を食ひ物にするなんて、途方もねえ大悪人に、何で罰が当たらずにすむものか。」甥「全くですよ。それが口火に成って瓦斯会社の疑獄も持ち上がったわけです。神罰ですね。」(31)

神道的シンボルへ至る道は、政治と金が絡んだ欲望実現の手段として利用された。金への欲望が神への畏敬を上回ったのは皮肉でもあり、現実的でもある。

第七章 道玄坂と盛り場の形成

1 道玄坂の混雑

商業地の拡大

渋谷停車場の周辺では道玄坂以外にも商業地が増えていった。その一つが宇田川通りである。宇田川は渋谷川の支流の一つで道玄坂の坂下で合流する。周辺の水田が宅地に変わって、農業用水としての役割が不要になっていった。この周辺では流水が減った小河川に塵芥などがたまって廃水路になったものが多く、水路に覆いをして暗渠にし地上面を活用することが行われるようになっていた。(1)

元来、河川の水路および水際の土地は官用地である。東京府に申請するとこのような官用地の利用が許可された。宇田川も明治三八年（一九〇五）三月に地上面の使用が許可され、水路のうえに建物が作られた。水はそれらの家屋の床下を流れていった。かつては武蔵野を縫って流れていた小川に沿った道が商店が並ぶ商業地に変わっていった。(2)

夜店の露天商

明治四〇年代のはじめ頃、渋谷にはまだ電灯が引かれていなかった。夜になると道玄坂は暗く、客足が途絶えた。客を引き寄せるには夜店がよいのではないかと地元有志が話合い、毎晩五銭ずつの油銭（照明代）を出し合うことにし、恵比寿のほうに夜店を出していた露天商たちに声をかけた。明治四〇年代に道玄坂でも夜店が始まった。このアイデアは当たって、大正八年（一九一九）頃には露天商に人気の出店場所になっており、地割の場所代をとるようになっていた(3)。

日暮れになると道玄坂の両側に、幅三尺（一メートル弱）の露店がずらりとならんだという。青いアセチレン瓦斯の灯の下に生活必需品から娯楽物まで、古本屋、ローソク屋、ボタン屋、金物屋、玩具屋、小間物屋、金魚屋、風鈴屋などが商品を並べた。各種飲食物の露店もにぎやかで、香ばしい焼とうもろこし、炒りたての塩豆、おでん、焼き鳥、そば、カルメ焼き、電気アメ、飴細工等々が食欲を誘った(4)。地割で揉めて、露天商同士の喧嘩も起きた(5)。

「道玄坂で露店商人の大喧嘩」（大正一一年一一月）二四日夜八時半、下渋谷道玄坂通りで夜店商人西大久保金物商山田重蔵（三八）は、地割のことから、中渋谷のおでんや立野磯次郎（四三）と口論を始め、山田はサイダーの瓶で立野及び宮益坂化粧品商松根直衛（二二）、中渋谷のあめや鈴木才助（三〇）等に重傷を負はせ、引致された。

金物屋がサイダー瓶を振り回し、おでん屋、小間物屋、飴屋と乱闘を繰り広げた。西大久保、宮益坂、中渋谷など近場から来ていた二〇～四〇代の露天商たちであった。

男だけでなく、女も店をならべた。そのなかに『放浪記』の林芙美子もいた。ある四月、芙美子は顔見知りのメリヤス屋に連れられて、道玄坂で地割を差配している土木請負の親方に酒を一升持って挨拶に行った。万年筆を売っているおばさんと、門の表札を書くのを商売にしている老人の間に、芙美子はメリヤス物の店を出した。

蕎麦屋で借りた雨戸に、私はメリヤスの猿股を並べて、「二十円均一」の札をさげると、万年筆屋さんの電気に透して、ランデの死を読む。大きく息を吸ふともう春の気配が感じられる。この風の中には、遠い遠い憶ひ出があるやうだ。歩道は灯の川だ。人の洪水だ。瀬戸物屋の前には、うらぶれた大学生が計算器を売っていた。「諸君！何万何千何百何に何千何百何十加えればいくらになる。皆判らんか。(中略)」沢山の群集を相手に高飛車に出ている、こんな商売も面白いものだと思う。(6)


露天商の世界は都会の表通りから裏の世界まで眺め回す格好の人間観察の場だった。

混雑する道玄坂

この当時の道玄坂の賑わいは「日本一の混雑」と新聞に書かれている。(7)

近時、渋谷町の異状な発達につれて、朝夕の混雑は甚だしい。無数の自動車、自転車、糞尿荷車、それに騎兵や砲兵の馬が走る。それに夜店が出る。この雑踏に道幅はわずかに五間半から九間である。東京府庁が大正七年春から大正八年春にかけて、約一ケ年間の調査に依ると、一日平均、人が一万六千四十七人、荷車が三千百九十六台、その他車が一千四百九台、自転車が二千三百七十八台通行して、混雑していると言はれている千住や甲州街道はこの半分しかないことが統計に示されている。大阪や名古屋は勿論、日本中にこんなに混雑する所はない。


すさまじい混雑ぶりだが、このような雑踏が日常化したのは第一次大戦後の東京郊外の発展が影響している。

第一次大戦中、ヨーロッパにおける軍需拡大で日本は輸出を増加させた。軍需関連産業の好調で、国内の重化学工業が成長し、産業構造の転換が進んだ。国内市場の拡大によって、第一次大戦後、企業設立が活発になって事務部門が拡大し、俸給生活者すなわち新中間層が増加した。大正九年（一九二〇）に戦後恐慌が発生して、第二次産業に停滞が生じたものの、都市部では人口が増加していたので、都市基盤への建設投資、電力、鉄道、住宅、商業設備への投資は持続した。物価騰貴に実質賃金が追いつかず、労働争議が頻発したが、賃金上昇が実現すると、都市部における新中間層の消費水準は急上昇していった。市中心部の住宅供給は不足気味となり、周辺部が受け皿になっていった(8)。

渋谷は鉄道の整備により交通機関の結節点としての機能を果たすようになっていた。まさに市中心部と周辺部の境界域にあって、郊外住宅地に増加していた新中間層の消費意欲を満たす格好の場所になっていたのである。

2　開発デベロッパーの参入

新興層への山の手戦略

第一次大戦後の新中間層の住宅需要、供給不足による土地価格の上昇に商機を見出し、積極的に新中間層向けの住宅地販売に乗り出していたのが堤康次郎《つつみやすじろう》が経営する箱根土地株式会社である。箱根土地株式会社は大正九年（一九二〇）に資本金二千万円で創立された。当初は軽井沢千ケ滝と箱根強羅で別荘地の分譲を営業の中心にしていた。

表18に示したように大正一一年から、東京西部・西北部で住宅地の分譲を手がけるようになった。華族が所有していた区部の広大な邸宅地を入手し細分して、閑静かつハイソサエティなイメージで新中間層向けの住宅地として売り出す戦略を展開していった。関東大震災前にこの手法で麻布区、麴町区、小石川区、本郷区などで矢継

表18 箱根土地株式会社 分譲広告(大正9～13年4月)

広告掲載日	所在地			用途	備考
大正9(1920)年8月6日	軽井沢	千ヶ滝		別荘分譲	
10月1日	箱　根	強　羅		同	
大正11(1922)年6月20日	郡　部	下落合	目白文化村	住宅地分譲	
10月15日	麻布区	桜田町		同	柳原伯爵邸跡
11月23日	同	宮村町	内田山	同	井上侯爵邸花苑
12月11日	同	富士見町		同	高橋男爵邸
12月12日	麹町区	平河町		同	河瀬真子爵
12月19日	小石川区	関口水道町	久世山	同	旧大名久世家下屋敷
大正12(1923)年1月25日	本郷区	駒込神明町		住宅地分譲	木戸侯爵別邸
2月3日	同	駒込林町		同	前野沢源次郎邸4,000坪
3月11日	郡　部	下目黒	小滝園	同	
3月22日	麻布区	宮村町	一本松	同	3,500坪
4月22日	同	広尾町		同	矢野二郎邸
5月3日	麹町区	三番町		同	1,500坪
5月12日	郡　部	下落合	目白文化村	同	12,000坪
5月27日	麻布区	宮村町	12番地	同	伊東伯爵邸隣接地
7月6日	芝　区	高輪車町	35番地	同	
9月17日	郡　部	渋谷町	道玄坂	商業店舗分譲	中川伯爵邸
12月14日	同	上大崎		住宅地分譲	邸宅地2,100坪
12月20日	同	淀橋角筈	十二社地	同	
大正13(1924)年1月25日	本郷区	弥生町		住宅地分譲	
3月7日	牛込区	河田町		商業店舗・住宅分譲	小笠原伯爵邸
3月22日	麻布区	西　町	23番地	住宅地分譲	3,500坪
4月7日	小石川区	関口町		同	前島男爵邸

出典：読売新聞より武田作成.

早に土地転売に剛腕を振るい、下落合では広大な土地を目白文化村と称して分譲した。早稲田大学の政経科の出身だった堤は、都の西北、東京西部の土地を文化的・上流階級的イメージで巧みに売り込んだ。没落しつつある華族が維持困難になった台地上の邸宅地を買い上げ、新中間層向けに細分して、住宅地開発を進めていったのである。

住宅地販売を営業の主力にしていた箱根土地株式会社が商業店舗の分譲へと展開する契機になったのが渋谷の道玄坂である。道玄坂の中腹に伯爵の中《なか》川《がわ》久任《ひさとう》が所有していた広大な邸宅地があった。中川家がこの土地を入手した経緯は詳らかではない。地元では、明治二〇年代までは富士講講元の吉田平左衛門家の所有地であったと伝えられている。(9) 表19に示したように明治末年には中川久任名義の所有地が三五〇〇坪弱あったことを確認できる。図36にみられるようにそれらの土地は確かに吉田平左衛門家の所有地と入り組んでいるので、吉田家が旧地主であったのかもしれない。

没落華族の土地転売

中川家の所有地が箱根土地株式会社名義に変更手続きが完了するのは大正一四年（一九二五）のことであるが（表19）、商業地への転換の動きは大正一二年に始まっていた。中川伯爵一家が赤坂区に転居していったのは、大正一二年六月二四日で、関東大震災が起きる二カ月余前のことであった。

「道玄坂に出来る新しい仲見世、中川伯が四千坪の邸宅を開放、大遊園場を作る、伯はもう昨日赤坂へお引越」人口七万、日本一の町、渋谷の道玄坂一帯の夕方の雑踏と来ては死にもの狂ひの有様だが、小さい子供達がよく遊び場に困って門内へ入り込んで来るのを見て、あの繁栄の中、渋谷二九二に四千坪の草樹の茂った宏大な邸宅を構へている旧豊後国藩主伯爵中川久任さんは、最近、民衆娯楽場としての邸宅開放を思ひ立ち、二十四日伯爵一家は赤坂仲町に引き移って、直《ただ》ちに四千坪全部の地ならし工事に着手した。中央に八つ許りの活

表19　中川久任　土地所有変遷

(1)大正元年(1912)時点の所有状況

字名	番地	枝番	地目	坪数	所有者
道玄坂	292	1	宅地	1,839.00	台帳は鍋島直大 地図では中川久任
		2	宅地	49.00	中川久任
		5	宅地	104.00	同
		6	宅地	30.00	同
	293	1	畑	4.305	中川久任
		2	原野	0.028	同
		4	宅地	1,177.00	同
	294	1	山林	0.812	中川久任
		2	宅地	280.50	同
	296		山林	0.519	中川久任
			合計坪数	3,485.16	

出典：東京市区調査会, 1912,『東京市及接続郡部地籍台帳』『東京市及接続郡部地籍地図』より武田作成.

(2)所有権の移転状況

番地	枝番	所有者	登記年月	住　　所	新所有者
292	1	中川久任	大正14年7月	落合町下落合525	箱根土地株式会社
	2	同	昭和4年5月	谷保村青柳	同
	4	同	大正14年7月	落合町下落合525	同
	7	同	大正14年10月	下谷区	井上寅吉
	13	同	大正13年11月		今関大造
	14	同	大正14年7月	落合町下落合525	箱根土地株式会社
	15	同	同	同	同
	16	同	大正14年8月	荏原郡大井町	深井合資会社
	17	同	大正14年7月	落合町下落合525	箱根土地株式会社
	18	同	同	同	同
	19	同	大正12年12月	道玄坂285	松原亀蔵
	20	同	大正13年1月	上渋谷143	五十嵐美知
293	25	中川久任	大正13年7月	赤坂区	羽田如雲
	37	同	大正14年3月		池田房吉
	38	同	大正13年10月		清水洵
	39	同	大正14年7月		三宅一登
	40	同	同	落合町下落合525	箱根土地株式会社
	41	同	同	同	同
	53	同	同	同	同
	58	同	同	同	同
	59	同	同	同	同
	60	同	大正13年3月	道玄坂293	山村澄子
	61	同	大正14年7月	落合町下落合525	箱根土地株式会社
	62	同	同	同	同
	63	同	同	同	同
	64	同	同	同	同
	65	同	同	同	同
	66	同	同	同	同
	67	同	大正13年7月	京城市本町	株式会社三中井呉服店
	68	同	同	同	同
	69	同	大正13年8月	滋賀県愛知郡	北川彦左衛門
	70	同	大正14年3月	北海道	殿木経吉
	71-17	同	大正14年4月	京橋区	井上竹二郎
	71	同	大正14年7月	落合町下落合525	箱根土地株式会社
	72	同	同	同	同
294	2	中川久任	大正13年7月	赤坂区	羽田如雲
	3	同	大正13年8月	本郷区	小泉与三衛
	4	同	大正13年11月	道玄坂294	副島増市
	5	同	大正14年7月	落合町下落合525	箱根土地株式会社
	6	同	同	同	同
	7	同	同	同	同

道玄坂292番地および293番地/294番地の一部.
事由はすべて所有権の移転.
出典：渋谷区土地台帳より武田作成.

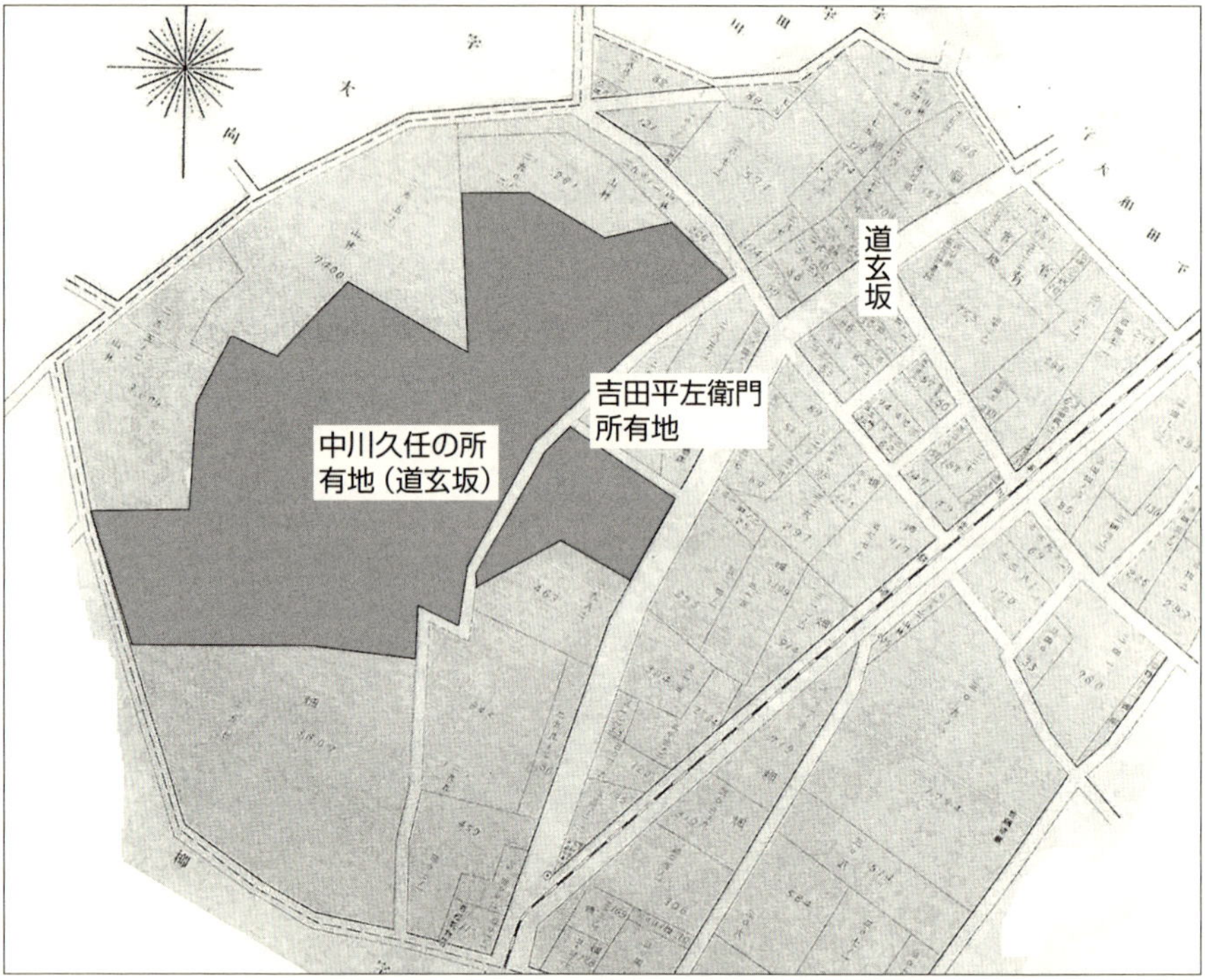

図36　中川久任の所有地（道玄坂，明治45年）

出典：東京市区調査会,1912,『東京市及接続郡部地籍台帳』『東京市及接続郡部地籍地図』より，武田作成．

動写真館が軒を並べ、左右両側には二十坪位の小商店が仲見世風に出来る予定で、北側には小庭園を造り、これを中心に寄席やら小さな劇場やらを作る計画だといふ。渋谷一帯の「道玄ブラ」をやる人達には良い場所が出来る訳で、従来邸宅開放はこれを小さく区分して小住宅地とする事のみ企てられているが、この中川伯邸の遊園地計画は一つの新しい試みである。土地の希望者には興業場には百坪、商店向きには二十坪位を限度として分けるといふ。(10)

店舗や劇場が計画されていることが報じられており、当初から商業地の開発が計画されていたことがわかる。近隣の子どもたちが邸内に入り込んでくるというのは事実で、当時の子どもの記憶に次のように刻まれている。

私たちは子供の頃、道玄坂の途中右側に、幅一間の私道を十五間も奥に引いて、そこに武家屋敷ふうに門を構えた中川伯爵邸のあったことを覚えている。腕白小僧は観音びらきになる門の扉に這い上がったりするので、庭番の年寄りに怒鳴られたりすることもあったが、門前でままごとをする女の子まで追い払うようなことはしなかった。中川さんのお邸《やしき》が懐かしく思い出されるのは、そのせいである。（中略）十二年の九月には分譲地として売りに出されていた(11)。

繁華な雑踏に変貌していく道玄坂のなかで、わずかに残されていた青葉茂れる緑陰を子どもたちから奪っていったのは大正期の開発デベロッパーである。

関東大震災と土地投機

開発工事が進行中のさなか、大正一二年（一九二三）九月一日、関東大震災が発生した。空き地が少なくなっていた道玄坂のなかで、人々が逃げ込む先の一つが旧中川邸であった。

中川伯爵の屋敷であったのを箱根土地が買い取り、分譲地として売りに出されていた時で、建物や庭を取りこわされた屋敷跡は、皮をむかれたように赤土の禿山となり、そこここに一とかたまりずつ雑草が茂っているばかりであった。（中略）家を出たものの行く当てもないので、母はまず中川邸の跡に行こうと思ったらしい。（中略）気丈な母に励まされて中川邸跡にたどりつき、小高い丘の雑草の上に腰をおろした。見れば昨日から燃え続けている下町の火は衰えも見せず東の空を焦がし、余震は絶え間なく大地をゆすっている。悲しいとも恐ろしいとも、魂がしぼんで行くような心細さで、じっとしていられなかった(12)。

近代都市を崩壊させた未曽有の災害、デマが煽った恐怖、頻繁に起きる余震、生活物資の不足等で人々が打ちのめされ、被災者の救済が必要な応急時期に、箱根土地株式会社は一般の心情とは乖離した「天の試錬に耐えよ」という広告を出した。

> 山手一帯は益々大住宅地となり、渋谷道玄坂は地の利、大なるを以て、その繁栄たるや必せり。逸早く道玄坂に以て商業を開始せんと欲する方は本社又は左記出張所に御問あはせ相成《あいなり》度《た》し。(13)

大震災で甚大な被害を被った東京東部から、地盤が固い西部に人口移動が加速する傾向を素早く読みとって、店舗を確保して営業を再開するには早い者勝ちだと煽り立てるかのような広告だった。

3　山の手の消費前線

百軒店――洋風の仲見世――

大震災で燃え広がった炎が東部の空を焦がしたが、焼失したなかに庶民の娯楽地浅草があった。他山の不幸を逆手に使い、箱根土地株式会社は渋谷に「新浅草をつくる」と宣伝した。

> 震災後の渋谷町は道玄坂を中心にして大発展を見せているが、箱根土地会社ではこの機を逸せず、浅草六区の繁栄を横取りして、新浅草を拵へると大変な意気込み、帝国ホテルの設計者ライト氏の弟子河野技師が主任となり、百万円の予算で着々計画を進め(14)（後略）

計画したのは洋風の仲見世、すなわち小規模の店舗を多数集めたマーケットの開設である。

旧中川邸があった広い敷地を複数の区画に分割し、縦横に直交する細い小道を複数作って、御影石を敷き詰め、洋風のストリートを作った。石畳の街路に面して色とりどりのペンキ塗りの小店舗がすきまなく並んだ一画ができ、これを「平面的デパートメント」「平面的百貨店」と称した。

新設マーケットの宣伝・周知を兼ねて、まず最初に大正一三年（一九二四）四月から二ケ月間、全国の物産を集めて、展示即売会を実施することにした。当時、展示会・博覧会に出品する際は、場所代を納めることが一般的だったが、全国物産共進会では場所代は徴収しないことを謳って、出品・出店者を募集した。「生産者から消費者へ」をモットーに、問屋・仲買を通さない、つまり、中間マージン不要で利益率が拡大するメリットをアピールした。流通経路を簡略化し、売上高の五分を主催者に納める方式にした。客寄せに共進会への入場は無料にし、劇場では近代演劇の上演を企画し、観覧無料にした。完成した劇場は聚楽座と命名された。

ハイカラな商業空間、流通機構の改革、文化的革新を実現する目新しい消費空間が道玄坂に出現した。共進会の会期中、出店・出品者は一八二軒に達し、消費意欲が旺盛な新中間層をつかまえる試みが始まった。(15)

平面的デパートメントと新しい生活様式

この一画は「百軒店商店街」と名付けられ、会期終了後、土地付き店舗として分譲された。「山手繁昌地の随一たる当街区」「理想的デパートメント地区」と宣伝されている。(16)

堤康次郎は「百軒店は何処迄も上品に出来上がっている。聚楽座の芝居だって上品な役者に上品な脚本を演らせて、家庭娯楽の実を挙げている」と鼻息が荒かった。(17)のち戦後の高度成長期、渋谷で西武デパートやセゾングループが商業戦略、文化戦略を展開したが、その祖型を箱根土地株式会社の「百軒店」の売り出しにみることができる。

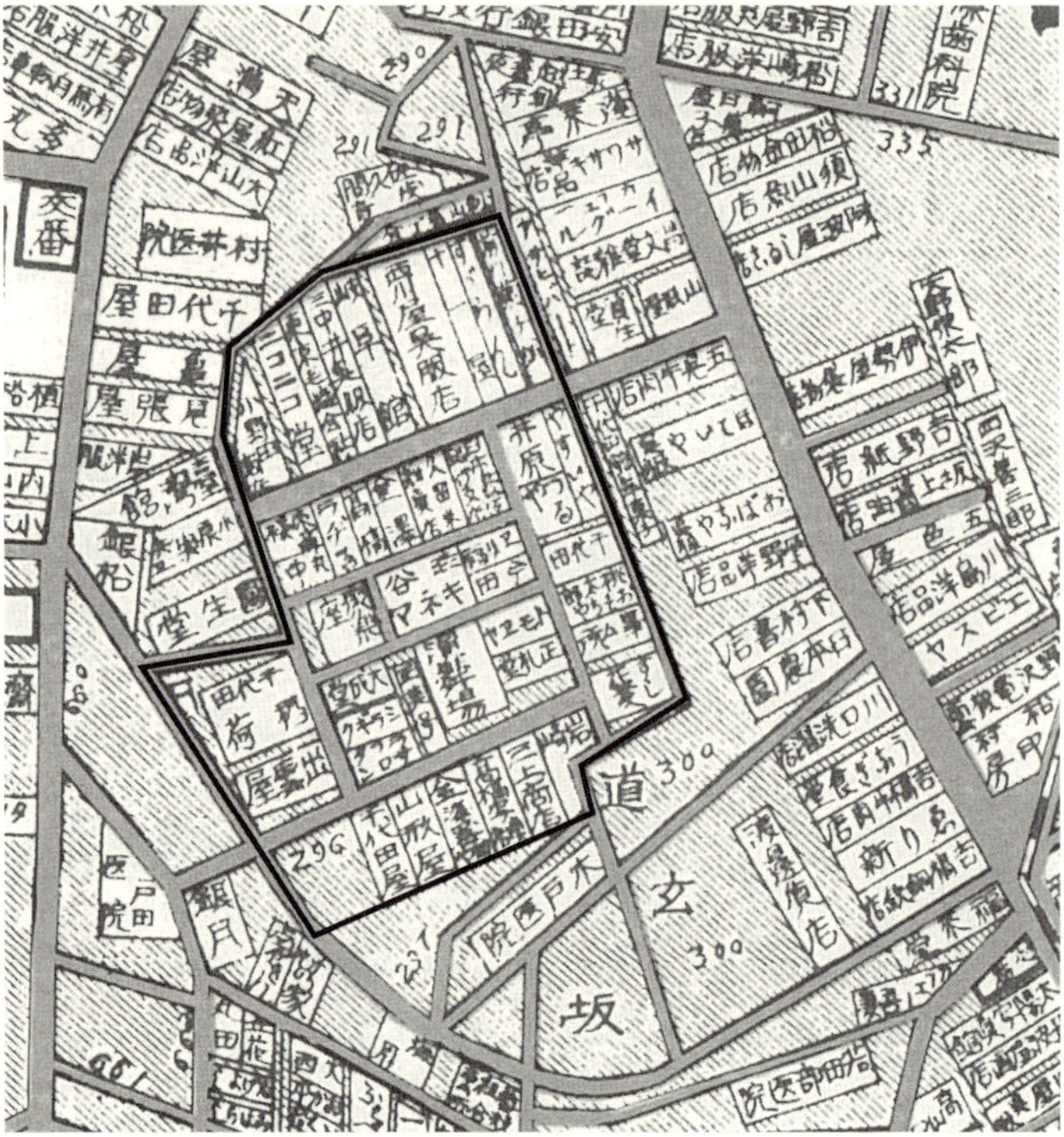

図37　大正14年12月の百軒店

東京交通社「大日本職業別明細図之内　渋谷町」より

常設の百軒店で開業した店舗には、資生堂、山野楽器店、西川呉服店、三中井呉服店など震災で被災した銀座や日本橋の有名店が含まれていた（図37）。従来の道玄坂は客の出足が多くなったとはいえ、東京郊外の農村部が後背地で垢抜けない雰囲気があったが、市中心部の実績ある洗練された商店が百軒店に入店し、地元の自営業者に刺激を与えた[18]。

海外の物産が並んでいるのも魅力的で、台湾館という店にはパイナップル、パパイヤ、竜眼肉など南洋の果物、三角軒という喫茶店にはアイスクリームやシャーベットがあった。震災前は本所で袋物屋をやっていたニコニコ堂は、道玄坂では心機一転しておいしい蜜豆を出す店を始めた。聚楽座では水谷八重子が出演する演劇の興行があったが、やがて演劇の上演はやめて、映画館に変わった。渋谷キネマという映画館もできて、徳《とく》川《がわ》夢《む》声《せい》が弁士で呼ばれた。百軒店で田中絹代の映画ロケが行われたこともあった（図38）。

図38　昭和3年10月の百軒店

東京交通社「大日本職業別明細図之内　渋谷町」より

しかし、百軒店が賑わったのは二～三年で、震災の復興が進み、有名店が古巣の市中心部へ戻ってしまうと、風船がしぼむように勢いが失せてきた(19)。

この人たちが元の場所を復興させて引き上げてからというものは、この一画が目に見えてさびれて来た。ここを持っていた土地会社は客足を引くために中心部の空地に舞台をつくり、軽演劇や万才などを毎晩無料で見せたが、それも大したことはなかった。(中略)石畳の両側を埋めていた家もいつの間にか代替わりになっていた。(中略)やがて聚楽座も芝居をやめて映画館に転向したが、その頃はこの家並みの殆んどが飲食店に変わっていた。[20]

洗練された雰囲気が新鮮だった洋風商店街のコンセプトは持続せず、どことなく垢抜けない飲食業中心の一画になっていった。

資金繰りの危機

大正末、箱根土地株式会社は多角経営を展開していったが、その資金源は社債、借入金、支払い手形などで外部負債に依存していた。[21] 関東大震災後、東京西部へ移る人が増え、分譲可能な土地資源は不足気味になった。箱根土地株式会社は農地が残る郊外での大規模開発にシフトし、大正一三年（一九二四）一〇月に大泉学園都市、大正一五年三月に国立大学町で分譲を開始した。大規模開発には資金が必要で、外部負債への依存度が高い箱根土地株式会社は資金繰りが厳しくなった。空きがあった百軒店の土地付き店舗の分譲について、値引き交渉に応じる旨の広告が出ている。

本社は百軒店の土地付店舗を景気の好転と共に有利に売却する予定でありました。然るに今回、省線、国分寺・立川駅の中間に新設さるべき停車場及び七万五千坪の東京商科大学を中心とせる百万坪の国立大学町の建設に専心社業を傾注することになりました。国立大学町の経営は我国最初の大規模なる模範郊外住宅地の実現であり、且つ商科大学、文部省、鉄道省当局に対する責任上、此際《このさい》総《す》べての財源を一つに此処《ここ》に集めねばならぬのであります。本年三月、停車場の新築落成をまち、四月頃、土地分譲売出しの予定ですから、此際資金の必要に迫られ、百軒店の土地付店舗を出来得る限りの値段で御相談に応じます。[22]

資金繰りが厳しい内幕が詳細に述べられているが、当時、次のような事情があった。

箱根土地株式会社は、大正一三年九月一〇日に第三回社債二〇〇万円を発行していた。これの償還期限が大正一五年三月一〇日、利率は一〇・〇%であった。前年から箱根土地株式会社の資金難は投資家の不安をよんでいた。結果的に三月一〇日償還予定の社債は償還不能となり、債権受託会社の神田銀行は五月二五日に債権者集会を開く予定になっていた。

そのような緊迫した金融リスクのさなか、道玄坂で牛肉屋の奉公人が現金一万円を拾った。落とし主は箱根土地会社の社員だった。

（大正一五年五月）七日の午前一一時二〇分頃のこと、渋谷道玄坂、百軒店入口左側にある石川牛肉店前に大きな紙の封筒が落ちて居た。何心なく、これを見つけ拾ったのが、同牛肉店の雇人で、府下北品川一五九に住む石井浅次郎（三〇）で、明けて見ると、未だ折目もつかないパリパリした札束が一ぱい入っていた。その時、「しめた」と云ったかどうか判らないが、算えて見ると、百円紙幣七〇枚、十円紙幣三百枚入っていた。それから早速、渋谷署に届け出たので、七日午後、警視庁遺失物係に現ナマの一万円が送り届けられ、早速金庫に保管して落とし主の訴えを待っていると、程なく「私が落としました」と云って青くなって届けて来た人は、箱根土地会社の社員で、小田幸作（三五）と云ひ、此の日は百軒店の箱根土地出張所から一万円を受け取って、省線国立駅付近の同会社事務所に持って行く途中に落としたもので、その場所は出張所と僅か半丁位しか離れて居ない。警視庁では渋谷署に命じて両者の間に報金の交渉をさせたが、結局七百五十円を拾った石井にやることになってケリがついた。(23)

債権者の集会を目前にして、わずかな資金でも回収しておきたいところであるのに、現ナマを落としてしまうとは関係者すべてにとって絶句モノであったことだろう。

この社債の担保物件は箱根・軽井沢の評価額二五〇万円の土地で、債権者集会は担保権実行を決議して終了した。しかし実行は繰り延べられて、訴訟が起きているさなか、昭和三年（一九二八）の金融恐慌で神田銀行は破産した。紆余曲折を経て、日本興業銀行が社債承継会社となり、昭和六年に和解案が提示された[24]。箱根土地株式会社は百軒店の発展を図るどころか、倒産寸前の状況が続いていたのである。

4　ターミナルデパートの登場

立体的デパートメントの時代

昭和九年（一九三四）一一月一日、東京横浜電鉄株式会社（東横電鉄）が渋谷に東横百貨店を開店させた。ターミナルデパートの登場である。地上七階、地下一階の鉄筋コンクリートのビルで、渋谷川を暗渠にし、その上に建築された（図39）。東横電鉄の渋谷駅はデパートの二階部分に作られた。日本では関西私鉄が多角経営で先行し、昭和四年、阪急電鉄が社長小林一三のもと、大阪梅田に阪急百貨店を開店させている。これが日本におけるターミナルデパートの嚆矢である。従来の呉服屋発祥の百貨店とは異なる発想で、鉄道の旅客を小売の消費者として取りこむ新しい販売方法である。乗客を集客できるので、百貨店の催事・商品にかかる広告費を軽減できる点に経営合理性があった[25]。かつて箱根土地株式会社は震災後に「平面的デパートメント」と称して百軒店を売り込んだが、時代は早くも立体的デパートメントの時代へと変わっていた。

山の手の消費前線の開拓

東横百貨店は、東京で初めてのターミナルデパートである。社長の五島慶太《ごとうけいた》はもともと鉄道省の官僚だったが、

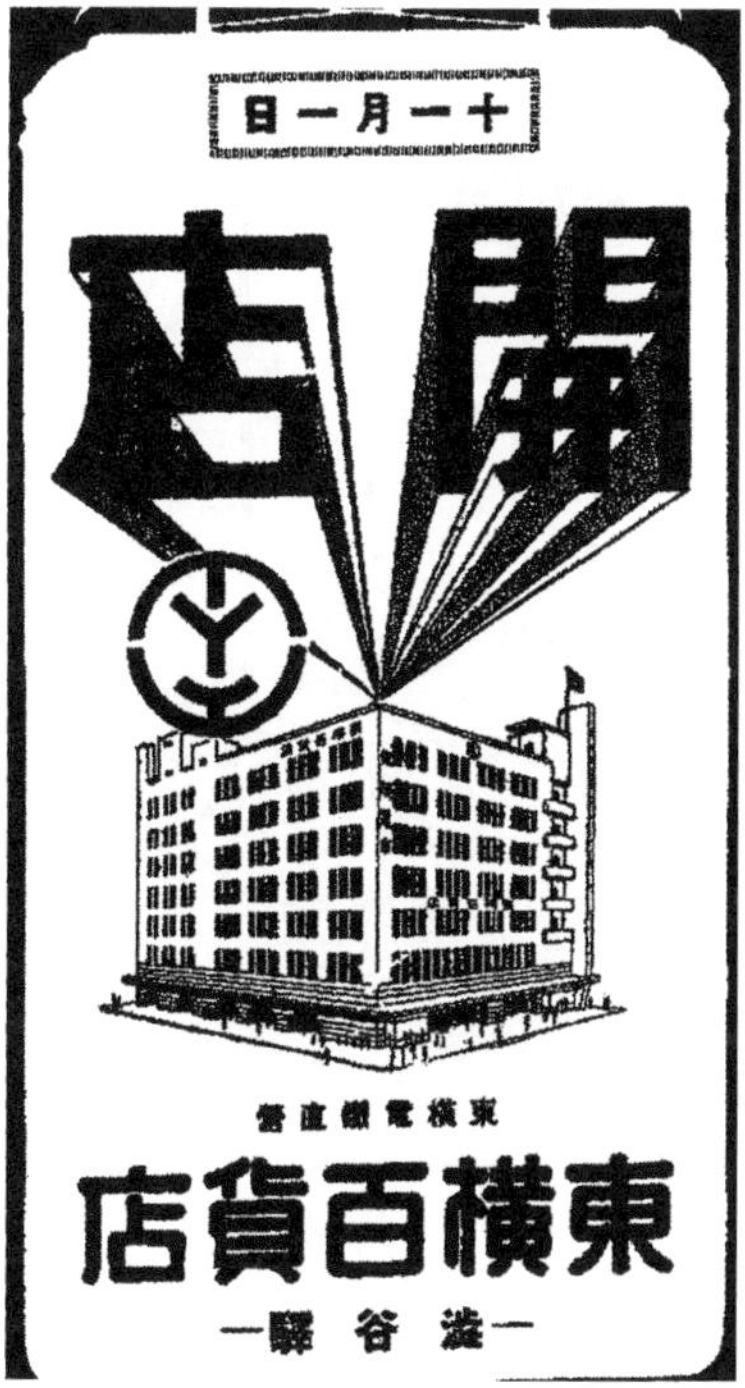

図39　昭和9年11月1日　東横百貨店の開店広告
「読売新聞」昭和8年10月29日

小林一三の推挙で私鉄業界に転身し、小林とは密接な間柄であった。ターミナルデパートの経営も小林に倣ったものである。阪急電鉄は関西で宝塚少女歌劇団を経営し、好評を追い風に東京進出をはかり、昭和九年一月に東京有楽町に東京宝塚劇場を開業していた。東横百貨店の開店披露の大売り出しでは、「宝塚少女歌劇生徒好みの銘仙」を目玉商品にし、購入客には東京宝塚劇場の一等席の招待券を配った。五島が開店招待の来賓に出した挨拶状には「渋谷を中心とする西南郊方面に居住せらるる方々の御便宜を図る趣旨の下に、計画された」百貨店と記されており、客層に合わせて、異業種を経営する多角経営の企業体が組んで、新たな魅力で客をひきつけた。

　小林一三をはじめとする招待客に門出を祝され、庶務課の幹部社員は「街路の銀杏は黄葉し、山手一帯の紅葉またまばゆく照り映える丘の上

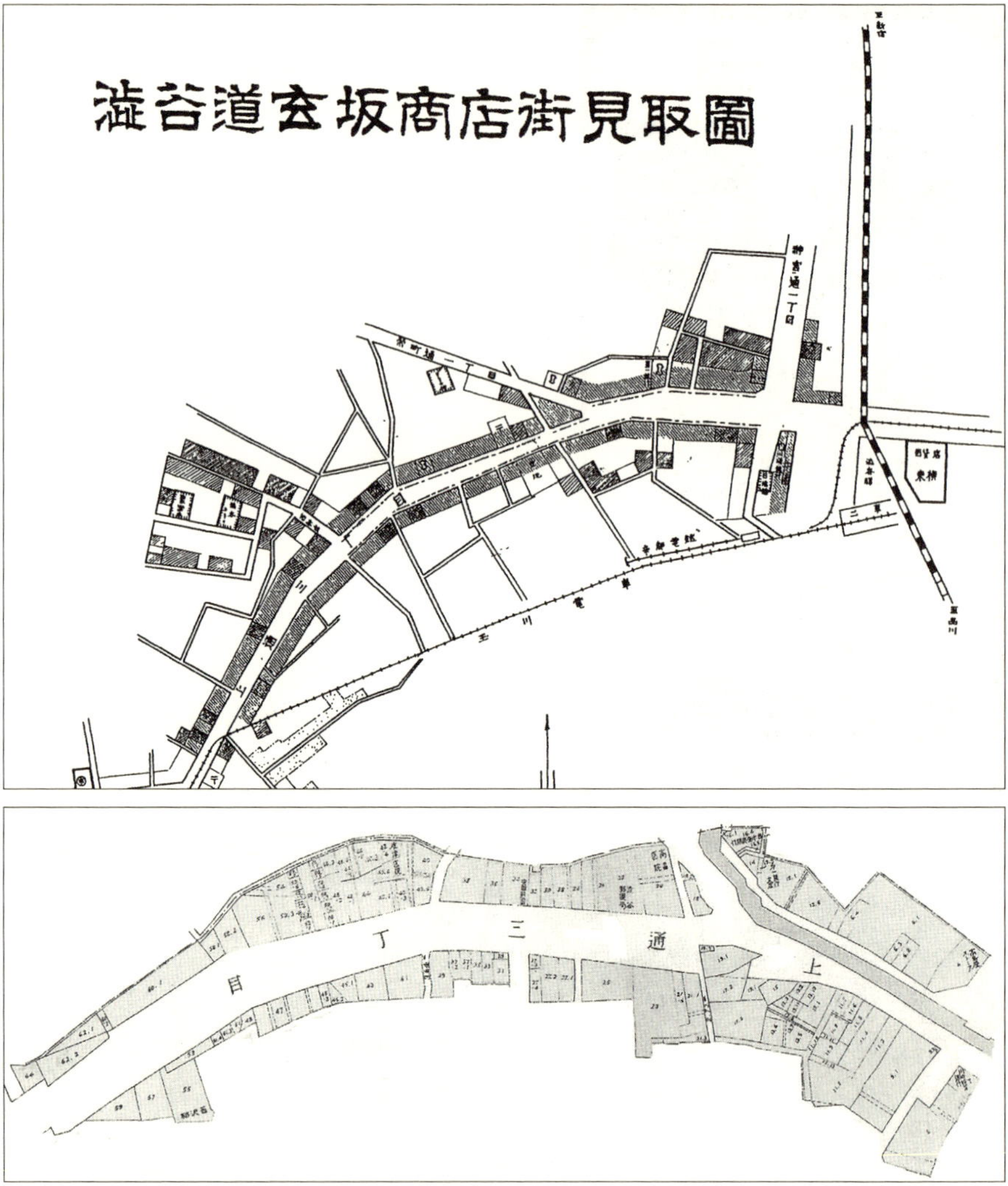

図40　昭和10年の道玄坂商店街地図

（上）出典：[東京商工会議所 1936]

（下）渋谷土地台帳地図より，武田作成．道玄坂商店街とは上通3丁目3番地～59番地の南北，58～64番地の北側．土地台帳では，下記の地番・地図が該当する．土地台帳は法務局渋谷出張所所蔵．

に、幾多の希望と理想を担って、わが東横百貨店は確乎としてその大道を進んでいく」と記している。[26] 渋谷川の暗渠の上、つまり谷底に建築された建物なので、「丘の上に百貨店」は誇張に近い。しかし、後年、道玄坂に近接した大日向小学校地を入手し、「丘の上の百貨店」は実現された。山の手イメージで消費前線を開拓していく姿勢は当初から貫かれていたといえる。

営業時間も午前九時から午後九時まで昼夜にわたる一二時間営業で、道玄坂の夜店の時間帯に食い込んでいた。

表20　道玄坂の事業者の構成(昭和10年12月)

事業内容				数
小売店				134(77%)
小売店以外				40(23%)
(内訳)	映画館			5
	小売市場			1
	金融・保険	銀行		3
		保険業		1
	住宅			2
	接客業	理髪，美容		3
		風呂屋		2
		飲食店(19)	うどん，そば	1
			和食	5
			洋食	6
			喫茶店	4
			カフェ，バー	3
		その他		2
	均一連鎖店	十銭，二十銭ストアー		1
		その他の連鎖店		1
空地，空屋	空屋			10
	空地			4
	他			6

出典：[東京商工会議所 1936]より武田作成.

七階には大食堂があり、屋上からは富士山、秩父連山のスカイラインが一望千里、眼下に青山、代々木、渋谷、目黒、品川の町並みがあった。客は「あれが代々木練兵場」「あれが明治絵画館」と近代東京の光景に感嘆した。[27] かつては台地を貫く大山道から富士の山容にみとれたが、時は移り、富士山をデパート屋上から眺める時代になっていた。

昭和の道玄坂

東横百貨店の設立計画は昭和七年四

表21　道玄坂商店街・小売店の構成(昭和10年12月)

業　種	商　品　内　容		店舗数
衣料品種 58(43.2%)	織物，被服類 29	呉服，太物，麻織物 洋反物，羅紗商 洋服 婦人，子供服 蒲団，夜具	13 1 10 4 1
	糸物類	綿，毛，絹，組物	2
	小間物，洋品類 17	小間物，袋物 帽子 洋品類	3 4 10
	履物，雨具類 10	靴，付属品 下駄，草履，他 傘，洋傘	3 5 2
食料品種 32(23.9%)	果　物		4
	魚介，藻	鮮魚 その他	1 3
	肉		3
	和洋酒，清涼飲料		1
	菓子，パン	和洋菓子 パン	10 3
	茶　類 煙　草 その他		3 1 3
住料品種 11(8.2%)	家具，指物 畳 陶磁器 ガラス 金属器具		5 1 2 1 2
文化品種 31(23.1%)	紙，紙製品 文房具，他 玩具，他 薬品，衛生材料 時　計 貴金属 眼　鏡 楽　器 レコード		1 5 2 5 3 2 1 1 1

	ラジオ	2
	図書，雑誌	4
	美術，工芸，書画，骨董	1
	花卉，盆栽，造花	3
生産用品種	機械工具	1
その他	その他	1

出典：［東京商工会議所 1936］より武田作成.

月に始まった[28]。翌八年、開店前にすでに周辺の商店から大規模店舗の出現で客を奪われる危惧の声があがっている[29]。開業後、道玄坂商店街がどのような状況にあるか、東京商工会議所によって昭和一〇年一〇月に調査されている[30]（図40）。

道玄坂の事業者の構成は、表20に示した通りで、飲食業をのぞく小売店が七七％を占めて一三四軒あり、道玄坂の表通りは小売店中心の商店街である。商業者の組織は二つある。明治四五年設立の共栄会（加入店舗九八）、大正五年設立の相互会（加入店舗九五）である。照明設備の共同管理などに当たり、商業基盤を維持する役割を担った。小売店のほか、映画館が五つ、飲食店が一定数あり、娯楽的要素を兼ね備えた商業地になっている。

顧客の中心は玉電、東横、帝都電車に乗って渋谷に来る目黒町、世田谷町の俸給生活者である[31]。震災直後は百軒店とその周辺が最も繁華だったが、東横百貨店の開店で、昭和一〇年には駅周辺に商業の中心が移っており、付近の小売店に相当の打撃を与えていた。

商店街の小売店一三四軒の内訳は表21の通りである。衣料・文化的用品を扱っている店舗が多い。住宅地に近接した商店街にある生活必需品を取り扱う商店とは異なっていたことが読みとれる。どこにでもあるわけではない気のきいた物が入手できる楽しみで消費意欲を満足させることが期待されている都心型の商業地の特徴があらわれている。

そのような小売店を経営する自営業者の概況を反映しているのが表22である。明治期

表23　道玄坂夜店の出店状況(昭和10年12月)

業　種	商　品　内　容		店舗数
衣料品種	織物，被服類	呉服，太物	1
		洋服	3
	小間物，洋品類	小間物，袋物	5
		帽子	1
		洋品類	7
	履物，雨具類	靴	3
		下駄	2
食料品種	果　物		1
	和洋酒		1
	菓　子		1
	その他		2
文化品種	紙		1
	文房具，他		7
	玩具，他		1
	薬　品		2
	化粧品		1
	貴金属		1
	眼　鏡		2
	楽　器		1
	レコード		1
	医療機械器具		1
	図書，雑誌		7
	書画，骨董		3
	花　卉		1
その他	金属器具		3
	電気機械・器具		2
	燃　料		1
	漁　具		1
	日用雑貨		2
	その他		2

出典：[東京商工会議所 1936]より武田作成.

表22　道玄坂小売店の概況(134店舗，昭和10年12月)

開業時期	実　数	割　合
明治年間	35	26.1%
大正元～	31	23.1%
大正10～	25	18.7%
昭和元～	8	5.8%
昭和6～	35	26.1%

店　舗	実　数	割　合
自己所有	44	32.8%
借　家	90	67.2%

形　態	実　数	割　合
住宅併用	109	81.3%
営業専用	25	18.7%

従業員数	実　数	割　合
1	3	2.2%
2～3	28	20.9%
4～5	51	38.1%
6～10	35	26.1%
11～30	17	12.7%

出典：[東京商工会議所 1936]より武田作成.

の創業が約四分の一あるものの、大正以降の人口急増期の開業である。東京周辺部の拡大・開発と併行して発展してきた商業地である。借家の店舗つき住宅に住み、家族従業員を含めて数人の従業者で切り盛りしている商家が多かったようである。

夜店も健在で、毎晩、日没から午後一一時まで営業しており、調査時点で夜店（露店）は六七あった。営業内容は表23の通りで、内店の商業者の構成と類似している。内店の閉店後、夜店が消費者を満足させる代替機能をはたしていたのだろう。以上のように、戦前期の道玄坂は一定程度発展した住商地域になっていた。

渋谷は戦災で焼失し、戦後はヤミ市ができた[32]。さらに高度成長期には都心の繁華街としてめざましい発展をとげた。かくて、現在はＪＲ渋谷駅前のスクランブル交差点では絶えることがない人波が続き、どこからともなく集まってくる若者たちで都市の底知れないエネルギーが感じられる場所になっている。

終章　「二つの練兵場」から「二つの国立競技場」へ

二つの道――大山道と表参道――

「はじめに」に載せた大山道（青山通り）を縦軸とし、表参道を横軸とする見取り図（図1、5）を見ていただくと、神宮外苑（青山練兵場）と神宮内苑（代々木練兵場、代々木御料地）は離れた台地の上にあることが御理解いただけよう。外苑と内苑の間を行き来するには、坂道の上り下りを必要とする。

大山道は渋谷を迂回して行く道である。明治末期にそのルートを通って青山から代々木練兵場へ行くと、谷底にあたる渋谷を通過するとき、道が混雑して使い勝手がよくなかったことは本書で述べた通りである。そのため、軍隊は駐屯している青山から代々木へ直近で行けるルートを必要とした。それが大正期に表参道として実現した。神宮内苑・外苑ができる以前から、陸軍省がこのルートに道路を作る構想を練っていたことは既述した通りである。

この「二つの道」は、離れた台地の上にある「二つの練兵場」をつなぐ道である。どちらの整備にも、陸軍省が関わっていた。「二つの練兵場」の開設、「二つの道」の整備を通して、東京西部の台地の開発は進められ、近代東京の都市空間が形成されていった。

将校の居住地

東京西部に軍用地・軍施設が集積すると、陸軍将校の居住地域の分布はある特徴をもつようになった。次のような史料がある。大正天皇が崩御して三カ月余が過ぎ、大葬など一連の葬送関連行事を終えた時期に、式典に奉侍した軍関係者を慰労するためであろうか、昭和二年（一九二七）四月二日午後、陸軍大臣宇垣一成《うがきかずしげ》の主催で陸軍戸山学校で午餐会が開かれた。招待されたのは男性皇族、各師団長のほか、在京の陸軍将校および同等の陸軍文官である。このときの陸軍将校・文官の招待名簿が残っており、そこには住所が記載されている。この史料から現役・予備役を含めた陸軍将校が東京のどこに住んでいたのか、おおよその分布状況をつかむことができる。

招待名簿に記載されているのは現役・予備役両方の陸軍大将・中将・少将三二一名、中将相当の陸軍主計総監・軍医監・獣医監・法務官一等二一名、少将相当の陸軍主計監・軍医監・獣医監・薬剤監・法務官二等五二名である。合計三九四名の住所を集計したものが表24である。

これを見ると一目瞭然、陸軍将校の居住地は東京西南部に集中している。三九四名のうち、牛込区、豊多摩郡、荏原郡の三郡区居住者が七六・四％を占める（図41）。西南部の範囲をやや広げて、これら三郡区に赤坂区、麻布区、四谷区、北豊島郡の四郡区を加えてみよう。招待を受けた陸軍将校の九四・六％はこれらの七郡区に居住している。

このように陸軍将校の大部分は東京西南部、すなわち代々木練兵場および駒沢練兵場周辺に居住していた。そのなかでも渋谷町、千駄ヶ谷町、代々幡《よよはた》町にはとくに多い。他方、これと対照的に東京東部には全く居住していない。

近代東京西南部に軍用地が増加し、職業軍人も西南部に居住する傾向が顕著であったことがわかる。軍の重要

表24　陸軍将校の居住地(昭和2年4月)

郡区名	町　名	陸軍武官			陸軍文官		小計	比率
		大将	中将	少将	陸軍主計総監・軍医監・獣医監・法務官一等	陸軍主計監・軍医監・獣医監・薬剤監・法務官二等		
		20	104	197	21	52	394	
赤坂区	赤坂表町		1				17	4.3%
	青山北町	2		2				
	青山南町		1	4	1	2		
	青山高樹町		1			1		
	赤阪台町			1				
	氷川町			1				
四谷区	花園町	1		1			28	7.1%
	大番町	1	2	3		1		
	四谷塩町		1					
	四谷本村町			1				
	四谷霞丘町			1				
	四谷永住町			2				
	四谷坂町			1				
	四谷須賀町			2		1		
	四谷荒木町					2		
	四谷北伊賀町		1					
	四谷南伊賀町				1			
	四谷左門町		1					
	四谷内藤町		1	1				
	四谷三光町			1	1			
	四谷右京町				1			
牛込区	市ヶ谷加賀町	1		1			48	12.2%
	市谷富久町	1	2	1				
	市谷谷町		1	2				
	市谷仲町		2	1				
	市谷台町			1				
	市谷佐土原町		1	1				
	市谷左内町				1			
	市谷河田町		2	2				
	市谷薬王寺町			1				

	牛込喜久井町			1				
	牛込白銀町			1				
	牛込早稲田町			1				
	牛込揚場町				1			
	牛込北町		1					
	牛込若松町		1	2		1		
	牛込東五軒町		1					
	牛込南榎町		1	1				
	牛込矢来町				1	2		
	牛込北山伏町				1			
	牛込南山伏町		2					
	牛込中里町		1					
	牛込若宮町		1					
	牛込余丁町		2	4	1			
豊多摩郡	渋谷町	1	9	14	1	5	202	51.3%
	千駄ヶ谷町	1	11	12	3	3		
	代々幡町	3	10	21	1	7		
	淀橋町		3	5	1	1		
	大久保町		7	9	3	2		
	戸塚町			5		1		
	落合町	2	4	9		1		
	和田堀町	2	3	2				
	中野町	1	6	8		4		
	野方町			1				
	井荻町		1	3				
	杉並町		8	6		2		
北豊島郡	高田町		2	6	1		19	4.8%
	西巣鴨町		4	4		1		
	長崎町			1				
荏原郡	世田谷町		6	9		3	51	12.9%
	駒沢町		2	6	1			
	目黒町			1		4		
	荏原町			2				
	調布町(田園都市)			1				
	松沢村	1		1				

	玉川村	1				1		
	馬込村			1				
	碑衾村					1		
	品川町	1		3				
	大井町			2		1		
	大崎町			3				
北多摩郡	千歳村	1					3	0.008%
	武蔵野村			1				
	三鷹村			1				
麻布区	笄　町		1	1			8	0.08%
	麻布市兵衛町			1				
	広尾町			1				
	森元町			1				
	霞　町			1		1		
	三軒家町			1				
芝　区	白金台町		1				5	0.013%
	白金三光町			1				
	高輪南町		1					
	高輪御料地			1				
	伊皿子町			1				
小石川区	小日向台町			1	1		7	0.017%
	音羽町			1				
	原　町			1				
	表　町			2				
	大塚坂下町			1				
麹町区	下二番町			1			4	0.010%
	下六番町			1				
	平河町					1		
	飯田町					1		
本郷区	真砂町			1			3	0.008%
	駒込町			1				
	森川町			1				
神田区	小川町					1	1	0.003%
下谷区	谷中初音町			1			1	0.003%

出典：防衛省防衛研究所所蔵資料：陸軍省大日記「大正天皇崩御陸特」昭和2年「昭和2年4月2日正午，戸山学校午餐」招待者名簿より武田作成．

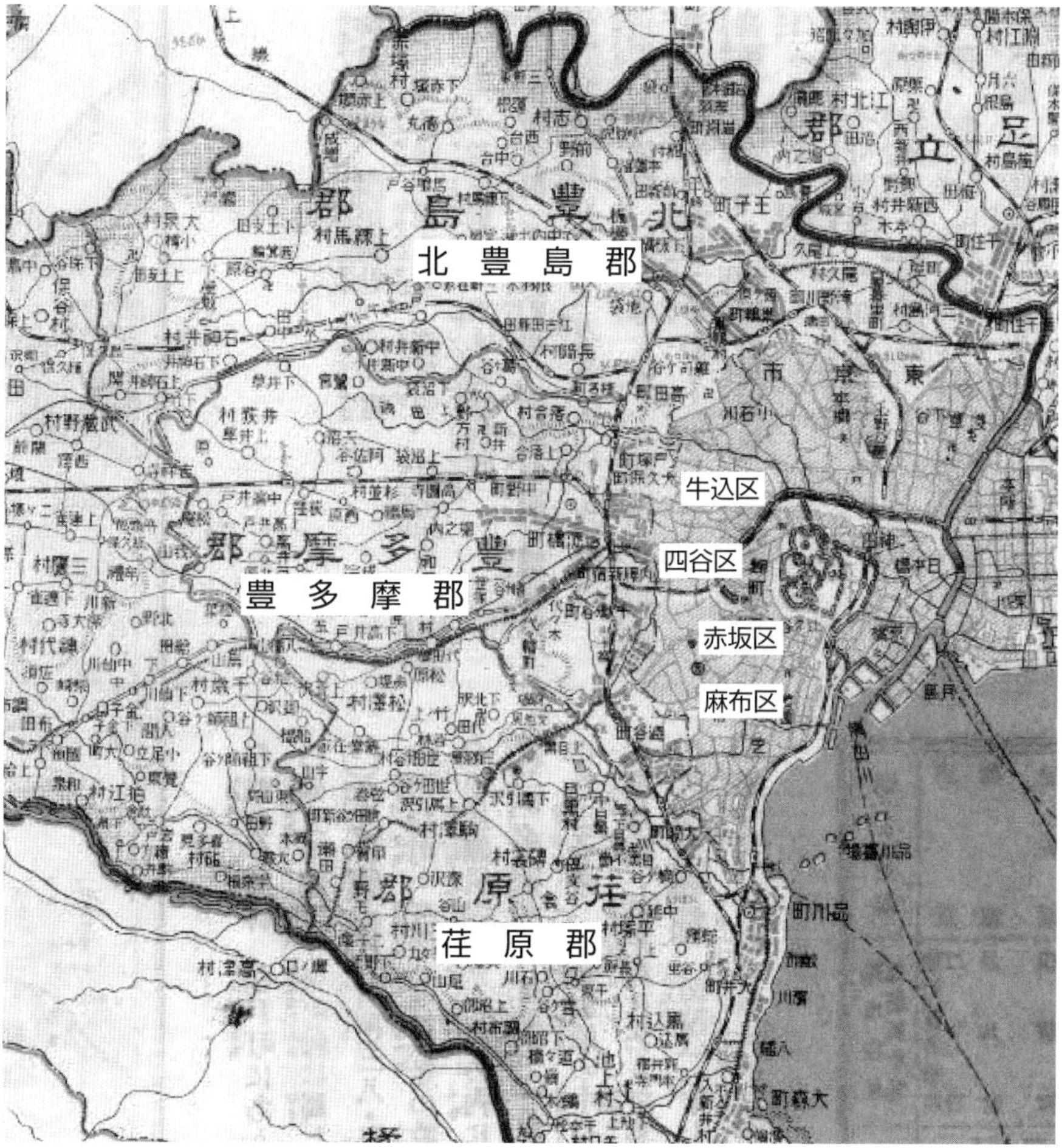

図41 東京西南部と陸軍将校の主要な居住地域

「東京府全図」(大正9年〈1920〉,大江印刷所,国際日本文化研究センター所蔵)より

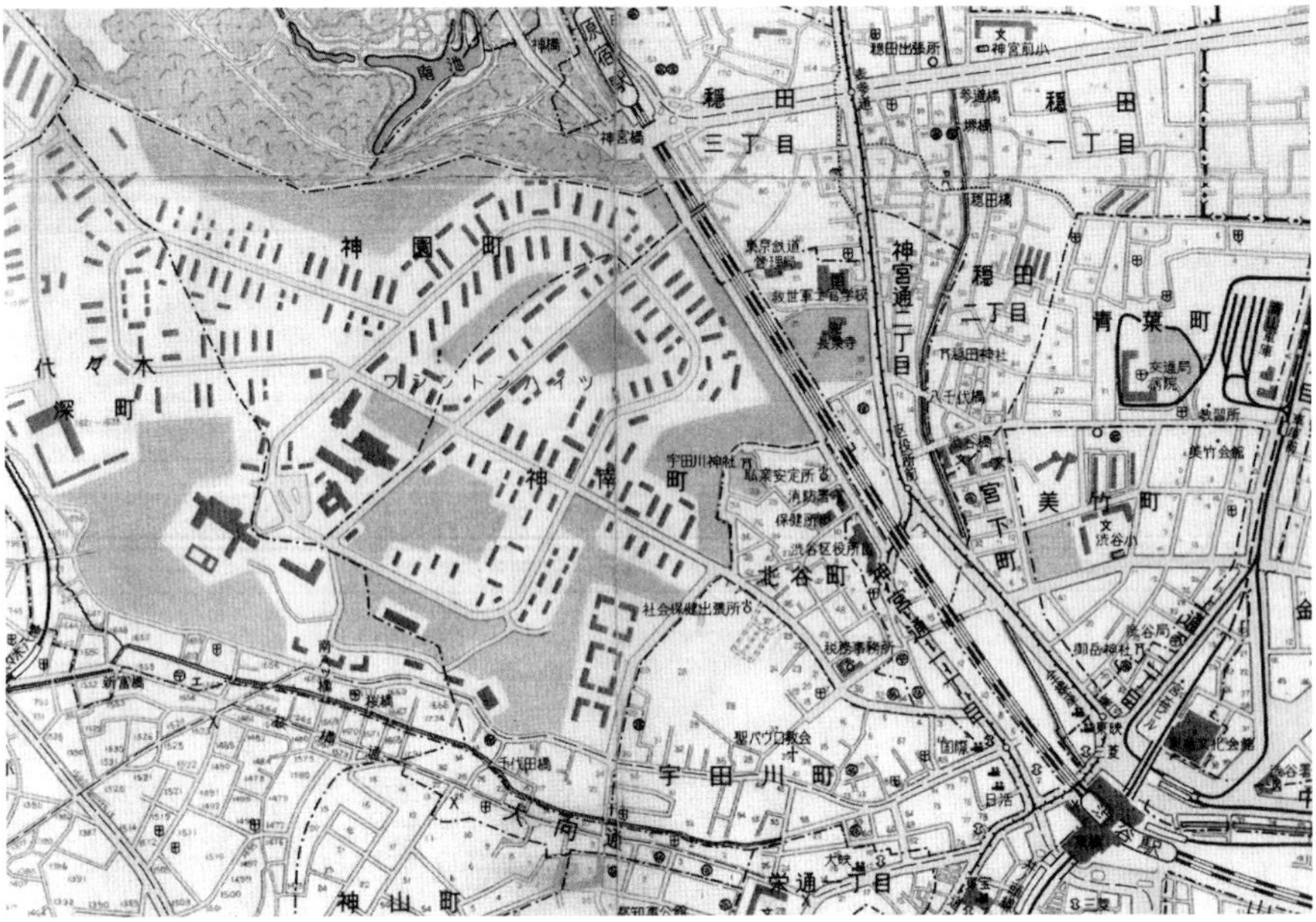

図42　ワシントンハイツ
「東京都区分図渋谷区詳細図」（昭和34年，日地出版，国際日本文化研究センター所蔵）より

拠点に近接して軍人が多く住んでいたことは、まるで近世の千駄ヶ谷焔硝蔵の周辺に番方の組屋敷が多くあったことの再現のようである。交通が限られていた時代に職住近接は至極当然のことだったのだろう。

占領軍・米軍の軍用地「ワシントンハイツ」

第二次大戦後、日本はＧＨＱ（連合国軍最高司令官総司令部）によって占領された。「二つの練兵場」も接収の対象になった。代々木練兵場跡地は、「ワシントンハイツ」と呼ばれ、占領軍家族住宅地区になった（図42）。敷地面積約二八万坪に八二七戸の住宅が建設されたが、その費用は日本政府が負担する終戦処理費から支出されたものである。住宅のほか、小学校、礼拝堂、劇場等、生活に必要な諸施設が全部揃っており、フェンスの内側に「アメリカの町」が出現した[1]。かつての陸軍軍用地は、占領軍の軍用地に変わった。占領軍の軍人家族の生活ベースとして活用されたという点では、やはり軍用目的の土地空間であり続けたのである。

一方、かつての青山練兵場は明治神宮外苑となり、戦争中は陸軍に徴用され、ふたたび軍用地となった。占領軍に接収されて外苑は「メイジ・パーク」となり、レクリエーション施設として利用された。神宮競技場は「ナイルキニックスタジアム」、神宮球場は「ステートサイド・パーク」と呼ばれた。

昭和二七年（一九五二）、サンフランシスコ講和条約によって、GHQによる占領は終了したが、ワシントンハイツは引き続き日米安保条約による無期限使用施設の指定を受け、米軍軍人家族が居住し続けた。一九五四年には鉄筋四階建てアパート一四棟がワシントンハイツ内に建てられ、日本人一般の生活水準とはかけはなれた「外国」であり続けた。

ワシントンハイツのフェンスから外に出ると、原宿駅は目の前で、表参道があった。「キディランド」「オリエンタルバザール」など軍属やその家族を相手に商売する店舗が点在していた。表参道の洋風な雰囲気のルーツをワシントンハイツ時代にみる見方もある(2)。

米軍の軍用地だったワシントンハイツが返還されるきっかけになったのは一九六四年開催の東京オリンピックである。

二つの国立競技場

一九六四年のオリンピックが東京で開催されることが決定したのは開催五年前の一九五九年である。選手村の決定は難航したが、一九六一年に選手村として利用することを条件にワシントンハイツが米軍から返還されることになった。オリンピック終了後は森林公園として利用するという条件が付帯していた。返還と代替に日本政府が全面的に費用を負担して、調布町に米軍のため「関東村住宅地区及び補助飛行場」を建設した。

　返還されたワシントンハイツに設けられた選手村は米軍住宅を再利用したものである。木造五四三戸の米軍将兵宿舎はオリンピックの男子用宿舎、鉄筋四階建てアパート四棟が女子用宿舎として活用された。

　ワシントンハイツにはそのほか、屋内競技の競泳、バスケットボールの会場として、国立代々木屋内総合競技場が建設された。オリンピックではメイン会場である国立競技場（国立霞ケ丘競技場）のサブ会場として使用された。

　メイン会場として利用された国立霞ケ丘競技場の建物は、一九五八年に竣工したもので、同年開催の第三回アジア競技大会で、開会式、陸上競技会場として使われた。一九六四年東京オリンピックの開催が決定したあと、拡充工事が施された。ここで行われた秋晴れのオリンピック開会式は国民的記憶になっていると言っても過言ではないだろう。

　以上のように青山練兵場、代々木練兵場の「二つの練兵場」は、占領期を経て、二〇世紀にオリンピックのメイン会場、サブ会場になった。「二つの国立競技場」として世間の注目を集める舞台になった。近代軍隊の「尚武」の鍛練場所は、現代においてはスポーツによる「勝負」の場所として相似形で復活した。近世の江戸幕府における軍事的布置は、このように現代の都市空間でも継承されている。

三五〇年余の変化――幕府火薬庫から新国立競技場へ――

　寛文五年（一六六五）に千駄ヶ谷焔硝蔵が設けられて以来、三五〇年余、「尚武」から「勝負」へと、連綿と「武」に親和的な土地の特徴が存続してきた。二〇二〇年、新国立競技場におけるその発現に注目しつつ、近世、近代、現代を貫いて存続する土地の固有性について考え続けてみたい。

注

［　］付きの文献は、編著者名、出版年、頁数を著し、書名等は参考文献の欄に掲げた。

第一章

（1）芭蕉がこの句を詠んだのは、元禄七年（一六九四）、「箱根の関越え」でとされている（八十村路通編『芭蕉翁行状記』）。
（2）幕臣の下級武士である御家人は、職務を同じくする組ごとに屋敷を与えられており、これを組屋敷という。
（3）［吉田　一九九八］［早川　二〇〇七］［北場　二〇〇九］［田中　一九八〇、一九九〇］
（4）『文政町方書上』「渋谷町方書上」
（5）東京都公文書館所蔵資料「府治類纂」地輿・戊辰「御郭内屋敷御用ニ付家作在来之牘差置可申云々之儀徳川家江御達置其外」(634-B7-14)
（6）東京都公文書館所蔵資料「府治類纂」地輿・戊辰「郭外受領屋敷御取上相成候而も家作之儀ハ御慈恵を以被下候云々伺済之趣諸向幷徳川家へ達書」(634-B7-14)
（7）［川崎　一九六五］［石塚　一九七三、三〇五―三五五頁］［松山　二〇〇四］

第二章

（1）［前田　一九六九、一五三―一六四頁］
（2）『東京市史稿』皇城篇第二、五八―五九頁
（3）『東京市史稿』皇城篇第二、六〇頁
（4）『徳川実紀』第一三巻、明暦三年正月、二月
（5）『東京市史稿』皇城篇第二、四二―八二頁
（6）『東京市史稿』市街篇第七、六三頁／第八、八三七頁。［秋岡　一九六五］
（7）「天享吾妻鑑」『東京市史稿』皇城篇第二、六二―六三頁
（8）「落穂集」『東京市史稿』市街篇第七、六四―六六頁

(9) 『徳川実紀』第一三巻、明暦三年二月七日
(10) 「寛永日記」『東京市史稿』市街篇第五、九七〇―九七一頁
(11) 『徳川実紀』第一三巻、明暦三年二月八日
(12) 「御府内場末往還其他沿革図書」『東京市史稿』市街篇第一九巻、四一二―四一五頁
(13) 『寛政重修諸家譜』
(14) 嘉永六年写本、国立公文書館内閣文庫所蔵
(15) 『諸向地面取調書』一六三六頁
(16) [宇田川 二〇一〇、二〇一二]
(17) 『柳営補任』巻一六
(18) [宇田川 二〇一二、四六―四七]。『通航一覧附録』巻二二、五五六頁
(19) 『通航一覧附録』巻二二、五五七頁
(20) 『柳営補任』巻一六
(21) 『柳営補任』巻一六
(22) 新宿区教育委員会所蔵資料〈武蔵国豊島郡戸塚村名主中村家文書〉「欠付候節鑑札可相渡ニ付」「御蔵詰人足数、名前取調書上帳、武州豊島郡戸塚村」。「触留」『東京市史稿』市街篇第四六、五六七―五六八頁
(23) 『柳営補任』巻一六。『寛政重修諸家譜』。「吏徴別録」『日本財政経済史料』巻二、三六二頁
(24) 『通航一覧附録』巻二二、五五六頁
(25) 『東京市史稿』市街篇第二九、一頁、五頁/巻三一、二七七頁
(26) [横山 二〇一四]
(27) [山﨑 二〇一七]
(28) [大石 二〇〇一、一五―三〇頁][根崎 二〇一四]
(29) 「屋敷渡預絵図証文・屋敷書抜」「御府内場末沿革図書」『東京市史稿』市街篇第一九、四一二―四一五頁
(30) 「甲辰雑記　三」『日本財政経済史料』巻二、四三四頁
(31) 「柳営日次記」『東京市史稿』市街篇第二六、六〇四頁

(32) 新宿区教育委員会所蔵資料〈武蔵国豊島郡角筈村名主渡辺家文書〉「千駄ヶ谷御焔硝蔵組合申合帳」。〈武蔵国豊島郡戸塚村名主中村家文書〉「年番順」天明二年、「御請書、警衛詰人足江鑑札下渡ニ付」
(33) 『新編武蔵風土記稿』多摩郡之三七「和泉村」
(34) [中江 二〇一六、二五—二八頁][家近編 二〇〇一、七五—九二頁]
(35) 「柳営日次記」「続泰平年表」『東京市史稿』市街篇第四〇、六四一—六四三頁
(36) 「続泰平年表」「幕府類編」「屋敷渡預絵図証文」『東京市史稿』市街篇第四一、八六—八七頁、一二〇頁、二八七頁
(37) 『柳営補任』巻一六
(38) 「幕府日記」東大史料編纂所「史料稿本」。「御書付留」『東京市史稿』市街篇第四四、六〇五頁
(39) [浅川 二〇一〇、一一一—一一八頁]
(40) 「御用留」嘉永七年馬橋村文書[馬橋村史編纂委員会 一九六九、一四八—一五一頁]
(41) 「撰要永久録」『東京市史稿』市街篇巻四三、九八五—九八九頁
(42) 国立公文書館所蔵資料 公文録、明治四年、第九九巻、品川県伺、「武州大森村大筒丁打場検地ノ儀ニ付伺」
(43) 「火薬取扱ニ関スル諭告」「撰要永久録」『東京市史稿』市街篇巻四三、九八七—九八九頁
(44) 「藤岡屋日記」『東京市史稿』市街篇巻四四、二頁
(45) 「藤岡屋日記」『東京市史稿』市街篇巻四四、二—三頁
(46) 「安政録」『東京市史稿』市街篇巻四四、九一頁
(47) 『維新史料綱要』巻二、二八八頁
(48) [渋谷区役所編 一九五二、五〇八—五三三頁]、『新篇武蔵国風土記稿』巻之三九「三田用水」
(49) [渡辺 二〇〇九、一二一—二五七頁]
(50) 「安政三年十月、合薬製方水車取立ニ付歎願書」目黒区所蔵資料〈鏑木家文書〉『目黒区史』資料編
(51) 「昭徳院殿御実紀」「藤岡屋日記」『東京市史稿』市街篇巻四六、三五八頁
(52) 「藤岡屋日記」文久三年九月二六日『東京市史稿』市街篇巻四七、一〇九頁
(53) 「硝石会所 亥(文久三年)四月廿九日」「触留」『東京市史稿』市街篇巻四七、三頁
(54) 「焔硝製場」「嘉永明治年間録」『東京市史稿』市街篇巻四七、七頁

(55)「触留」『東京市史稿』市街編巻四七、三頁
(56)『維新史料綱要』巻五、三〇八頁
(57)「復古外記　東山道戦記」第七巻
(58)「復古外記　東山道戦記」第一〇巻

第三章

(1)［山﨑 二〇一七］［渋谷区役所編 一九五二、六二〇―六二六頁］［東京都立大学学術研究会編 一九六一、二四五―二六九頁］
(2)「御鷹場御法度手形之事」［渋谷区編 一九六六、六一八―六一九頁］
(3)『文政町方書上』「渋谷町方書上」渋谷道玄坂町
(4)「天明五年 町入用帳」［渋谷区 一九八一、一〇―一四頁］。「安永年中、道玄坂町と中渋谷村と火番出入返答書之事」野崎善右衛門『極秘禄』五十七、［渋谷区 一九八二、一七四―一七六頁］
(5) 渋谷区所蔵資料〈吉田家文書〉「天保二年四月　大額再建諸色控帳」、［武田 二〇一五］
(6) 渋谷区所蔵資料〈吉田家文書〉「文化四年九月　道玄町下水石橋土台修復願」［渋谷区 一九八一、一四頁］
(7) 渋谷区所蔵資料〈吉田家文書〉「天保三年正月 道路修復嘆願書」［渋谷区 一九八一、二二頁］
(8) 渋谷区所蔵資料
(9)「工」は「職」「師」専門的な技術が要求される職業、たとえば大工職・塗師。「商」は「渡世」「商」「売」など常設店舗を構える商売、たとえば古着渡世・質屋商。「雑業」は、上記以外の「其の日稼ぎ」日雇稼・棒手振・賃仕事、芸人
(10) 渋谷区所蔵資料
(11)［岩科 一九八三、三―七頁］
(12)［加藤 一九六七、二〇八―二一三頁］
(13)［渋谷区 一九八一、一五頁］
(14)［岩科 一九八三、五五―六〇頁］
(15)［武田 二〇一五］
(16) 渋谷区所蔵資料〈吉田家文書〉掛金集金帳「山吉御水講登山帳」。［白根記念渋谷区郷土博物館・文学館編 二〇一〇、一三、

九六—一〇三頁〕
(17) 読売新聞　明治八年六月二日
(18) 読売新聞　明治一二年六月七日
(19) 読売新聞　明治二〇年一一月九日
(20) 〔岩科　一九八三、二六四—二六五頁〕
(21) 渋谷区所蔵資料〈加藤家文書〉「約定書」
(22) 〔渋谷区白根記念郷土文化館編　一九八六、四頁〕
(23) 〔渋谷区　一九六六、九三一—九五五頁〕
(24) 渋谷区所蔵資料「水車一件」〔渋谷区　一九九三〕
(25) 渋谷区所蔵資料〈加藤家文書〉「水車仲間帳」
(26) 〔篠田　一九三一（一九九六）、一六八—一七二頁〕
(27) 読売新聞　明治一三年三月一三日
(28) 読売新聞　明治一六年六月一日
(29) 東京都公文書館所蔵資料「水車新築願」明治二三年四月二日、鈴木喜代次郎
(30) 朝日新聞　明治二六年八月九日
(31) 読売新聞　明治四三年六月二日

第四章

(1) 防衛省防衛研究所所蔵資料（以下、防衛研究所資料と略記）　陸軍省大日記、「明治三年　駒場野連隊大練記」
(2) 〔川崎　一九六五、一五六頁〕掲載の兵部省文書
(3) 防衛研究所資料　海軍省公文備考、公文類纂明治四年、「府藩県往復　千駄ヶ谷彦根藩邸売払材の件」
(4) 〔川崎　一九六五、一五九—一六〇頁〕掲載の内藤家家扶の文書
(5) 防衛研究所資料　海軍省公文備考、公文類纂明治四年、「丁二号大日記、火薬在高調武庫司申出」明治四年一〇月一四日
(6) 防衛研究所資料　陸軍省大日記、兵部省布告、「兵部省規則条例」明治四年一月。国立公文書館所蔵資料　公文別録、陸軍省

衆規渕鑑抜粋、「火薬運搬ノ際赤旗ヲ建テ取締人ヨリ注意セシム」明治四年一二月

(7) 防衛研究所資料　陸軍省大日記、壬申三月省中之部辛、「造兵司より青山火薬庫、火薬運送に付、左の道筋へ例御達相成度」明治五年三月

(8) 防衛研究所資料　海軍省公文備考、公文類纂明治五年、「戊2号大日記造船局申出、目黒火薬庫請取方の儀、陸軍省へ御掛合方」明治五年六月

(9) 防衛研究所資料　海軍省公文備考、公文類纂明治四年、「丁二号大日記、火薬在高調武庫司申出」明治四年一〇月一四日

(10) 防衛研究所資料　陸軍省大日記、壬申四月省中之部辛、「武庫司より火薬運送に付道筋へ例規の通御達方申出」明治五年四月。

防衛研究所資料　陸軍省大日記、壬申六月省中之部辛、「武庫司青山より火薬運送に付申出」明治五年六月

(11) 防衛研究所資料　陸軍省大日記、壬申正月省中之部辛、「武庫司より本司門番並青山火薬庫守兵相増度伺」明治五年一月。国立公文書館所蔵資料　公文別録、陸軍省衆規渕鑑抜粋、「東京鎮台兵三大隊編束ニ付諸隊応役表ヲ改ム」明治六年三月

(12) 防衛研究所資料　陸軍省大日記、明治七年、「第一経営部より青山火薬庫新築等真入費をもって伺出」明治七年二月。国立公文書館所蔵資料　公文別録、陸軍省衆規渕鑑抜粋、「青山火薬庫守衛兵一分隊ヲ増加ス」。防衛研究所資料　陸軍省大日記、明治七年、「武庫正より青山火薬庫護兵屯所人夫溜處に致度伺」七年三月

(13) 読売新聞　明治八年六月二日

(14) [日本工学会編　一九九五、一二一—四八頁]

(15) 防衛研究所資料　海軍省公文備考、公文類纂明治一〇年「鹿児島県敷根郷火薬調製人伊勢仲左エ門着京の件兵器局届」

(16) 防衛研究所資料　海軍省公文備考、公文原書巻一三「兵器局より敷根火薬調製所保護取締之義伺」一、明治一〇年二月一〇日

(17) 防衛研究所資料　陸軍省大日記、西南戦役、報告西南征討関係書類「右翼　敷根福山築城　敷根宿泊」明治一〇年七月一一日

(18) 防衛研究所資料「鹿児島県下敷根火薬調製所幷吉野火薬庫処分の件」海軍省公文備考、公文類纂、明治一〇年後編巻二一、明治一〇年一二月二〇日

(19) 読売新聞　明治一一年一月一五日

(20) 読売新聞　明治一一年一月一五日

(21) 防衛研究所資料　陸軍省大日記、明治一九年、「青山火薬庫建築費並新築可取計旨達」

(22) [石田 二〇〇四、三七—一一五頁] [藤森 一九九〇、八九—二五七頁] [越澤 二〇〇一、一六—三七頁]

(23) [藤森 一九八八、一〇頁]
(24) 『東京市区改正並品海築港審査議事録筆記』
(25) [東京市区改正委員会編 一九一八、二五―二六頁]
(26) [東京市区改正委員会編 一九一八、一〇九頁]
(27) [武田 二〇一七]
(28) 防衛研究所資料 陸軍省大日記、「内閣へ青山近傍にて練兵場撰定の件閣議」明治一九年二月一五日。防衛研究所資料 陸軍省弐大日記、「青山練兵場地買収に付金額の義大蔵へ照会の申進」明治一九年四月
(29) 国立公文書館所蔵資料 公文類聚、明治一九年、「日比谷練兵場ニ換フル練兵場新設費陸軍省不用土地家屋物品売却代ヲ充用スルヲ認許ス」二月一五～一八日
(30) 「青山練兵場用地買収引渡事蹟」『東京市史稿』市街篇第七二、九八―一〇五頁
(31) 読売新聞 明治二〇年四月三日
(32) 防衛研究所資料 陸軍省弐大日記九月、「火薬庫移転の件」、「弾薬格納所改称の件」
(33) 防衛研究所資料 陸軍省伍大日記九月、「砲1千駄ヶ谷村火薬庫引払の件」明治二一年九月一二日。防衛研究所資料 陸軍省大日記、「地所及建物受領済の義に付開申」明治二一年九月二一日
(34) 読売新聞 明治二〇年一〇月三〇日
(35) 読売新聞 明治二〇年一〇月三〇日、一一月三日、一一月五日
(36) 読売新聞 明治二〇年一二月二五日
(37) 読売新聞 明治二一年六月三日、七月一三日
(38) 読売新聞 明治二三年二月七日、二月八日
(39) 山下重民、一九三六、風俗画報臨時増刊『新撰東京名所図会』
(40) 「陸軍所轄地価価格取調ノ件回答案」『東京市史稿』市街篇第八七、五〇―五九頁
(41) [菅原 一八九六]
(42) [雨宮 一九〇七、一五九―一七〇頁]
(43) [菅原 一八九六]

(44) 田山花袋『東京の三十年』大正六年
(45) [警視庁 一八九六、四一―四五頁]

第五章

(1) [武田 二〇一二]
(2) [内閣官房 一九五五、五六五頁]
(3) [加藤 一九六七、三一七頁]
(4) [加藤 一九六七、三一七頁]
(5) [加藤 一九六七、二二二頁]
(6) 読売新聞 明治三九年一二月三日
(7) [武田 二〇一七、一五五―一六八頁]
(8) 防衛研究所資料 陸軍省大日記・弐大日記・明治四一年坤「分遣所設置の件」
(9) 国立公文書館所蔵資料 公文別録・未決並廃案書類・明治二十年～大正四年・第二巻「青山練兵場ノ内一万有余坪ヲ引去リタル地積ヲ以テ日本大博覧会場ニ充用ノ件」
(10) 防衛研究所資料 陸軍省大日記、明治四〇年「経理局 土地収用の件」
(11) [那須 一九二五]
(12) 国立公文書館所蔵資料 『公文類聚』第三二編、明治四一
(13) 防衛研究所資料 陸軍省大日記、大日記乙輯「東京鉄道線路中渋谷町大字宮益町渋谷停車場間軌道敷設の件」
(14) 防衛研究所資料 陸軍省大日記・弐大日記・明治四三年乾四「青山北町七丁目、渋谷宮益橋間道路拡張の件」
(15) 防衛研究所資料 陸軍省大日記、大日記乙輯「東京鉄道線路中渋谷町大字宮益町渋谷停車場間軌道敷設の件」
(16) [原 二〇〇一、五一―二六、七一―二一六頁]
(17) [藤原 一九八九、四七七―五〇〇頁]
(18) [東京百年史編集委員会 一九七二、八二四―八三五頁]
(19) 渋谷区所蔵資料 〈吉田家文書〉「東京府豊多摩郡渋谷町 明治四二年度歳入出予算更正案」渋谷町歳出臨時部明治四三年三月

一八日提出
(20)〔加藤 一九六七、三七七—三七九頁〕
(21)〔有田 一九二二、一六三頁〕
(22)〔有田 一九二二、一三九—一四五頁〕
(23)〔加藤 一九六七、二一八—二二〇頁〕
(24)読売新聞 明治四二年一月七日
(25)〔松沢 二〇一三、一六〇—一六九頁〕
(26)〔山中 一九九五、六五—六六頁〕
(27)〔有田 一九二二、一五一—一五三頁〕〔桜井 二〇〇三〕

第六章

(1)読売新聞 大正元年八月一一日、一二日
(2)外務省外交史料館所蔵資料 I—二—二「本邦神社関係雑件、明治神宮関係、明治神宮奉建予算等ニ関スル件 大正四年二月」神社奉祀調査会「神社奉祀調査会経過要領ノ一」
(3)〔今泉 二〇一三、三四—三五頁〕
(4)防衛研究所資料 陸軍省大日記「大正元年、明治天皇崩御に関する陸特綴、其の四の二・雑書類(1)」
(5)国立公文書館所蔵資料 「公文類聚」類一〇六三
(6)〔今泉編 二〇〇八、五六頁〕
(7)防衛研究所資料 陸軍省大日記「大正三年 昭憲皇太后崩御に関する陸別綴 其一の一、其二」「大喪儀当日車馬置場に関する件」
(8)〔東京府・東京市編 一九一五、四四頁〕
(9)〔明治神宮造営局編 一九二三、五七—五九頁〕
(10)〔明治神宮造営局編 一九二三、五八頁〕
(11)外務省外交史料館所蔵資料 I—二—二「本邦神社関係雑件、明治神宮関係、明治神宮奉建予算等ニ関スル件 大正四年二月」

神社奉祀調査会「神社奉祀調査会経過要領ノ一」六〇頁
(12) 国立国会図書館所蔵資料〈長崎省吾関係文書〉六一一—四
(13) 国立国会図書館所蔵資料〈長崎省吾関係文書〉六一一—二
(14) 〔明治神宮造営局編 一九二三、四二五—四四五頁〕
(15) 中村政一『郷土タイムス』私家版
(16) 〔武田 二〇〇二〕
(17) 〔梅田他 二〇〇四〕
(18) 〔武田清子 一九八七、一八一—二五五頁〕
(19) 〔明治神宮造営局編 一九二三、三四九—三五六頁〕
(20) 読売新聞 大正八年二月四日
(21) 読売新聞 大正八年一〇月四日
(22) 〔明治神宮造営局編 一九二三、三四九—三五六〕
(23) 読売新聞 大正九年五月二七日、六月五日、六月一四日、六月一五日、一〇月七日、一〇月一六日）
(24) 朝日新聞 大正九年一〇月三一日
(25) 読売新聞 大正九年一一月一日
(26) 読売新聞 大正九年一一月二日
(27) 読売新聞 大正九年一一月二日、朝日新聞 大正九年一一月二日
(28) 読売新聞 大正九年一一月一一日
(29) 東京都公文書館所蔵資料「東京市公文」大正七年「市会」、(303-E4-03)
(30) 〔東京府地方改良協会 一九二八、五七—一一三頁〕〔河野 一九三二、一〇—一二頁〕
(31) 〔生方 一九二八、一七八—一七九頁〕

第七章

(1) 〔田原 二〇一一、三七—四九頁〕

（2）［有田 一九二二、六四頁］。東京都公文書館所蔵資料 東京府内務部土木課「文書類纂・地理第三類・官有地第一巻」、明治四五年「官有地継続使用願指令、並木槌太郎外一名」（630-B5-09）。内務部土木課「土地水面貸下使用占用」、大正七年三月一二日「道路敷水路土揚敷使用継続の件案、豊多摩郡渋谷町大字中渋谷字宇田川、並木槌太郎外一名」（302-B8-02）
（3）［藤田 一九七八、三四—四一頁］
（4）［加藤 一九六七、三一五—三一八頁］
（5）読売新聞 大正一一年一一月二五日
（6）林芙美子『放浪記』
（7）読売新聞 大正一〇年九月一九日
（8）［中川 一九八五、八一—九六、三七〇—四〇一頁］
（9）［加藤 一九六七、三二〇—三二一頁］
（10）読売新聞 大正一二年六月二五日
（11）［藤田 一九七八、二一三—二一四頁］
（12）［藤田 一九七八、二〇四—二〇五頁］
（13）読売新聞 大正一二年九月一七日
（14）読売新聞 大正一二年一〇月二八日
（15）読売新聞 大正一二年九月一七日、一〇月二八日、一二月二二日、大正一三年一月九日、二月一五日、五月二二日、五月二四日
（16）読売新聞 大正一三年六月一一日、七月一〇日
（17）読売新聞 大正一三年九月一九日
（18）［藤田 一九七八、二一〇—二一六頁］
（19）［藤田 一九七八、二一〇—二一六頁］
（20）［藤田 一九七八、二一一頁］
（21）［野田 一九九七］
（22）読売新聞 大正一五年一月八日

(23) 読売新聞　大正一五年五月八日
(24) 〔野田 一九九七〕
(25) 〔小松編 一九三九、四六頁〕
(26) 〔小松編 一九三九、四八頁〕
(27) 〔小松編 一九三九、四四—四六頁〕
(28) 〔小松編 一九三九、五五頁〕
(29) 読売新聞　昭和八年八月二五日
(30) 道玄坂商店街とは上通三丁目三番地〜五九番地の南北、五八〜六四番地の北側
(31) 〔東京商工会議所 一九三六〕
(32) 〔橋本・初田編 二〇一三〕〔西岡他 二〇〇七〕〔吉見 一九八七〕

終章

(1) 〔佐藤 二〇〇六〕〔秋尾 二〇〇九〕
(2) 〔秋尾 二〇〇九〕

参考文献

秋岡武次郎、一九六五、「幕命による明暦年間江戸全域測量図」『地図』三（四）、三四―三七頁
秋尾沙戸子、二〇〇九、『ワシントンハイツ』新潮社
浅川道夫、二〇一〇、『江戸湾海防史』錦正社
雨宮敬次郎、一九〇七、『過去六十年事蹟』桜内幸雄
荒川章二、二〇〇七、『軍用地と都市・民衆』山川出版社
荒川章二編、二〇一五、『軍都としての帝都』吉川弘文館
有田肇、一九一四、『渋谷町誌』渋谷町誌発行所
有田肇、一九二二、『渋谷町誌』渋谷警察署新築落成祝賀協賛会
有田肇、一九三五、『渋谷風土記　旧史編』東京朝報社
家近良樹編、二〇〇一、『幕政改革』吉川弘文館
石田頼房、一九八七、『日本近代都市計画史研究』柏書房
石田頼房、二〇〇四、『日本近現代都市計画の展開 一八六八―二〇〇三』自治体研究社
石塚裕道、一九七三、『日本資本主義成立史研究』吉川弘文館
石塚裕道、一九七七、『東京の社会経済史』紀伊國屋書店
石塚裕道、一九九一、『日本近代都市論　東京一八六八―一九二三』東京大学出版会
市川寛明、二〇〇八、「江戸城大手門の警衛と人宿」『東京都江戸東京博物館研究紀要』一四
伊藤好一、一九八一、「武蔵野地方における近世水車製粉業の展開」『武蔵野』五九（二）、二六一―二二二頁
今泉宜子編、二〇〇八、『明治神宮戦後復興の軌跡』明治神宮社務所、鹿島出版会
今泉宜子、二〇一三、『明治神宮―「伝統」を創った大プロジェクト―』新潮社
岩科小一郎、一九八三、『富士講の歴史』名著出版
上山和雄編、二〇〇二、『帝都と軍隊』日本経済評論社

宇田川武久、二〇一〇、『江戸の砲術師たち』平凡社
宇田川武久、二〇一二、『幕末もうひとつの鉄砲伝来』平凡社
宇田川武久編、二〇一三、『日本銃砲の歴史と技術』雄山閣
打越孝明、二〇一〇、「青年団の明治神宮奉仕」『神園』四、明治神宮国際神道文化研究所
生方敏郎、一九二八、『東京初上り』現代ユウモア全集刊行会
梅田俊英・高橋彦博・横関至、二〇〇四、『協調会の研究』柏書房
江波戸昭、二〇〇三、「東京における近郊農業の展開」地方史研究協議会編『江戸・東京近郊の史的空間』雄山閣、二二〇—二四〇頁
遠藤芳信、二〇〇五、「日露戦争前における戦時編制と陸軍動員計画思想（三）—西南戦争までの戦時会計経理制度」『北海道教育大学紀要 人文科学・社会科学編』五六（一）、一七—三二頁
遠藤芳信、二〇〇七、「日露戦争前における戦時編制と陸軍動員計画思想（七）」『北海道教育大学紀要 人文科学・社会科学編』五八（一）、七一—八三頁
大石学、二〇〇一、「享保改革の歴史的位置」、藤田覚編『幕藩制改革の展開』、山川出版社
大江志乃夫、一九七八、『戒厳令』岩波書店
大江志乃夫、一九八一、『徴兵制』岩波書店
大江志乃夫、一九八二、『天皇の軍隊』小学館
大江志乃夫、一九八三、『統帥権』日本評論社
大江志乃夫、一九八七、『日露戦争と日本軍隊』立風書房
大黒聡・佐々木隆爾編、二〇〇一、『大都市のサブ・センターの変容と再生の可能性—二一世紀と世田谷・三軒茶屋の新しい胎動』世田谷自治問題研究所
小木新造、一九七九、『東京庶民生活史研究』日本放送出版協会
小山内通敏、一九一八、『帝都と近郊』大倉研究所
梶山公子、二〇一〇、『あるく渋谷川入門』中央公論事業出版
片木篤、二〇一〇、『オリンピック・シティ東京 一九四〇・一九六四』河出書房新社

片木篤・藤谷陽悦・角野幸博、二〇〇〇、『近代日本の郊外住宅地』鹿島出版会
加藤朗、二〇一三、「肥料造りから硝石造りへ」、宇田川武久編『日本銃砲の歴史と技術』雄山閣、二一四—二三〇頁
加藤一郎、一九六七、『郷土渋谷の百年百話』渋谷郷土研究会
上笙一郎・山崎朋子、一九八〇、『ひかりほのかなれども』朝日新聞社
上白石実、二〇一一、『幕末の海防戦略』吉川弘文館
川崎房五郎、一九六五、『都市紀要一三　明治初年の武家地処理問題』東京都
河野密、一九三三、『東京市会疑獄史』東京講演会
北場勉、二〇〇九、「大正期における方面委員制度誕生の社会的背景と意味に関する一考察」『日本社会事業大学研究紀要』五五、三—三七頁
北原糸子、一九八九、「幕末期の都市下層民—四谷鮫河橋谷町」『史潮』二六、四—二四頁
北原糸子、一九九五、『都市と貧困の社会史』吉川弘文館
草間八十雄、一九三六、『どん底の人達』玄林社（草間八十雄著・磯村英一監修、一九八七、『近代下層民衆生活誌』明石書店所収）
國雄行、二〇一〇、『博覧会と明治の日本』吉川弘文館
倉沢進編、一九八六、『東京の社会地図』東京大学出版会
倉沢進・浅川達人編、二〇〇四、『新編東京圏の社会地図』東京大学出版会
黒野耐、二〇〇四、『参謀本部と陸軍大学校』講談社
警視庁、一八九六、『明治二八年 虎列剌病流行記事』非売品
小池進、二〇〇一、『江戸幕府直轄軍団の形成』吉川弘文館
工学会編、一九二七、『明治工業史　火兵・鉄鋼篇』工学会明治工業史発行所
国際文化財株式会社編、二〇一五、『南元町遺跡三』住友不動産
小暮正利、一九七四、「幕政と寛永地方直し」『駒沢史学』二一、六〇—七七頁
小坂克信、二〇一二、『近代化を支えた多摩川の水』とうきゅう環境財団
越澤明、二〇〇一、『東京都市計画物語』筑摩書房
越澤明、二〇一一、『後藤新平』筑摩書房

小松徹三編、一九三九、『東横百貨店』百貨店日日新聞社
櫻井良樹、二〇〇三、『帝都東京の近代政治史』日本経済評論社
桜田文吾、一八九一、「貧天地饑寒窟探検記」『日本』一月号
佐藤千纒、一九〇三、『社会新策』東海堂
佐藤洋一、二〇〇六、『占領下の東京』河出書房新社
篠田鉱造、一九三一（一九九六）、『明治百話』下、岩波書店
渋沢青淵記念財団竜門社、『渋沢栄一伝記資料』渋沢栄一伝記資料刊行会
渋谷区、一九六六、『新修渋谷区史』渋谷区
渋谷区、一九八一、『渋谷区史料集 第二 吉田家文書』
渋谷区、一九八二、『渋谷区史料集 第三 諸家文書』
渋谷区、一九九三、『渋谷区史料集 第四 諸家文書』
渋谷区白根記念郷土文化館編、一九八六、『渋谷の水車業史』渋谷区教育委員会
渋谷区白根記念郷土博物館・文学館編、二〇〇六、『常設展示図録』
渋谷区白根記念郷土博物館・文学館編、二〇〇八、『特別展「春の小川」の流れた街・渋谷川が映し出す地域史』
渋谷区白根記念郷土博物館・文学館編、二〇一〇、『特別展渋谷の富士講―富士への祈り―』
渋谷区役所編、一九五二、『渋谷区史』
渋谷警察署新築落成祝賀協賛会編、一九二二、『渋谷町誌』
島田昌和、二〇一一、『渋沢栄一』岩波書店
新宿近世文書研究会、二〇〇三、『町方書上―四谷町方書上』新宿近世文書研究会
新宿区教育委員会、一九八三、『地図で見る新宿区の移り変わり四谷編』東京都新宿区教育委員会
新宿区役所、一九五五、『新宿区史』新宿区役所
陣内秀信、一九九二、『東京の空間人類学』筑摩書房
菅原恒覧、一八九六、『甲武鉄道市街線紀要』甲武鉄道株式会社
鈴木淳、一九九六、「軍と道路」、高村直助編『道と川の近代』山川出版社、一〇九―一三二頁

鈴木解雄、一九五八、「江戸幕府小普請方について」『日本建築学会論文報告集』（六〇―二）、六五七―六六〇頁
鈴木芳行、一九九四、『近代東京の水車』岩田書院
世田谷区、一九七六、『世田谷区 近現代史』世田谷区
世田谷区、一九六〇、『世田谷区史料第三集』
世田谷住宅史研究会、一九九一、『世田谷の住居』世田谷建築部住環境対策室、五〇―五三頁、五六―五七頁
副田義也、二〇〇七、『内務省の社会史』東京大学出版会
副田義也編、二〇一〇、『内務省の歴史社会学』東京大学出版会
杣田善雄、二〇一二、『日本近世の歴史二　将軍権力の確立』吉川弘文館
武井弘一、二〇一〇、『鉄砲を手放さなかった百姓たち』朝日新聞出版
高尾善希、二〇一七、『忍者の末裔』角川書店
髙久智広、二〇一四、「出世双六にみる幕臣の出世」『国立歴史民俗博物館研究報告』一八二、八九―一一二頁
高野岩三郎、一九四二、『統計学を専攻とするまで』（英語論文「東京におけるイーストロンドン」全文掲載含む）、藤本博士還暦祝賀論文集刊行会、一九四四、『藤本博士還暦祝賀論文集』日本評論社、三六三―三八七（高野岩三郎、一九六一、『かっぱの屁』法政大学出版局、六八―八三頁にも掲載）
武井大侑、二〇一一、「江戸幕府における番方の機構と昇進」『國史学』二〇三、一三一―一三八頁
竹内正浩、二〇一四、『地図で読み解く東京五輪』KKベストセラーズ
武田清子、一九八七、「田沢義鋪における国民主義とリベラリズム」『日本リベラリズムの稜線』岩波書店
武田尚子、二〇〇二、『マニラへ渡った瀬戸内漁民―移民送出母村の変容―』御茶の水書房
武田尚子、二〇一二、「近代東京における軍用地と都市空間―渋谷・代々木周辺の都市基盤の形成―」『武蔵大学総合研究所紀要』二一、四七―六六頁
武田尚子、二〇一五、「渋谷道玄坂の変容と地付層―富士講講元・吉田平左衛門家の近世・近代」『生活文化史』六八、日本生活文化史学会、一九―五六頁
武田尚子、二〇一七、『荷車と立ちん坊―近代都市東京の物流と労働―』吉川弘文館
田中重好、一九八〇、「大都市における町内会の組織化」『慶応義塾大学大学院法学研究科論文集』一四、三五―六五頁

田中重好、一九九〇、「町内会の歴史と分析視角」倉沢進・秋元律郎編『町内会と地域集団』ミネルヴァ書房、二七―六〇頁
田原光泰、二〇一一、『春の小川はなぜ消えたか―渋谷川にみる都市河川の歴史』之潮
土田宏成、二〇〇九、「第二章　国の対応　第一節内閣の対応」『一九二三関東大震災報告書　第二編』内閣府中央防災会議・災害教訓の継承に関する専門調査会
東京市区改正委員会編「東京市区改正事業誌」一九一八（『東京都市計画資料集成（明治・大正編）第三三巻』本の友社、一九八八所収）
東京市区調査会、一九一二、『東京市及接続郡部　地籍台帳』
東京市社会局編、一九二三a、『残食物需給に関する調査』東京市社会局
東京市社会局編、一九二三b、『浮浪者及残食物に関する調査』東京市社会局
東京市商工課、一九二七、『東京に於ける青物市場に関する調査』東京市
東京商工会議所、一九三六、『東京市内商店街ニ関スル調査』東京商工会議所
東京都、一九九〇、『江戸住宅事情』東京都
東京都公文書館、一九八五、『都史紀要二九　内藤新宿』東京都
東京都目黒区史研究会、一九八五『目黒区史』目黒区
東京都立大学学術研究会編、一九六一、『目黒区史』東京都目黒区
東京都立大学学術研究会編、一九六二、『目黒区史　資料編』東京都目黒区
東京百年史編集委員会、一九七二、『東京百年史 第三巻』東京都
東京評論社編、一九一五、『四谷案内』城西益進会
東京府地方改良協会、一九二八、『東京市疑獄史』日本魂社
東京府・東京市編、一九一五、『昭憲皇太后御葬大奉送始末』東京府
所荘吉、一九九三、『火縄銃』雄山閣
鳥越皓之編、二〇一三、『環境の日本史五　自然利用と破壊』吉川弘文館
内閣官房、一九五五、『内閣制度七十年史』大蔵省印刷局
内務省地方局、一九一〇、『感化救済小鑑』内務省

内務省神社局、一九二八、『明治神宮造営誌』
中江克己、二〇一〇、『図説　江戸城の見取り図』青春出版社
中江秀雄、二〇一六、『大砲からみた幕末・明治』法政大学出版局
長尾景弼編、一八七七、「官省規則全書」博聞社、第三六―三八篇、火薬庫圏線規則
長尾保二郎、不明、『私家版　四谷・さめがはし放談』非売品（『帰仁』一～三九号、一九六四―七一年の合本）
中川清、一九八五、『日本の都市下層』勁草書房
中川清、二〇〇〇、『日本都市の生活変動』勁草書房
中島篤己編、二〇一五、『完本　万川集海』国書刊行会
中筋直哉、二〇〇五、『群衆の居場所―都市騒乱の歴史社会学』新曜社
中村静夫、一九八一、「新作〈八丁堀組屋敷図一六〇〇分の一、嘉永六年〉解説」『参考書誌研究』二二、一―二三頁
那須皓、一九二五、「代々木村の今昔」、「代々木村の話後記」、柳田国男編『郷土会記録』大岡山書店、一一六―一三六頁
成田龍一、一九九四、「帝都東京」『岩波講座日本通史 第一六巻近代一』岩波書店
成田龍一、二〇〇三、『近代都市空間の文化経験』岩波書店
西岡大輔、梨子田勉、初田亨、二〇〇七、「一九三六年から二〇〇四年における商店・事業所の分布からみた渋谷駅西口周辺の変遷」『工学院大学研究報告』一〇二、六三―七〇頁
日本工学会編、一九九五、『明治工業史七　火兵編・鉄鋼編』原書房
根崎光男、二〇一四、「幕府鷹場と江戸の町」『人間環境論集』一五（一）、一七三―二〇八頁
野田正穂、一九九七、「一九二〇年代の担保付き社債　箱根土地社債のディフォルトについて」『経営志林』三四（三）、一―一四頁
橋爪紳也、一九九八、『祝祭の帝国』講談社
橋本健二、二〇一一、『階級都市』筑摩書房
橋本健二、二〇一七、「一九八〇年代以降の格差拡大と大都市分極化―「無血革命」としての時間差ジェントリフィケーション」『日本都市社会学会年報』三五、一二―四四頁
橋本健二・初田香成編著、二〇一三、『盛り場はヤミ市から生まれた』青弓社
長谷川香、二〇一二、「日本大博覧会と明治神宮」『神園』七、明治神宮国際神道文化研究所

馬場孤蝶、一九四二、『明治の東京』中央公論社
早川雅子、二〇〇七、「人別帳からみた四谷塩町一丁目の住民構成」『目白大学総合科学研究』三、三九―五七頁
林復斎編、一八五三、序文、『通航一覧』第八巻
林芙美子、一九三三、『放浪記』改造社
林陸朗他、一九七八、『渋谷区の歴史』名著出版
原武史、二〇〇一、『可視化された帝国―近代日本の行幸啓』みすず書房
坂野潤治、一九八二、『大正政変―一九〇〇年体制の崩壊』ミネルヴァ書房
深井雅海、二〇〇八、『江戸城』中央公論新社
深海豊二、一九一九、『無産階級の生活百態』製英舎出版部
福田舞子、二〇一一、「幕府による硝石の統制―軍制改革と座・会所の設立」『科学史研究』Ⅱ五〇（二五八）、七七―八五頁
藤井譲治編、一九九一、『日本の近世第三巻　支配のしくみ』中央公論社
藤田佳世、一九七八、『大正・渋谷道玄坂』青蛙書房
藤野豊、一九八二、「協調政策の推進―協調会による労働者の統合」『近代日本の統合と抵抗三』日本評論社
藤森照信、一九八二、『明治の東京計画』岩波書店
藤森照信、一九九〇、『明治の東京計画』岩波同時代ライブラリー
藤森照信、一九八八、『東京都市計画資料集成』本の友社
藤原彰、一九八九、「統帥権独立と天皇の軍隊」由井正臣・藤原彰・吉田裕『軍隊・兵士』岩波書店
二葉保育園、一九八五、『二葉保育園八十五年史』二葉保育園
星亮一、二〇〇五、『後藤新平伝』平凡社
前田明、一九六九、「戦国時代の火薬技術と江戸時代の花火の変遷について」『淑徳大学研究紀要』三、一五三―一六四頁
松沢裕作、二〇一三、『町村合併から生まれた日本近代』講談社
松平太郎、一九一九、『江戸時代制度の研究』武家制度研究会
松橋達矢、二〇一二、『モダン東京の歴史社会学』ミネルヴァ書房
松原岩五郎、一八九三、『最暗黒の東京』民友社（一八九二―九三年「国民新聞」）

松本四郎、一九八三、『日本近世都市論』東京大学出版会
松山薫、一九九七、「関東地方における旧軍用飛行場跡地の土地利用変化」『地学雑誌』一〇六（三）、三三一―三五五年
松山恵、二〇〇四、「郭内・郭外の設定経緯とその意義」『日本建築学会計画系論文集』五八〇、二二九―二三四頁
松山恵、二〇一四、『江戸・東京の都市史』東京大学出版会
松山恵、伊藤裕久、一九九九a、「近世後期における江戸周縁部の居住空間―近世町方場末と近代「スラム」の都市空間における連続性と変質過程　四谷鮫河橋を事例に（一）」『日本建築学会関東支部研究報告集』六九、五五七―五六〇頁
松山恵、伊藤裕久、一九九九b、「明治期における四谷鮫河橋の都市空間構造―近世町方場末と近代「スラム」の都市空間における連続性と変質過程　四谷鮫河橋を事例に（二）」『日本建築学会関東支部研究報告集』六九、五六一―五六四頁
馬橋村史編纂委員会、一九六九、『馬橋村史』馬橋村史編纂委員会
丸田研一、一九八七、『わが祖父　井上成美』徳間書店
三浦展編、二〇一六、『昭和の郊外　東京・戦前編』柏書房
三浦涼、佐藤洋一、二〇〇一、「東京中心部における皇室御料地の形成過程」『日本建築学会計画系論文集』五四〇、二二九―二三六頁
御厨貴、一九八四、『首都計画の政治―形成期明治国家の実像』山川出版社
水島吉隆、二〇一〇、『写真で読む昭和史　占領下の日本』日本経済新聞社
水野耕嗣、一九八九、「城郭に関する法制について」『東海支部研究報告集』（二七）、五〇九―五一二
南和男、一九七五、「慶応三年渋谷道玄坂町同東福寺門前の人別帳について」『國學院雑誌』七六（六）、三九―五一頁
南和男、一九七六、「慶応三年江戸宮益町の人別帳について」『日本歴史』三四二、五一―六六頁
宮下桃太郎、一九三五、『日本火術薬法之巻』東学社
宮地正人、一九七三、『日露戦後政治史の研究』東京大学出版会
明治神宮社務所編、一九九九、『明治神宮の森の秘密』小学館文庫
明治神宮造営局編、一九二三、『明治神宮造営誌』明治神宮造営局
目黒区史研究会、一九八五、『目黒区史』目黒区
森田英樹、一九九三、「明治初年、東京市街地における地価算定政策の展開」『三田学会雑誌』八六（二）、八一―一一五頁

森泰樹、一九七五、『杉並歴史探訪』杉並郷土史会
矢島輝編、一九八五、『千駄ヶ谷の歴史』鳩森八幡神社
山口輝臣、二〇〇五、『明治神宮の出現』吉川弘文館
山口正之、二〇一五、『忍びと忍術』雄山閣
山﨑久登、二〇一七、『江戸鷹場制度の研究』吉川弘文館
山田雄司、二〇一三、「伊賀者由緒書」『三重大史学』(一三)、二一一―二一四頁
山田雄司、二〇一六、『忍者の歴史』角川書店
山中永之佑、一九九五、『近代市制と都市名望家』大阪大学出版会
山本四郎、一九七〇、『大正政変の基礎的研究』御茶の水書房
山本英貴、二〇一五、『旗本・御家人の就職事情』吉川弘文館
山本三生編、一九二九、『日本地理大系　第三巻　大東京篇』改造社
由井正臣・藤原彰・吉田裕、一九八九、『軍隊・兵士』岩波書店
横山源之助、一八九九、『日本之下層社会』教文館(＝一九四九、『日本の下層社会』岩波書店)
横山源之助、一九一二、「貧街十五年間の移動」『太陽』二月号(＝中川清編、一九九四、『明治東京下層生活誌』岩波書店)
横山輝樹、二〇一四、「徳川吉宗の小金原鹿狩り」『日本史学』五〇、八三―一四一頁
横山百合子、二〇〇五、『明治維新と近世身分制の解体』山川出版社
吉田伸之、一九九八、『近世都市社会の身分構造』東京大学出版会
吉田伸之、二〇一二、『伝統都市・江戸』東京大学出版会
吉田律人、二〇〇八a、「東京衛戍地の拡大と渋谷」、渋谷学研究会第二回研究会報告要旨
吉田律人、二〇〇八b、「軍隊の「災害出動」制度の確立―大規模災害への対応と衛戍の変化から」『史学雑誌』一一七(一〇)、三―三六頁
吉田律人、二〇〇九、「第2章　国の対応　第2節　軍隊の対応」『一九二三関東大震災報告書　第二編』内閣府中央防災会議・災害教訓の継承に関する専門調査会
吉田律人、二〇一一、「渋谷周辺の軍事的空間の形成」、上山和雄編『歴史のなかの渋谷』雄山閣、二四三―二七七頁

吉見俊哉、一九八七、『都市のドラマトゥルギー』弘文堂
吉見俊哉、一九九二、『博覧会の政治学』中公新書
四谷区役所、一九三四、『四谷区史』非売品
渡辺洋三（北條浩、村田彰編）、二〇〇九、『慣習的権利と所有権』御茶の水書房
著者不詳、一八八六、「府下貧民の真況」『朝野新聞』（三～四月）

あとがき——山の手の胸黒《むなぐろ》、下町の襟黒《えりぐろ》——

明治の頃、東京では「山の手の胸黒、下町の襟黒」という言い方があった〔篠田 一九三一（一九九六）、一四四—一四九〕。交通機関がさほど整っていたわけではなく、生活の基本は「歩き」である。通勤も「徒歩」で、官庁や商店は都心の麴町区・日本橋区・京橋区・神田区などに集中していた。「山の手」に住む勤め人は、朝に東京西部の自宅を出て、東へ向かって都心にいたる。昇る太陽を正面に、朝日の直射を浴びた。帽子をかぶっていても、喉から胸元にかけてじりじりと焼かれて真っ黒になった。

その反対に、東京東部の下町に住む人々は、都心に行くには西へ向う。背中に朝日を浴びて、襟あしが真っ黒に焼かれた。「毎日毎日同じ路を歩くこと、三百六十五日」、日焼けがその人の生活状況を端的にあらわした。銭湯でも、胸黒か襟黒かで住んでいるところが「スグ解った」という〔篠田 一九三一（一九九六）、一四五〕。

人力車は庶民にとって値が張るもので、人力車に気兼ねなく乗れる人、それは官員であれば奏任官以上、商売人なら大店の旦那やお内儀、または花柳界の女《ひと》で、もとよりそのような人々は銭湯には来ない。

現代の私たちはブルーカラー、ホワイトカラーという用語を使う。東京の社会地図に基づくと、現代でも東京東部はブルーカラー、西部にはホワイトカラーの人々が多く住む傾向がある〔倉沢編 一九八六〕〔倉沢・浅川編 二〇〇四〕。このようなブルーやホワイトで言い分ける表現をまだ知らぬ頃、暮らしのなかから生まれた「胸黒党」「襟黒党」という言い方で、東京の人々は彼我を言い表した。

地形の特徴、住まいの選択が、肌の焼けぐあいにもあらわれた。地形と暮らし方と身体が不可分のもので、都市のなりたちが生活や文化に反映された。東京の西部に焦点をあわせ、「山の手」の台地がどのように使いこなされてきたのか、そのプロセスを地政学的に読み解こうと考えた種の一つは、この「山の手の胸黒、下町の襟黒」という表現にある。

二〇一八年十一月

武田尚子

著者略歴
お茶の水女子大学文教育学部卒業
二〇〇〇年、東京都立大学大学院社会科学研究科博士課程修了、博士（社会学）
現在、早稲田大学人間科学学術院教授

〔主要著書〕
『マニラへ渡った瀬戸内漁民―移民送出母村の変容―』（御茶の水書房、二〇〇二年）
『もんじゃの社会史―東京・月島の近現代の変容―』（青弓社、二〇〇九年）
『ミルクと日本人―近代社会の「元気の源」―』（中公新書、二〇一七年）
『荷車と立ちん坊―近代都市東京の物流と労働―』（吉川弘文館、二〇一七年）

近代東京の地政学
青山・渋谷・表参道の開発と軍用地

二〇一九年（平成三十一）二月十日　第一刷発行

著　者　武《たけ》田《だ》尚《なお》子《こ》
発行者　吉川道郎
発行所　株式会社　吉川弘文館
郵便番号一一三―〇〇三三
東京都文京区本郷七丁目二番八号
電話〇三―三八一三―九一五一〈代〉
振替口座〇〇一〇〇―五―二四四番
http://www.yoshikawa-k.co.jp/

印刷＝株式会社 東京印書館
製本＝ナショナル製本協同組合
装幀＝伊藤滋章

ISBN978-4-642-08343-0

武田尚子著

荷車と立ちん坊

近代都市東京の物流と労働

四六判・二二二頁／二四〇〇円

明治のはじめ、荷車の技術的変革は、物流を急速に発達させ、東京の経済発展に大きく貢献した。また、人力輸送の補助力として不可欠だった「立ちん坊」とはどのような人たちだったのか。車輛の製造や管理、道路の整備や日清戦争下の輸送、立ちん坊の生活や賃金など、さまざまな視点から明治社会を掘り起こし、現代にも通じる物流問題の実態に迫る。

〈第43回交通図書賞〈歴史部門〉受賞〉

吉川弘文館

新刊ご案内　2018年10月

〒113-0033・東京都文京区本郷7丁目2番8号　振替 00100-5-244（表示価格は税別です）
電話 03-3813-9151（代表）　ＦＡＸ 03-3812-3544　http://www.yoshikawa-k.co.jp/

飛鳥・藤原の宮都を語る

「日本国」誕生の軌跡

相原嘉之著

Ａ５判・二一〇頁／一九〇〇円

飛鳥・藤原の地は、六世紀末から八世紀初めにかけてわが国の中心として栄えた。推古朝の豊浦宮などの発掘、高松塚古墳壁画の救出、新発見を語るコラムなどを掲載。長年にわたる発掘成果から「日本国」誕生の過程を探る。

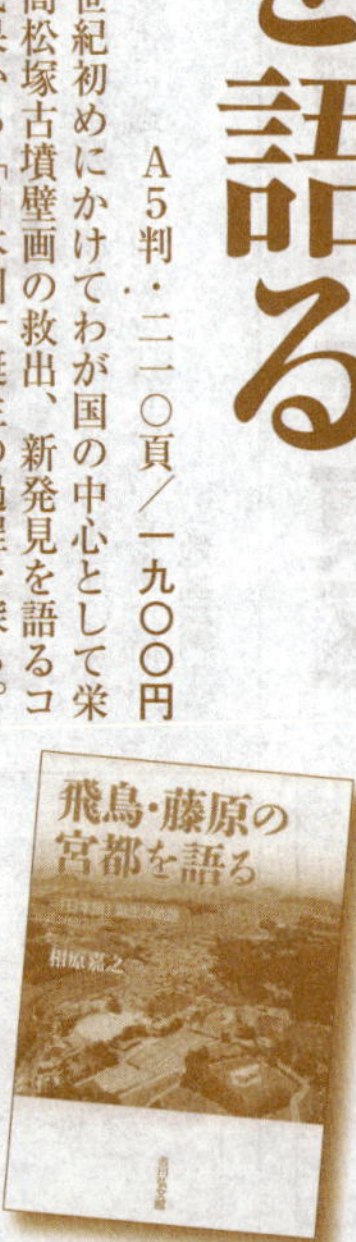

源氏長者

武家政権の系譜

岡野友彦著

四六判・二二〇頁／二四〇〇円

武家政権の正当性には、「征夷大将軍」だけではなく「源氏長者」という地位が必要だった。源氏の誕生から、公家源氏と武家源氏の系譜、「源氏願望」の正体などを描き、源氏長者であることがいかに重要なのかを解き明かす。

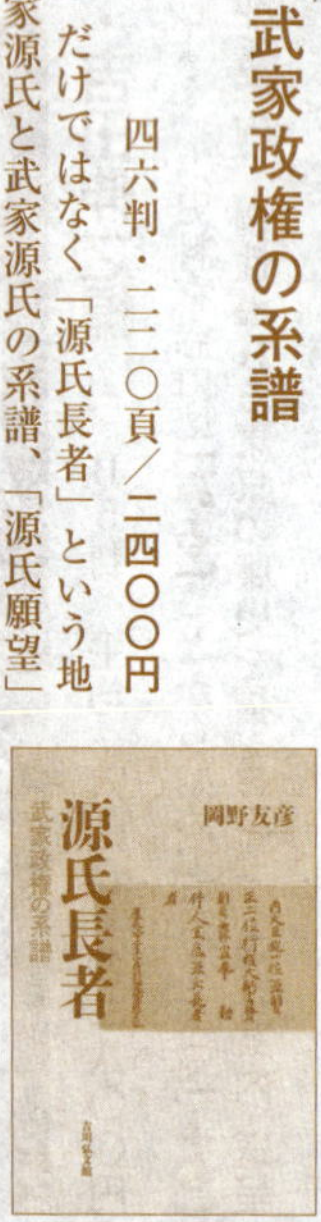

歴史手帳　2019年版

日記と歴史百科が一冊で便利！

吉川弘文館編集部編　九五〇円

毎年歴史家をはじめ、教師・ジャーナリスト・作家・学生・歴史愛好者など、多数の方々にご愛用いただいております。Ａ６判・三二〇頁

三つのコンセプトで読み解く、新たな〝東京〟ヒストリー

みる よむ あるく 東京の歴史

全10巻 刊行中

池 享・櫻井良樹・陣内秀信・西木浩一・吉田伸之編

B5判・平均一六〇頁／各二八〇〇円

巨大都市《メガロポリス》東京は、どんな歴史を歩み現在に至ったのでしょうか。史料を窓口に「**みる**」ことから始め、これを深く「**よむ**」ことで過去の事実に迫り、その痕跡を「**あるく**」道筋を案内。個性溢れる東京の歴史を描きます。

『内容案内』送呈

〈地帯編〉７冊　刊行開始

4 千代田区・港区・新宿区・文京区

東京駅を有す丸の内、官庁の建ち並ぶ霞が関、花街の赤坂・神楽坂、土器名発祥の弥生町。都心に位置し、首都の役割を担いながら、濃密に過去の面影を残しています。何がどう受け継がれ、今を形づくったのでしょうか。（地帯編1）

5 中央区・台東区・墨田区・江東区

江戸東京の中心日本橋から京橋・銀座、市場で賑わう築地、大寺院が織りなす人気観光地浅草・上野、水路が巡り震災・戦災の記憶が漂う本所・深川。江戸の余韻を湛えつつ、新たな歴史を築く隅田川周辺の特徴をさぐります。（地帯編2）

●既　刊

1 先史時代〜戦国時代

多様な地形をもち、豊かな自然に彩られる東京。武蔵国府の設置、武士団の成長、小田原北条氏の支配。その下で営まれる人びとの暮らしや社会の動きに視点を置き、「東京の歴史」の舞台と、先史から戦国時代の歩みを描きます。（通史編1）

2 江戸時代

家康の入府以来、急速に巨大城下町へと変貌する江戸。幕藩権力や物流、そして人びとの生活を支えるインフラや都市行政。災害や病、歌舞伎・浮世絵など民衆文化を見ながら、巨大城下町における人びとの営みを描きます。（通史編2）

3 明治時代〜現代

明治維新により江戸は「東京」と名前を変え、首都となりました。いかに東京は形成され、そこで人びとは暮らしたのでしょうか。都市化の進展、震災と戦災、戦後復興から今日の国際化まで、激動の近現代史に迫ります。（通史編3）

●続　刊

6 品川区・大田区・目黒区・世田谷区（地帯編3）

7 渋谷区・杉並区・練馬区・中野区・板橋区・豊島区・北区（地帯編4）

8 足立区・葛飾区・荒川区・江戸川区（地帯編5）

9 多摩Ⅰ（地帯編6）

10 多摩Ⅱ・島嶼（地帯編7）

厳選した200のテーマから、個性溢れる東京の歴史を多面的に描く！

「通史編」 通巻1〜3　東京都の範囲を対象に、歴史時代を原始・古代、中世、近世、近現代に区分し、取り上げるテーマにそう史料を窓口に時代の流れで描きます。

「地帯編」 通巻4〜10　二三の特別区、三九の市町村からなる自治体を枠に、通巻4〜8で区部を、通巻9〜10で多摩地区や島嶼の市町村を取り上げ、それぞれ固有の歴史を描きます。

「み　る」 古文書や記録、絵図・地図・写真を基本史料として一点取り上げ、わかりやすく解説します。

「よ　む」 「みる」の基本史料をていねいに読み解き、関連する史料や事項にも触れながら歴史の事実に迫ります。

「あるく」 「みる」「よむ」で得られた知識をもとに、関係する史跡や現状を辿る案内や、さらに深い歴史にむかって〝あるく〟道筋を記します。

史実に基づく正確な伝記シリーズ

人物叢書

日本歴史学会編集　四六判

松井友閑

竹本千鶴著（通巻291）

織田信長の法体の側近。堺代官をつとめ、将軍や大名家、寺社との交渉役としても活躍。文化の才にも秀で、「大名茶湯」を開花させ、晩年は文化人として過ごす。信長の信任篤く、内政・外交に奔走した生涯をたどる初の伝記。

三二〇頁／二三〇〇円

前田利長

見瀬和雄著（通巻292）

加賀前田家の二代当主。豊臣秀吉の死後、秀頼を補佐したが、家康暗殺計画の主謀者と讒言され徳川に下る。関ヶ原の戦い後は、加賀・越中・能登の統治に辣腕をふるった。幕藩制最大の大名として前田家の礎を築いた生涯。

三二〇頁／二三〇〇円

【関連図書】

織田信長　池上裕子著　二三〇〇円

千利休　芳賀幸四郎著　二一〇〇円

前田利家　岩沢愿彦著　二一〇〇円

前田綱紀　若林喜三郎著　一七五〇円

増補 吾妻鏡の方法

事実と神話にみる中世〈新装版〉

五味文彦著

東国に生まれた初の武士政権誕生と再生の歴史。鎌倉政権像が鮮やかに再現され、その時代がよみがえる。『吾妻鏡』編纂方法やその特徴、武家地鎌倉の形成を解き明かす論考二本を新たに収録。名著がさらに充実した決定版。

四六判・四〇〇頁・口絵二頁／二四〇〇円

東北の幕末維新

米沢藩士の情報・交流・思想

友田昌宏著

激動の幕末、奥羽列藩同盟を主導した米沢藩にあって情報の重要性を訴えた甘糟継成《あまかすつぐしげ》と、探索周旋活動に努めた宮島誠一郎、雲井龍雄《くもいたつお》。動乱の中で紡いだ思想と維新後の異なる歩みを追い、敗者の視点から幕末維新を描く。

四六判・二七〇頁／二八〇〇円

植民地遊廓
日本の軍隊と朝鮮半島

金　富子
金　栄著

近代日本による朝鮮侵略のなか、移植された日本式の公娼制は、植民地社会にいかなる影響を与えたのか。遊廓が浸透した過程を、南北地域に分けて考察。史資料にない娼妓の姿を、オーラルヒストリーなどから掘り起こす。

Ａ５判・二五六頁／三八〇〇円

〈東京オリンピック〉の誕生
一九四〇年から二〇二〇年へ

浜田幸絵著

一九四〇年開催予定であった幻の東京オリンピックから、一九六四年をへて二〇二〇年へ。戦時に返上した挫折から、戦後の開催へ招致活動した在米日系人やＩＯＣの動向など、その連続性に着目しメディア史から描く決定版。

Ａ５判・二九八頁／三八〇〇円

読みなおす日本史

毎月１冊ずつ刊行中　四六判

はんこと日本人

門田誠一著

一五〇頁／二二〇〇円（補論＝門田誠一）

宅配便の受け取り、回覧板、役所の申請書類から売買契約まで、毎日の生活にはんこは欠かせない。日本人はなぜ、いつごろからはんこを押し続けてきたのか。その歴史を辿り、はんこをめぐる日本独特の文化・社会を探る。

城と城下　近江戦国誌

小島道裕著

二七八頁／二四〇〇円（補論＝小島道裕）

滅び去った城館跡に人は魅せられる。環濠集落や土塁囲みの館城から、戦国大名の城下町や信長の安土まで。近江に残るさまざまな城館遺構を訪ね、地形・史料・伝承をもとに、人々の営みと失われた戦国社会の姿に迫る。

お家相続　大名家の苦闘

大森映子著

二二〇頁／二二〇〇円（補論＝大森映子）

江戸時代、大名家は世襲で受け継がれるが、後継者がいないとその家は取りつぶされる。突然の事態に関係者はどのように対処したのか。幕府の公的な記録に表れない不自然な事例から、存続をかけた大名家の苦労を探る。

歴史文化ライブラリー

●18年8月～10月発売の5冊

四六判・平均二二〇頁　全冊書下ろし

人類誕生から現代まで／忘れられた歴史の発掘／常識への挑戦／学問の成果を誰にもわかりやすく／ハンディな造本と読みやすい活字／個性あふれる装幀

473 書物と権力 中世文化の政治学

前田雅之著

印刷技術が未発達な中世において、人は書物をどう入手していたのか。連歌師の流通への関与、伏見宮家から足利将軍への『風雅集』贈与など、書物の伝播・普及と権力との結びつきを解明。古典的書物を持つことの意味に迫る。

二二四頁／一七〇〇円

474 室町将軍の御台所 日野康子・重子・富子

田端泰子著

室町将軍歴代の妻となった公家の日野家出身の女性たちは、飢饉や土一揆の頻発した難しい時代をどのように生きたのか。足利義満・義教・義政の妻を取り上げ、その政治的な役割と人生を時代情勢の推移とともに描き出す。

二三八頁／一七〇〇円

475 戦国の城の一生 つくる・壊す・蘇る

竹井英文著

戦国期の城は、いつ誰の手で築かれ、いかに使われて廃城となったのか。築城技術やメンテナンス、廃城後の「古城」の再利用《リサイクル》など、史料を博捜し読み解く。「城の使われ方」から戦争や城郭の実態を考えるヒントを与える。

二二四頁／一七〇〇円

476
考証 東京裁判
戦争と戦後を読み解く

宇田川幸大著

「東京裁判」は日本をいかに裁いたのか。帝国主義・植民地主義・レイシズム（人種差別）の発想と、今日の歴史認識問題にもつながる戦争観を重視し、膨大な史料を用いて裁判を再検証。不可視化された戦争被害の諸相に迫る。

二四〇頁／一七〇〇円

477
中世武士 畠山重忠
秩父平氏の嫡流

清水　亮著

武蔵国男衾《おぶすま》郡畠山を本拠とした畠山重忠《はたけやま》。「分け隔てない廉直な人物」と伝わるイメージの背景には、いかなるスタンスが秘められているのか。在地領主としての畠山氏のあり方に迫り、重忠という武士の生き方を描く。

二五六頁／一八〇〇円

【好評既刊】

469 **踏絵を踏んだキリシタン**
安高啓明著
二八八頁／一八〇〇円

470 **江戸無血開城** 本当の功労者は誰か？
岩下哲典著
二〇八頁／一七〇〇円

471 **細川忠利** ポスト戦国世代の国づくり
稲葉継陽著
二五六頁／一八〇〇円

472 **刀の明治維新** 「帯刀」は武士の特権か？
尾脇秀和著
二八八頁／一八〇〇円

歴史文化ライブラリー **オンデマンド版** 販売のお知らせ

一九九六年に創刊し、現在通巻四七〇を超えた歴史文化ライブラリーの中から、永らく品切れとなっている書目をオンデマンド版にて復刊いたしました。今年新たに追加したタイトルなど、詳しくは『出版図書目録』または小社ホームページをご覧下さい。

オンデマンド版とは？

書籍の内容をデジタルデータで保存し、ご注文を戴いた時点で製作するシステムです。ご注文をお受けするたびに、一冊ずつ製作いたしますので、お届けできるまで二週間程度かかります。なお、受注製作となりますのでキャンセル・返品はお受けできません。あらかじめご了承下さい。

摂関政治最盛期の「賢人右府」藤原実資《さねすけ》が綴った日記。宮廷社会が鮮やかに甦る！

現代語訳 小右記

全16巻 刊行中

倉本一宏編

四六判・平均二八〇頁／『内容案内』送呈

＊半年ごとに一冊ずつ、巻数順に配本中

⑦後一条天皇即位

【第7回配本】

長和四年（一〇一五）四月〜長和五年（一〇一六）二月

三八四頁 三〇〇〇円

敦明親王を東宮に立てることを条件に、三条天皇がついに譲位し、道長外孫の後一条天皇が即位する。外祖父摂政の座に就いた道長に対する実資の眼差しや如何に。国母となった彰子の政治力についても詳細に記録する。

【既刊6冊】

❶三代の蔵人頭《くろうどのとう》
❷道長政権の成立
❸長徳の変
❹敦成《あつひら》親王誕生
❺紫式部との交流
❻三条天皇の信任

❶〜❺各二八〇〇円 ❻＝三〇〇〇円

和田晴吾著

古墳時代の王権と集団関係

全国各地の古墳はどのように築造されていたのか。編年・時期区分の検証を元に、前方後円墳を頂点とする古墳の秩序の形成と変化を追究。ヤマト王権と地域勢力の関係を論じ、古墳時代の国家と社会の実態に迫る。

A5判・四〇四頁／三八〇〇円

古墳時代の葬制と他界観

古墳はなぜ造られたのか。古墳の築造を、精神的・宗教的行為として再検討する。古墳の築造自体を葬送儀礼の一環と捉え、それに伴う他界観を解明。中国、朝鮮半島の事例とも比較しつつ、東アジア世界のなかで捉え直す。

A5判・三〇二頁／三八〇〇円

古墳時代の生産と流通

古墳時代の漁具・石造物・金属器などの遺物について、その素材や使用方法を製作者・使用者の視点から検討。大陸・朝鮮半島からの技術の伝播と日本での展開を追究し、生産・流通システムと政治権力との関係を論じる。

A5判・三二八頁／三八〇〇円

角田文衞の古代学❶
後宮と女性
公益財団法人古代学協会編

A5判・四〇〇頁
（第2回）五〇〇〇円

政略と愛憎に彩られた王朝政治、千年の古典となりゆく貴族文化―後宮はすべての淵藪であり、個性的な女性たちがその活動を担った。角田文衞の独壇場と言うべき後宮史・人物史をテーマに、遺された珠玉の論考を集成。

中世王権の形成と摂関家
樋口健太郎著

A5判・三〇〇頁／九五〇〇円

中世において天皇・王家は本当に摂関家から自立していたのか。天皇の後見・補佐という摂関の職掌に着目し、中世王権論・王家研究を再検討。王権全体の枠組みを通して、摂関家の中世後期に至る展開を論じ新見解を示す。

戦国期細川権力の研究
馬部隆弘著

A5判・八〇八頁／二〇〇〇〇円

細川京兆家の分裂・抗争は、結果としてその配下たちの成長をもたらす。柳本賢治、木沢長政、そして三好長慶が、なぜ次から次に台頭したのか。発給文書を徹底的に編年化し、細川から三好への権力の質的変容を論じる。

戦国大名大友氏の館と権力
鹿毛敏夫・坪根伸也編

A5判・三四四頁／九〇〇〇円

大分市で大友氏の館跡が発見されてから二〇年。発掘調査の軌跡と権力構造解明に関する学際的研究の成果と現在までの到達点を、大名居館論、権力論、領国論の三つの論点でまとめた論文集。繁栄を極めたその実像に迫る。

中近世山村の生業と社会
白水　智著

A5判・三〇〇頁／九五〇〇円

近代以前、山村の人々はなぜ山を下りず住み続けたのか。信濃国秋山と甲斐国早川入を中心に、生活文化体系の視座に立って山村の生業や特質、外部社会との交流などを解明。従来の山村＝「後れた農村」観に一石を投じる。

幕末対外関係と長崎
吉岡誠也著

A5判・三八〇頁／一一〇〇〇円

江戸幕府直轄の貿易都市長崎は、開国を契機にいかに変容したのか。対外関係業務の変質、長崎奉行の組織改革、港内警衛体制再編など、「現場」レヴェルの視角で追究。開港場の近世的統治の限界と近代への転換を考察する。

前近代日本の交通と社会（日本交通史への道1）
丸山雍成著

A5判・六〇六頁／一四〇〇〇円

近世交通史の研究を牽引した著者による、前近代を中心に隣接分野にも及ぶ交通史の研究成果を集成。古代～近世の交通史の諸問題のほか、いわゆる「慶安御触書」、古九谷、九州の織豊城郭、豪商など、多彩な論考を収める。

明治期の立憲政治と政党
自由党系の国家構想と党史編纂
中元崇智著

A5判・三〇八頁／一一〇〇〇円

藩閥政府と政党の提携に尽力した自由党系土佐派に着目。非議員の板垣退助を党首に据え、いかに国家構想や経済政策を提起し、またどのような歴史観で党史を編纂したのか。模索期の立憲政治を政党の視点から考察する。

日本と琉球の文化・社会の展開に重要な役割を果たした
奄美諸島の歴史を、日本・琉球・朝鮮・奄美諸史料から再構成。

奄美諸島編年史料

古琉球期編 下　石上英一編

Ａ５判／『内容案内』送呈

島津氏の琉球本島制圧が始まる一六〇九年三月末から、三浦按針の大島漂到記録、鹿児島藩の奄美諸島支配体制確立の大嶋置目施行に関わる一六二四年までを収録。上巻補遺やおもろそうしの歌謡なども付載の充実の構成。　九七〇頁／二八〇〇〇円

〈既刊〉古琉球期編 上……一八〇〇〇円

日本考古学 第46号
日本考古学協会編集――Ａ４判・一五六頁／四〇〇〇円

日本考古学 第47号（設立70周年特集号）
日本考古学協会編集――Ａ４判・一五六頁／四〇〇〇円

鎌倉遺文研究 第42号
鎌倉遺文研究会編集――Ａ５判・一四二頁／二〇〇〇円

戦国史研究 第76号
戦国史研究会編集――Ａ５判・四八頁／六四九円

交通史研究 第93号
交通史学会編集――Ａ５判・六六頁／二五〇〇円

わくわく！探検《たんけん》

れきはく日本の歴史 全5巻

小中学生から大人まで、歴史と文化を目で見て楽しく学べる！

「れきはく」で知られる国立歴史民俗博物館が日本の歴史と文化を楽しく、やさしく解説。展示をもとにしたストーリー性重視の構成で、ジオラマや復元模型など、図版も満載。大人も楽しめる！

国立歴史民俗博物館編
Ｂ５判・各八六頁
オールカラー
各一〇〇〇円
『内容案内』送呈

博物館《ミュージアム》が本になった！

【続刊】
❷中世
❸近世
❺民俗
❶先史・古代
❹近代・現代

推薦します　※敬称略50音順

木村茂光（東京学芸大学名誉教授）
由井薗 健（筑波大学附属小学校教諭〈社会科主任〉）

刀剣と格付け 徳川将軍家と名工たち

深井雅海著　Ａ５判・二一六頁／一八〇〇円

武家社会における贈答品として中世以来重用されてきた刀剣。八代将軍吉宗は、古刀重視の風潮を改め新刀を奨励し、贈答の簡素化を目指す。刀剣の鑑定、「享保名物帳」の成立、刀工と格付けなど、奥深い刀剣の世界へ誘う。

皇后四代の歴史 昭憲皇太后から美智子皇后まで

森　暢平・河西秀哉編　Ａ５判・二二六頁／二二〇〇円

明治から平成まで、天皇を支え「世継ぎ」を産み、さまざまな活動をした四人の皇后。その役割や社会の中でのイメージは、時代とともに大きく変容してきた。公（表）と私（奥）をテーマに、エピソードを交えて歩みを描く。

建物が語る日本の歴史

海野　聡著　Ａ５判・三〇四頁・原色口絵三二頁／二四〇〇円

建築物は歴史を語る証人である。国家の威信をかけて建てられた寺院や城郭、人びとが生活した住居など、原始から近代まで各時代の建物で読み解く日本の歴史。社会と建物の関わりに光を当てた、新しい日本建築史入門。

人をあるく　北条氏五代と小田原城

山口　博著　Ａ５判・一七六頁／二〇〇〇円

関東の戦国覇者、北条氏。初代宗瑞の登場から五代氏直の秀吉との東西決戦まで、民政で独自の手腕を見せ、一族が結束して支配を広げた屈指の戦国大名の実像に迫る。本拠地小田原城を巡り、北条時代の小田原宿も訪ねる。

絵図と徳川社会 岡山藩池田家文庫絵図をよむ

倉地克直著　Ａ５判・三三六頁・原色口絵八頁／四五〇〇円

絵画的に表現されることもあった近世の絵図。岡山藩池田家にのこされた大型の手書き絵図に光を当て、何がいかに描かれたのかを検討する。題材選択と個性的な描写のはざまに、江戸時代の絵図利用のあり方をさぐる。

幕末維新のリアル 変革の時代を読み解く7章

上田純子・公益財団法人僧月性顕彰会編　Ａ５判・二九六頁／二二〇〇円

欧米列強の動き、対外戦略と国内政争、世界観の相克や思想の対立、海防僧・漢詩人の月性が体現した知識人交友圏の成立と政治参加―。幕末維新の諸相を、第一線の研究者七名が読み解き、歴史のリアルをよみがえらせる。

アジア・太平洋戦争と石油 戦備・戦略・対外政策

岩間　敏著　Ａ５判・二〇〇頁／三〇〇〇円

日本の資源を総動員したアジア・太平洋戦争。国外との輸入交渉、真珠湾攻撃での洋上給油作戦、石油の需給予測や海上輸送作戦など、総力戦の実態と末路を、艦船・航空機などの戦備も含めた豊富なデータをもとに解明。

現代日本の葬送と墓制 イエ亡き時代の死者のゆくえ

鈴木岩弓・森　謙二編　Ａ５判・二四〇頁／三八〇〇円

家族制度がゆらぎ、無縁化する墓…。葬儀・埋葬・造墓などは遺された者の役割だが、社会変動の波を受けて大きく変貌してきている。葬送をめぐる個と群の相克や価値観の変化を辿り、二十一世紀の死者のゆくえを展望。

国史大辞典 全15巻（17冊）
国史大辞典編集委員会編
四六倍判・平均一一五〇頁
本文編（第1巻〜第14巻）＝各一八〇〇〇円
索引編（第15巻上中下）＝各一五〇〇〇円
全17冊揃価 二九七〇〇〇円

明治時代史大辞典 全4巻
宮地正人・佐藤能丸・櫻井良樹編
四六倍判・平均一〇一〇頁
第1巻〜第3巻＝各二八〇〇〇円
第4巻（補遺・付録・索引）＝二〇〇〇〇円
全4巻揃価 一〇四〇〇〇円

アジア・太平洋戦争辞典
吉田　裕・森　武麿・伊香俊哉・高岡裕之編
四六倍判 八五八頁 二七〇〇〇円

日本歴史災害事典
北原糸子・松浦律子・木村玲欧編
菊判・八九二頁 一五〇〇〇円

歴史考古学大辞典
小野正敏・佐藤　信・舘野和己・田辺征夫編
四六倍判 一三九二頁 三二〇〇〇円

歴代天皇・年号事典
米田雄介編
四六判・四四八頁／一九〇〇円

源平合戦事典
福田豊彦・関　幸彦編
菊判・三六二頁／七〇〇〇円

戦国人名辞典〈僅少〉
戦国人名辞典編集委員会編
菊判・一一八四頁／一八〇〇〇円

戦国武将・合戦事典
峰岸純夫・片桐昭彦編
菊判・一〇二八頁／八〇〇〇円

織田信長家臣人名辞典 第2版
谷口克広著
菊判・五六六頁／七五〇〇円

日本古代中世人名辞典
平野邦雄・瀬野精一郎編
四六倍判・一二二二頁／二〇〇〇〇円

日本近世人名辞典
竹内　誠・深井雅海編
四六倍判・一三二八頁／二〇〇〇〇円

日本近現代人名辞典
臼井勝美・高村直助・鳥海　靖・由井正臣編
四六倍判 一三九二頁 二〇〇〇〇円

吉川弘文館編集部編

奈良古社寺辞典
四六判・三六〇頁・原色口絵八頁／二八〇〇円

京都古社寺辞典
四六判・四五六頁・原色口絵八頁／三〇〇〇円

鎌倉古社寺辞典
四六判・二九六頁・原色口絵八頁／二七〇〇円

木下正史編
飛鳥史跡事典
四六判・三三六頁／二七〇〇円

真鍋俊照編
日本仏像事典
四六判・四四八頁／二五〇〇円

世界の文字研究会編
世界の文字の図典【普及版】
菊判・六四〇頁／四八〇〇円

年表部分が読みやすくなりました

児玉幸多編
日本史年表・地図
B5判・一三八頁／一三〇〇円

日本の食文化史年表
江原絢子・東四柳祥子編
菊判・四一八頁／五〇〇〇円

加藤友康・瀬野精一郎・鳥海 靖・丸山雍成編
日本史総合年表 第二版
四六倍判・一一八二頁／一四〇〇〇円

吉川弘文館編集部編
日本軍事史年表 昭和・平成
菊判・五一八頁／六〇〇〇円

誰でも読める【ふりがな付き】
日本史年表 全5冊
吉川弘文館編集部編
菊判・平均五二〇頁

古代編 五七〇〇円
中世編 四八〇〇円
近世編 四六〇〇円
近代編 四二〇〇円
現代編 四二〇〇円
全5冊揃価＝二三五〇〇円

第11回学校図書館出版賞受賞

亀井高孝・三上次男・林 健太郎・堀米庸三編
世界史年表・地図
B5判 二〇六頁 一四〇〇円

●近刊

ここが変わる！日本の古代　考古学が解き明かす列島文化
藤尾慎一郎・松木武彦編
A5判／価格は未定

日本古代の官司と政務
佐々木恵介著
A5判／九五〇〇円

古代の祭祀構造と伊勢神宮
塩川哲朗著
A5判／一二〇〇〇円

列島の古代（日本古代の歴史❻／全6巻完結）
佐藤　信著
四六判／二八〇〇円

中世初期の〈謀叛〉と平治の乱
古澤直人著
A5判／価格は未定

平氏が語る源平争乱（歴史文化ライブラリー479）
永井　晋著
四六判／価格は未定

海底に眠る蒙古襲来　水中考古学の挑戦（歴史文化ライブラリー478）
池田榮史著
四六判／一八〇〇円

聖徳太子と中世　未来を語る偽書
小峯和明著
A5判／価格は未定

※書名は仮題のものもあります。

戦国時代の終焉　「北条の夢」と秀吉の天下統一（読みなおす日本史）
齋藤慎一著
四六判／価格は未定

近世関東の土豪と地域社会
鈴木直樹著
A5判／価格は未定

江戸城御庭番　徳川将軍の耳と目（読みなおす日本史）
深井雅海著
四六判／二二〇〇円

近代日本の思想をさぐる　研究のための15の視角
中野目　徹編
A5判／一二四〇〇円

近代日本の消費と生活世界
中西　聡・二谷智子著
A5判／一一〇〇〇円

わくわく！探検　れきはく日本の歴史❹近代・現代
国立歴史民俗博物館編
B5判／一〇〇〇円

描かれた能楽　もう一つの享受史
小林健二著
A5判／価格は未定

民俗伝承学の視点と方法　新しい歴史学への招待
新谷尚紀編
A5判／九五〇〇円

日本人は、何を、何のために、どのように食べてきたか？

食材、調理法、食事の作法や歳事・儀礼など多彩な視点から、これまでの、そしてこれからの日本の〝食〟を考える。

日本の食文化 全6巻

小川直之・関沢まゆみ・藤井弘章・石垣 悟編

18年12月刊行開始！

「食」は生命と健康の維持に必要であり、人と人、人と神を結ぶ意味をもつ。日本のこうした食文化に光を当て、日常食の知恵や儀礼食の観念などを解説。食の歴史と現代の動向を示し、地域ごとの特色にも目を向ける。

四六判 平均二五〇頁予定 予価各二七〇〇円 『内容案内』送呈

❶食事と作法　小川直之編

食事には作法と決まり事がある。人と人をつなぐ共食や贈答、神仏への供え物、調理の技法と担い手、食具の扱いなど、儀礼と日常の食の社会的な意味を読み解く。ファーストフードや「和食」の国際的な動向にも着目する。（第1回配本）

続刊書目

- ❷米と餅……関沢まゆみ編
- ❸麦・雑穀と芋……小川直之編
- ❹魚と肉……藤井弘章編
- ❺酒と調味料、保存食……石垣 悟編
- ❻菓子と果物……関沢まゆみ編

幕末以降 帝国軍艦写真と史実（新装版）

【11月発売】海軍有終会編

B5横判・四六四頁予定／六八〇〇円

日本の梵鐘（新装版）

【12月発売予定】坪井良平著

B5判・五六〇頁予定／予価二五〇〇〇円

事典 古代の祭祀と年中行事

【12月発売予定】岡田莊司編

A5判・三八四頁予定／予価四〇〇〇円

※写真はいずれも本書より